高海拔低氧环境对人体机能影响与适应机制研究丛书
西藏大学2020年度中央支持地方部区合建专项经费
青海师范大学高原科学与可持续发展研究院专项经费　联合资助

# 高海拔与运动

马海林　苏　瑞　张得龙　著

西南交通大学出版社
·成　都·

图书在版编目（ＣＩＰ）数据

高海拔与运动 / 马海林，苏瑞，张得龙著. —成都：西南交通大学出版社，2021.11
（高海拔低氧环境对人体机能影响与适应机制研究丛书）
ISBN 978-7-5643-8327-5

Ⅰ. ①高… Ⅱ. ①马… ②苏… ③张… Ⅲ. ①高原–低氧–影响–气体代谢（运动生理）–研究 Ⅳ. ①G804.21

中国版本图书馆 CIP 数据核字（2021）第 205513 号

高海拔低氧环境对人体机能影响与适应机制研究丛书

Gaohaiba yu Yundong
高 海 拔 与 运 动

著　马海林　苏瑞　张得龙

责任编辑　牛　君
封面设计　何东琳设计工作室

| | | | | |
|---|---|---|---|---|
| 印张 | 18.25 | 字数 | 288 千 | |
| 成品尺寸 | 170 mm × 230 mm | | | |
| 版次 | 2021 年 11 月第 1 版 | | | |
| 印次 | 2021 年 11 月第 1 次 | | | |
| 印刷 | 成都蜀通印务有限责任公司 | | | |
| 书号 | ISBN 978-7-5643-8327-5 | | | |

出版发行　西南交通大学出版社
网址　http://www.xnjdcbs.com
地址　四川省成都市金牛区二环路北一段111号
　　　西南交通大学创新大厦21楼
邮政编码　610031
发行部电话　028-87600564　028-87600533
定价　98.00 元

图书如有印装质量问题　本社负责退换
版权所有　盗版必究　举报电话：028-87600562

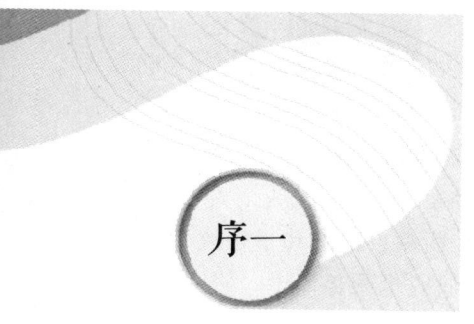

# 序一

雪域高原，世界屋脊，亚洲水塔，青山远黛，白云空流。

魅力西藏，边疆要塞，生态屏障，草木青葱，河水蜿蜒。

70载扎根高原，70载砥砺前行。西藏大学办学70年来，以初心和使命积蓄走在前列的力量，努力走出了在边疆民族地区兴办现代化高水平大学的路子。在这片高天厚土上，一代代藏大人把论文写在雪域高原、祖国边疆，努力攀登科学研究高峰，取得了一批基础性、原创性、引领性成果，不断提升承担和解决高原学科重大理论与现实问题的能力水平。本书作者马海林博士就是这样一位扎根高原的科研工作者，高原脑科学中心（以下简称中心）是研究高原学科的重要研究平台。

中心依托西藏大学和华南师范大学成立，重点关注和研究高原环境对人体大脑和认知功能的影响。《高海拔与运动》一书的出版，意味着中心从发现规律向解决问题迈进，作为高原脑科学中心的主任，我很欣慰中心为服务高原人民健康，解决重大高原学问题迈出了坚实的一步。马海林博士作为中心团队的负责人，从运动干预的角度探寻可能缓解高原环境对人体身心健康影响的措施，为长期工作、生活在高原的人们提供运动建议，体现了科研工作者的使命和担当。

本书作为高原脑科学中心研究问题转型的阶段性成果，以高海拔运动为主题，分为理论和实证两部分，系统阐述了高原运动对人体生理、认知和脑结构等方面的影响。理论部分综述了以往的相关研究，提出了诸多该研究领域需要关注的问题；实证部分通过横断研究和干预研究的方法，使用ERP和MRI等研究手段，探讨了高原运动对移居者的影响。本书作为

《高海拔低氧环境对人体机能影响与适应机制研究丛书》之一，探讨了普通高原居民、非运动员的高原适应机制，具有一定的开创性。今后的研究可以采用更严格的实验设计，比较运动对高原世居者和移居者的影响，系统阐述运动对适应高原环境的重要作用和底层机制。

高原脑科学的研究虽然起步比较晚，但是在西藏自治区和平解放70年之际，在西藏大学办学70年之时，高原脑科学研究也乘势而上，研究者们必将把全部的热情投入高原健康的研究中。马海林博士团队真正做到了守护雪域促健康，扎根高原育英才，我衷心期望他们继续勇攀科研高峰，在该领域做出国际领先的成果。

西藏大学原党委副书记、校长

2021年10月20日于拉萨

# 序二

我国是世界上高原面积最大的国家，青藏高原是世界上海拔最高的高原，号称世界"第三极"。高原地区自然环境恶劣，但严酷的环境反而孕育了独特的高原文化。客观条件的不足没有阻止高原居民对于精神文化的追求，恰恰由于自然条件的贫乏和生活的艰苦，高原居民更加懂得人类在自然面前的渺小，形成了独特的、与大自然相融合的"天人合一"的人文景观，是全人类的文化遗产。

诚如此，越是在自然条件贫瘠的地方，越是需要文化的浸润，更需要科学思想与方法的指导。华南师范大学是教育部最早确定的五所援藏高校之一，也是唯一的师范性质高校援藏单位。华南师范大学的援藏工作本着"教育学的基础是心理学，心理学的基础是脑科学"的基本思想，在援藏实践中推动建成了"西藏大学-华南师范大学高原脑科学研究中心"（以下简称中心）。

中心成立之际，就明确了四个方向的研究主题："高原与认知""高原与运动""高原与健康""脑科学与西藏民族文化"。根据高原环境科学"养脑用脑"的实际需要，中心在科研实践中，紧紧围绕高原自然环境的特异性，关注高原环境与日常生活需要相结合、实际需求与国际前沿成果相结合、现代科技与传统文化相结合。通过科学研究"高原脑"工作规律，为科学"养脑用脑"教学提供依据。

常言道，生命在于运动，而在被认为是生命禁区的雪域高原，如何科学地运动成为近年来越来越多人关心的问题。中心针对高原环境对大脑的影响，系统探索了"养脑护脑"的策略方法，着重揭示了传统文化在"养脑护脑"中的独特作用。研究发现缺氧影响认知与个体具身体验能力下降有关，而藏民族锅庄舞通过增强自然联结，提高具身体验能力，促进认知和学习，为高原护脑提供了干预策略。这些研究一方面为我们明确了"养脑护脑"的策略，另一方面强化了学生对于文化的自信。通过科学研究加深了学生对于民族文化的理解，了解了文化是我们民族在特定自然环境下为了维持生存逐渐积累的精神财富。这一独特的自然环境与文化关系的角度，为我们认识传统文化的价值提供了新视角。

马海林与张得龙是我的两位学生，海林一直在西藏大学从事科研、教学工作，身处高原仍能坚持科学研究，实属难能可贵。得龙是2016年被学校派往西藏大学援藏，就是在此期间，两位同志多次跟我交流针对高原环境的独特性，建立研究专题的想法，我们在一起多次讨论、酝酿，提出了"高原脑科学"的想法，顺着这一思路，我们整合两校资源，2017年在两校挂牌成立了国内首家高原脑科学研究中心。依托这一平台，高原脑科学的相关研究逐步做起来了，这本《高海拔与运动》是高原脑科学研究中心的一项阶段性成果。

2021年正值中国共产党建党100周年，也是西藏和平解放70周年。中华人民共和国成立以来，西藏取得了举世瞩目的成就，这是祖国发展的一个缩影。西藏社会的发展、进步离不开科学思想的正确指引，也离不开胸中有理想、有追求的一代一代青年人，远赴祖国边疆，无私奉献，自我成长的豪迈勇气与实际行动。

海林以前曾经出版过一本《高海拔与认知》，在书中总结了高原环境对认知表现的各个方面的影响，与上一本书不同，《高海拔与运动》在描述高原环境对人类产生影响的基础上，更多地侧重于探讨在高原环境下怎样用科学的方法进行养脑护脑，这在一定程度上体现了高原脑科学研究中心在研究思路上不仅仅停留在理论层面的探讨，而是开始将更多的精力放在呼应社会关切，将科学研究与社会需求进行结合的尝试。当然，这方面的工作才刚刚开始，这本书的出版也只是一个阶段性工作的总结。书中难免有不成熟，甚至错误的地方，真诚期盼同行专家的批评指正。

西藏是离天最近的地方，是一个缺氧但不缺精神的地方，是最容易产生梦想的地方。高原脑科学的研究与其说在研究环境对人的影响，不如说高原环境是一面我们自我对照的镜子，借助这面镜子，我们更好地认识了自己，也成长了自己。这里面有理想，有坚持，有义无反顾的投入，也有燃烧青春般的自我负责与自我修炼，是为序。

原华南师范大学校长

2021 年 10 月 1 日于广州

# 前言

人类的进化历程表明,只有劳动才能使人类具有强健的体魄,并得以适应自然环境而发展。常言道"生命在于运动",而在生命的禁区——有世界屋脊之称、地处地球第三极的雪域高原,生命健康与运动的关系就更为多元复杂。

青藏高原拥有绝美风景、多彩文化和特色资源的同时,也伴随着低压低氧、紫外线强和气候干燥等地理条件,对在这里生活和工作的人们产生了诸多影响。对于首次进入雪域高原的人而言,最大的感受就是内心对"高反"的恐惧,同时感觉到体力活动受到限制。尽管如此,在人迹罕至的无人区,藏羚羊等野生动物仍可以自由奔跑;在极端环境下的珠峰,仍然可见有"雪山上的挑夫"之称的夏尔巴人的身影;在海拔 4000 m 以上的西藏地区,每百万人口中百岁以上老人的数量在全世界遥遥领先。

新中国成立以来,雪域高原发生了翻天覆地的变化,随着人们生活水平的提高,大众关注的焦点逐渐从解决温饱问题转变为如何提高健康水平。众所周知,人体健康是以身体生物组织的新陈代谢正常为基础的,而适宜的体力活动或运动可以有效地调节人体的新陈代谢。运动被认为是一种免费的"良药",运动对健康是一种投资,是促进健康的一种重要手段和途径。虽然雪域高原环境恶劣、生活条件艰苦,但在缺氧不缺精神、艰苦不怕吃苦、海拔高境界更高的"老西藏精神"鼓舞下,高原人民从未停止创造精神瑰宝活动。锅庄舞、赛马、射箭、抱石等各项民族传统体育运动涵盖着藏民族多元文化的特征,成为凝聚人心的纽带和沟通思想的桥梁。运动有方,五脏自和,科学有效的锻炼方式是高原环境下的体育锻炼关注的核心。但是,在低压低氧环境中,如何运动能够更好地促进健康?适宜的运动如何调节机体代谢，维持代谢平衡，达到强身健体的效果？这些问题亟需科学答案。

习近平总书记在中央第七次西藏工作座谈会上强调，全面贯彻新时代党的治藏方略，保障和改善民生，确保人民生活水平不断提高，努力建设团结富裕文明和谐美丽的社会主义现代化新西藏。格桑花正开，砥砺奋进时。国务院于2019年9月下发《关于促进全民健身和体育消费推动体育产业高质量发展的意见》，明确提出实施全民健身行动，让经常参加体育锻炼成为一种生活方式。青藏地区积极响应国家方针政策，制订全民健身计划。在这种大背景下，西藏大学-华南师范大学高原脑科学研究中心突出"高海拔"和"民族"的鲜明特征，结合心理学、生理学和神经科学等多个学科，在高海拔低氧环境对高原人群认知功能的影响、背后机制、干预措施和适应策略等一系列问题的研究上取得了诸多研究成果，已出版《高海拔与认知》一书，主要研究成果获得西藏自治区科技进步三等奖，这为本书的撰写奠定了坚实的基础。

本书以"保障居民健康、科学运动至上"为理念，进行组织编写，全书致力于高海拔运动的强度、时长、频次和类型等剂量效应的研究，结合传统运动方式，针对不同人群，制定合理、科学、有效的"高原运动处方"，期望为每一位高原人健康幸福的生活提供基础和保障。本书试图通过总结当前已有的关于高海拔运动方面的研究（理论部分）以扩展本书的广度，并结合我们已有的关于高海拔运动与生理、认知和脑结构方面的研究，以增加本书的深度。我们的研究期许和本书的撰写是为了让科研成果指导高原地区的人们健康生活。本书详细阐述高海拔环境下运动对机体认知、生理、心肺功能和脑结构的影响，编写内容体现基础性、前沿性和实用性。第一章总体上介绍了高海拔环境下进行运动研究的价值，第二章介绍了高海拔运动的生理基础，在此基础上，第三章介绍了高海拔环境下有氧运动的作用，第四章与第五章介绍了高海拔运动的脑结构及其与认知的关系，第六章介绍了高海拔地区居民的传统运动方式——锅庄舞，第七章从实证研究的角度介绍了高海拔运动对个体心肺功能的影响，第八章与第九章实证研究了高海拔环境下心肺健康对脑结构和认知功能的影响，第十章与第十一章介绍了藏族锅庄舞对个体生理、认知和脑结构的影响，第十二章对高海拔环境下运动研究做出了展望。本书可作为体育院校和师范院校运动人体科学、运动保健和康复、特殊教育、社会体育等专业学生的参考书目，也可供体育科研人员、健身爱好者研习及参考。

本书编写分工如下：张得龙老师主要负责撰写第一、第十二章的文稿，苏瑞老师负责撰写第二、五、六、七章的文稿，2019 级硕士研究生陈东梅同学负责撰写第三章的文稿，2019 级硕士研究生王治新同学负责撰写第四、九、十一章的文稿，2018 级硕士研究生党鹏同学负责第八章的数据采集与分析，并撰写了文稿，2018 级硕士研究生卜晓鸥同学负责第十章的数据采集与分析，并撰写了文稿；全书由马海林、苏瑞和张得龙负责组织撰写、统稿。本书的出版得到了西藏大学 2020 年度中央支持地方部区合建专项经费和青海师范大学高原科学与可持续发展研究院专项经费的支持，特此感谢！

虽然高海拔运动有比较久的研究历史，但是并未建立起完善的研究体系，加之编者学术理论和专业水平有限，无法穷尽相关研究，书中难免存在瑕疵，尚祈读者朋友批评指正；也欢迎有意探讨高海拔运动相关议题的广大读者朋友参与进来，一起为高海拔地区谋发展，为高海拔地区居民谋幸福。

著 者<br>2021 年 5 月于拉萨

# 目录

第一章　科学运动与身心健康 …………………………………………… 001

第二章　高海拔运动与身体生理机能 …………………………………… 005
　第一节　运动与生理功能 ……………………………………………… 005
　第二节　高海拔运动与生理功能 ……………………………………… 013
　参考文献 ………………………………………………………………… 040

第三章　高海拔运动与有氧代谢 ………………………………………… 058
　第一节　运动与有氧能力 ……………………………………………… 058
　第二节　高海拔环境下的运动训练 …………………………………… 060
　第三节　高海拔训练与携氧能力 ……………………………………… 063
　第四节　高原训练与免疫功能 ………………………………………… 065
　第五节　研究不足与展望 ……………………………………………… 066
　参考文献 ………………………………………………………………… 067

第四章　运动与大脑 ……………………………………………………… 076
　第一节　运动对大脑结构的影响 ……………………………………… 076
　第二节　运动对大脑功能的影响 ……………………………………… 079
　第三节　运动对大脑网络的影响 ……………………………………… 081
　第四节　运动对大脑影响的微观机制 ………………………………… 082
　第五节　总　结 ………………………………………………………… 085
　参考文献 ………………………………………………………………… 085

## 第五章　高海拔运动与人类认知 093
### 第一节　运动与认知功能 093
### 第二节　高海拔运动对认知功能的影响 099
### 参考文献 116

## 第六章　青藏高原传统运动——锅庄舞 131
### 第一节　锅庄舞的缘起 132
### 第二节　锅庄舞的分类 134
### 第三节　锅庄舞的动作形式 137
### 第四节　锅庄舞对身心健康的作用 139
### 第五节　高海拔地区锅庄舞的研究展望 140
### 参考文献 141

## 第七章　高原环境运动能力影响肾功能的实证研究 142
### 第一节　概　述 142
### 第二节　研究方法 143
### 第三节　实验结果 146
### 第四节　讨论与结论 151
### 参考文献 153

## 第八章　高原环境心肺功能影响注意网络的实证研究 157
### 第一节　文献综述 157
### 第二节　问题提出与研究方案 161
### 第三节　研究对象与方法 164
### 第四节　实验结果 170
### 第五节　讨论与展望 188
### 参考文献 193

## 第九章　高原环境心肺功能与大脑关系的实证研究 201
### 第一节　概　述 201
### 第二节　研究方法 203
### 第三节　数据分析 204

第四节　研究结果……………………………………………………205
　　　第五节　讨论与结论…………………………………………………207
　　　参考文献………………………………………………………………209

第十章　锅庄舞影响身心关系的实证研究……………………………………215
　　　第一节　概　述………………………………………………………215
　　　第二节　研究方案……………………………………………………216
　　　第三节　研究方法……………………………………………………217
　　　第四节　研究结果……………………………………………………222
　　　第五节　讨论与结论…………………………………………………241
　　　第六节　创新与展望…………………………………………………249
　　　参考文献………………………………………………………………250

第十一章　锅庄舞影响脑结构的实证研究……………………………………254
　　　第一节　概　述………………………………………………………254
　　　第二节　研究方法……………………………………………………256
　　　第三节　研究结果……………………………………………………258
　　　第四节　讨论与结论…………………………………………………261
　　　参考文献………………………………………………………………263

第十二章　结语与展望…………………………………………………………268

后　记……………………………………………………………………………274

# 第一章 科学运动与身心健康

当前，随着社会现代化进程的推进，身心健康已成为人类生存的第一要素。然而，怎样才能促进身心健康？尤其是生活在极端环境中的居民，如何通过科学手段的干预促进身心健康是摆在生命科学领域的一个重大问题。对极端环境中身心健康问题的干扰因素与促进策略的探讨，同样有助于对生活在内陆地区，却因工作压力与环境污染等因素导致的身心健康问题的理解与干预提供参考与借鉴。

值得注意的是，随着社会现代化的发展，人类日常生活却陷入越来越尴尬的局面。其中，科技给人类带来生活便利的同时，缺乏身体活动成了现代社会的通病。我们已知道，缺乏运动是许多慢性非传染疾病的危险因子，缺乏运动可增大高血压和心脑血管疾病等的发病率，而适当的身体活动则可减少慢性疾病的风险。因此，我们需要运动。然而，运动如何对机体产生影响？怎样运动才能促进健康？特别是在高海拔环境中，探讨运动与身心健康问题之间的关系更值得关注。

实际上，有关运动与身心健康之间的关系是人类认识自己、不断提升自我的一个重要维度。远古时期，人类在与野兽的较量中，逐渐发展了自己的身体机能，时至今日，我们人体的应激响应机制，也被形象地称为"战斗或逃跑"机制。人类在适应自然的过程中，不断借助自己的智慧，总结和把握自然的规律，在此基础上所生产制造的工具进一步用于对自然的改造，使之更容易实现人与自然的和谐共生。其中，"知"与"行"的关系，是文化沉淀的重要组成部分。

伟大领袖毛泽东主席公开发表的第一篇文章就是有关体育运动的，1917年4月，毛泽东在《新青年》发表《体育之研究》一文，文中论及"体育之效"问题，指出：人的身体会天天变化。目不明可以明，耳不聪可以聪。生而强者如果滥用其强，即使是至强者，最终也许会转为至弱；而弱者如果勤自锻炼，增益其所不能，久之也会变而为强。因此，"生而强者不必自喜也，生而弱者不必自悲也。吾生而弱乎，或者天之诱我以至于强，未可知也"。毛主席认为，一个人的精神是和他的体魄分不开的，所以"欲文明其精神，先自野蛮其体魄""身体是革命的本钱"，毛主席可以算作近代以来，第一个把体育锻炼上升到民族精神层面的人了。

在长期的实践中，中国传统文化对"运动""动作""身体""健康"等不同概念的内涵，认识得非常深刻，集中体现在中国文字之中。对于这些概念的精准理解与把握，是当前关注运动与身体健康问题的前提。

首先，"身"是躯干，主要包裹着内脏，而"体"是四肢，如果把人体比作一棵大树，那么毫无疑问，躯干是本，而四肢是末梢，本末不可倒置。因此，强身才能健体，顺序不可颠倒，就像一棵树，树根病了与树梢病了是不一样的。在现实生活中，时而发生一些四肢健硕的青年人，在健身房里健身时暴毙。这在很大程度上是由于，运动过程中过度关注四肢的塑造，而忽视了躯干的健康。

从东西方文化的角度来看，西方文化更看重对人体"有形"方面的塑造，比较容易关注四肢的形体塑造，而往往忽视了内脏功能的维护。与之不同，东方文化则比较看重内在脏器功能的维护。东西文化对人体健康的关注存在差异，集中体现在两种文化所发展出来的运动形式之中。很明显，西方文化所强调的竞技体育，与东方文化所关注的太极拳、打坐、站桩等存在明显差异。之所以如此，是因为东方文化对运动的理解颇有不同，中国传统文化认为"运"和"动"有区别，"动"是动脚，"作"是动手，合起来叫"动作"，"运"是内脏运化，"动"能够受我们的意识活动支配，而"运"不容易受意识控制，关于两者的关系，"动"得太多则不"运"，想"运"前提是先不"动"，不是站着一动不动，而是要独立守神，学站桩，学打坐，以此达到调息心神的目的。与之对应，东西方文化的差异也体现在各自对"健康"这一概念的理解上。在中国文化中，"健"是执行强壮有力，而"康"是沟通通达顺畅，"康庄大道"就是这个意思。由此可见，身体健康不是我们现在很多人所理解的保持四肢肌肉发达的样子。

常年生活在高原上的居民，应该都有这样的感受，10月前后环境的变化极大，给人体带来的影响也最为强烈。10月后，绿色植被开始落叶，昼夜温差加大，人体缺氧感觉明显。然而，据气象局统计，这个季节空气中的氧含量实际上并没有改变，改变的主要是温度，10月之后，环境平均温度骤降，人体新陈代谢产生的热量有一半用于维持体温，剩下的能量作为自由能支持其他生理与心理活动。新陈代谢主要借助有氧代谢实现，本来高原上低压缺氧的环境下，人体用于维持新陈代谢产生的能量就不足，而在环境温度下降的情况下，人体有氧代谢产生的热量更多地用于维持体温，这等于变相地加剧了人体缺氧。

人体主要有两条途径从食物中获取能量：一个途径是无氧代谢，主要是糖酵解方式，这种方式获取能量的效率比较低，一般一个单位的葡萄糖可能产生两个单位的能量；另一个途径是细胞线粒体内的有氧代谢，细胞内的线粒体就像一个"小火炉"，在氧气的作用下，可以通过"燃烧"的方式让食物转换为能量，这种途径产生能量的效率比较高，是无氧代谢的16倍左右。人体的大部分生理、心理活动需要有氧代谢提供能量，因此，氧气对于我们的重要性不言而喻，在正常情况下，食物经过无氧代谢或者有氧代谢产生2或32个单位的能量用于维持生命活动，而在缺氧的情况下，线粒体这一"小火炉"对食物的"燃烧"是不充分的"燃烧"，根据缺氧的程度不同，缺氧代谢能产生2~32个单位的能量，同时不充分燃烧产生大量自由基等有害垃圾，危害人体健康，加速老化。

在高原环境中，多重因素导致人体处于缺氧代谢状态，低压缺氧本身直接导致人体动脉内红细胞携带氧气的饱和度不高，红细胞能够输送给各组织使用的氧气不足；而低压也会导致人体内组织可直接使用的物理性溶氧浓度下降，进一步使人体处于缺氧状态；前面提到低温会再次加剧人体缺氧；干燥的环境容易使人体组织脱水，影响细胞活性；而强紫外线又会进一步使蛋白质失活，紫外线杀菌消毒就是基于此，尤其是，紫外线容易使红细胞血红蛋白聚集，直接影响了红细胞的携氧能力。由此可见，高原影响人体健康的因素是多元的，其中，有氧代谢是关键。

在高原缺氧环境中，人体本身就处于缺氧代谢状态。在这种状态下进行体育运动，尤其是有氧运动就需要格外注意。因为有氧运动本身会加重人体对有氧代谢的需求。而缺氧条件下，过量的有氧运动会加剧体内的缺氧程度。我们已经知道，即使在安静的状态下，由于人体处于缺氧状态而产生的自由基等对人体有害的物质已经容易在体内累积，过量的运动可能会加剧这一过程。这在一定程度上解释了为什么高原运动存在一定的风险。

有机体由过量运动导致的缺氧代谢不仅会加重心血管的负担,也会进一步影响心脑交互过程,进一步对神经系统产生影响。这种对神经系统的影响会进一步表达到个体的认知与情绪体验等方面。由于大脑的神经可塑性,生理与认知等功能的改变会对大脑结构与功能产生影响。长期缺氧对大脑结构与功能产生影响,而被影响的脑功能与结构会反过来调控我们的躯体活动。由此可见,高原缺氧环境以及在缺氧条件下的有氧运动容易对我们的外周与中枢神经系统产生广泛影响。因此我们对在高原环境下有氧运动对人体健康所带来的影响进行评估,也要系统地考察生理、心理,甚至是认知与脑结构等。鉴于此,本书在系统阐述有关当前高原缺氧环境下有氧运动对机体健康产生影响这一领域,着重平衡了我们所关心的各个维度,以期能够全面、系统地总结高原缺氧环境下有氧运动给我们身心健康所带来的全面影响。

  藏民族传统文化是藏族同胞世代生活在雪域高原环境之中,不断与其他文化交流借鉴的基础上发展形成的。其中,锅庄舞是在西藏地区随处可见、广受关注,在世界上具有广泛影响的一种传统运动形式。我们以锅庄舞为切入点,探讨锅庄舞运动对个体神经、生化的影响及对个体的认知与脑结构所带来的改变,以此揭示高原缺氧环境下有益的运动形式及其共有的特点,包括背后的科学依据。我们希望这样的探索不仅在研究层面有助于解决特定环境下有氧运动的形式与运动量等相关科学问题,也希望我们的相关研究能够更好地在民众的日常生活中得到推广,对居民的健康能够有所帮助。同时,我们也盼望借助这样一个探索,可以进一步了解藏民族传统文化,以及传统文化对特定的环境适应所带来的积极正面的价值,并对这一价值背后的科学要素进行提炼,使我们能够更好地理解民族传统文化,并发扬光大。

# 第二章 高海拔运动与身体生理机能

运动是一种有计划、有组织、重复性的活动,旨在提高体质[1]。运动对个体身心健康的有益作用,已经在延缓衰老、促进心肺功能、提高骨密度、增加脑机能,辅助治疗疾病,促进精神健康等多方面得以证实。近年来,探究高海拔环境下运动对生理功能的影响及作用机制,成为高原运动学关注的重点问题。本章内容将概述运动对个体的运动系统、神经系统、内分泌系统、循环系统、呼吸系统、消化系统、免疫系统以及衰老与癌症方面的影响,并进一步阐述高海拔环境下运动对高原居民生理功能的影响及作用机制。

## 第一节 运动与生理功能

### 一、骨骼与骨骼肌

运动有利于促进骨骼和骨骼肌的健康。首先,运动可以增加骨密度,进而增加个体的骨量[2]。运动对骨密度的增长受个体特征影响,平时缺乏运动的个体比有运动习惯的个体,进行运动后骨密度增加更多。其次,运动可以改善某些与骨骼相关的疾病。运动可以使先天脊柱侧凸(adolescent idiopathic scoliosis,AIS)的青少年患者减少曲线弯曲,抑制病情发展,提高生活质量[3]。在儿童和青少年时期进行有氧运动可降低晚年骨质疏松症风险[4]。大量研究证明,运动可以促进老年人骨骼健康,改善平衡能力,增加灵活性。

## 二、循环系统

### 1. 心 脏

运动影响机体的最大摄氧量、心率、心输出量和心肺功能等指标，促进心肌重塑，并可预防心血管疾病的发展。

最大摄氧量作为衡量机体有氧能力的指标，以 Fick 方程的参数极限为界：

（左心室舒张末期容积−左心室收缩末期容积）×心率×动静脉氧差[5]

代表了机体向肌肉输送氧气能力的指标，也是健康的生物标志物。最大摄氧量取决于遗传因素，并受衰老过程的影响。运动可以使不同年龄和性别个体的最大摄氧量显著提高[6]。个体被限制卧床休息后，耐力显著降低，最大摄氧量也显著降低。当这些个体开始运动后，在几天内最大摄氧量开始恢复。随着运动功率的逐渐增加，机体的摄氧量呈线性增长，直至最大摄氧量（$VO_{2max}$），以匹配活跃的骨骼肌需求。

心输出量是每分钟心脏泵血量[7]。心输出量监测在麻醉学、急诊护理和心脏病学中具有广泛的临床应用。心输出量的监测可以改善诊断结果，指导治疗，并进行临床组风险分层[8]。心输出量由心率和每搏量决定。运动使每搏量增加，静息心率降低，峰值心输出量增加，而不改变动静脉 $O_2$ 差。增加的心输出量流向骨骼肌，从而提高了运动能力[9]。心率和心输出量随运动强度线性增加，直至最大水平。在健康个体中，运动通过增加副交感神经活动和减少交感神经活动，诱发静息心率过缓，伴随着心脏迷走神经调制的增强。通过这一机制，运动训练具有抗心律失常的作用。此外，长期有规律的运动诱发左室心肌肥厚和重塑（"运动员心脏"），提高心室收缩功能[10]。

运动可以预防和改善心血管疾病，缺乏运动会增加心血管疾病风险。大量研究表明，运动可减少心血管疾病，特别是中风、冠心病、心力衰竭、动脉粥样硬化和子痫前期。例如，运动被试的心衰风险比不运动的被试降低 10%[11]。太极拳训练可改善心力衰竭患者生活质量[12]。运动可作为心衰患者预防、治疗和预测的工具。

运动可以降低包括血脂、高血压、肥胖、葡萄糖和 2 型糖尿病以及炎症和氧化应激[13]等心血管风险因素，并且可以通过调节血管生成、内皮祖细胞、基础心率、内皮功能、自主控制、动脉僵硬和动脉重塑，从而改善心血管疾病。

### 2. 血　液

运动改善血液供应和红细胞变形能力，并且对血压、血糖等生理指标都产生一定的影响。运动引发红细胞—氧化氮合酶的激活和一氧化氮的产生，从而改善红细胞变形能力[14]。运动训练增加血浆、总血量和血管生成，降低血液黏度，增加毛细血管血液运输到肌肉的氧气，从而有利于运动表现，减少脂肪组织缺氧和相关炎症[15]。有氧运动可以降低血压。在跑步、骑车、划船等大肌肉量运动中，肌肉血管系统发生强烈的代谢性血管舒张，使全身血管阻力（systemic vascular resistance，SVR）降低[16]，血压下降。运动能促进糖代谢效率，改善血糖控制。运动通过提高胰岛素敏感性[17]，增加肌肉和脂肪细胞的葡萄糖摄取来降低血糖水平。与缺乏运动的 T2D（2 型糖尿病）患者相比，运动患者的基础及餐后胰岛素浓度和糖化血红蛋白较低。

## 三、呼吸系统和消化系统

### 1. 呼吸系统

运动时人体的肺起着重要作用。肺将氧气带入体内，为机体供能，并排出二氧化碳。运动时循环加快，呼吸从静息时的每分钟 15 次增加到每分钟 40~60 次[18]。

运动影响肺通气量。运动期间，气道的尺寸动态增加，使气流的阻力减小，肺泡通气量增加[19]。研究表明，短跑训练后最大通气量和气体交换量增加[20]。在中等强度运动下，通气量显著增加，为运动肌肉提供充足的氧气并清除多余的 $CO_2$。前馈神经源机制使运动过程中的通气量产生变化，确保了动脉氧和二氧化碳压力水平，避免了反馈机制的参与[21]。短跑运动时肺 $CO_2$ 输出量增加，并在运动后持续升高。运动后增加的 $CO_2$ 输出量与有氧代谢的增加有关，可能来源于活跃的骨骼肌或其他不活跃组织增加的 $CO_2$ 释放量，或运动后更大的换气过度和身体 $CO_2$ 储备消耗[20]。

肺结构和静息肺功能方面存在性别差异，对运动时的气体交换和综合通气反应产生影响。与男性相比，女性的气道、肺容积和静息肺弥散能力较小，最大呼气流速也较低。因此，对于给定的心输出量，与男性相比，女性肺泡通气量较小，肺毛细血管血容量较低，致使肺泡氧分压降低，肺末毛细血管扩散限制的易损性增加，通气血流比（ventilation-perfusion VA/Q）增大，肺泡-动脉氧压差增大，最终导致女性动脉血氧分压（$PaO_2$）降低[22]。但运动中是否发生肺气体交换障碍，健康水平和肺大小可能比性别本身更为重要[23]。

运动会引起氧化损伤和肺部炎症。剧烈运动时产生和上呼吸道感染类似的症状。长时间的剧烈运动（如马拉松）可能通过抑制免疫功能从而增加呼吸道感染，但中等强度运动可减少这些症状。运动导致的缺氧会破坏氧化平衡，引起肺部炎症[24]。运动引发的过度换气，使肺部与环境的有毒颗粒和微生物接触更多，引发呼吸道炎症，这些物质还可能通过肺部进入体内，产生全身炎症。

2. 消化系统

运动有助于维持健康的肠道环境。首先，运动对肠道具有抗炎作用。运动使炎症损伤小鼠肠道的微生物组产生变化[25]，对炎症性肠病（inflammatory bowel disease，IBD）产生有益影响。其次，运动对肠道具有保护作用。运动增加了肠道中的乳酸菌数量，乳酸菌可以产生乳酸，乳酸具有调节胃肠道黏膜免疫并排除病原体的功能[26]。同时，运动增加了球状芽孢杆菌和直肠芽孢杆菌的数量，这两种菌产生促进黏蛋白合成和肠道上皮保护的丁酸盐[27]。此外，运动对肠道微生物群的调节可缓解肥胖。运动调节与食欲有关的肠道微生物群，肥胖小鼠运动后产生类似于瘦小鼠体内的微生物成分[28]，该成分抑制食欲，从而减少肥胖的发生。生命早期运动对肠道微生物群影响更大，使个体代谢产生适应性变化，更有利于预防肥胖。

总之，运动可以丰富肠道微生物区系的平衡和多样性，降低肥胖和代谢性疾病的发生率，从而改善个体的健康状况。

# 四、内分泌系统

运动可以促进机体的脂肪代谢，调节体内激素变化，并且对代谢有关疾病有治疗作用。

（1）运动能促进脂质代谢，并改善身体成分。脂肪组织是与胰岛素敏感性，内分泌系统和炎症相关的内分泌组织。运动刺激脂肪酸氧化，降低低密度脂蛋白胆固醇、总胆固醇和甘油三酯，降低胰岛素抵抗和葡萄糖耐量，增加高密度脂蛋白胆固醇[29]。中等强度的有氧运动使体内总脂肪百分比降低，从而使炎症细胞活素水平降低。运动降低肝脏脂肪变性，长期运动通过增加脂质氧化，显著降低肝脏内的脂质浓度[30]，从而减轻脂肪肝症状。

（2）运动会引起体内激素水平的变化。运动减少胰岛素分泌，提高胰高血糖素、生长激素、皮质醇和儿茶酚胺循环水平，以确保肌肉有足够的葡萄糖供应。激素变化随着运动持续时间和强度的增加而增加[31]。

（3）运动可以治疗代谢性疾病。运动可以调节骨骼肌新陈代谢，减轻新陈代谢压力，建立昼夜节律周期，缓解代谢综合征，如与肥胖和胰岛素抵抗相关的代谢综合征[32]。有氧运动是治疗代谢综合征最有效的非药理手段。

## 五、衰老、免疫与癌症

### 1. 衰　老

运动在抗衰老方面起着重要作用。规律运动是促进健康老龄化最有效的干预措施，降低全因死亡率的风险并延长寿命。运动可以减轻与年龄相关的疾病，即心血管疾病、2型糖尿病、代谢综合征、结肠癌、肥胖、骨质疏松、肌减少、焦虑和认知障碍等。衰老引发线粒体功能障碍，产生氧化应激和炎症，而运动可发挥抗氧化和抗炎作用，减少肌肉萎缩，并且预防和改善认知衰退和痴呆[33]，从而抵消衰老的不利影响。有运动习惯的老年人脑血流量更大，脑血管功能更好，大脑认知功能减退得以延缓[34]。

### 2. 免　疫

运动对免疫功能有促进作用。运动可以诱导白细胞增多。在运动期间，淋巴细胞，特别是T细胞和自然杀伤细胞的数量迅速且显著增加[35]。在运动后的几个小时内，这些细胞迁移到组织中寻找感染病毒、细菌或发生恶性转化的细胞。此外，运动增强了疫苗反应，促进长期免疫[36]。有氧运动训练可预防或延缓年龄相关的免疫功能下降。运动可以恢复衰老过程中的免疫活力，提高免疫功能[37]。

### 3. 癌　症

运动可以预防癌症，并缓解癌症的症状。规律的运动可以降低癌症风险。运动可以缓解癌症患者的心理、生理疾病，治疗癌症副作用，如疲劳、抑郁、淋巴水肿和大小便失禁，提高癌症患者的生活质量。多种癌症的发生与缺少运动有关。例如，运动有利于结肠癌的康复，规律的有氧运动可以增加胃肠传输时间，减少黏膜在潜在致癌物质中的暴露[38]。规律的有氧运动还可使月经初潮延迟，排卵周期缩短，减少患乳腺癌的可能性，降低乳腺癌患者的死亡率。这可能因为：① 运动可以减少氧化应激和炎症，限制脂肪组织积聚，调节胰岛素样生长因子轴并刺激免疫功能，从而起到抗癌作用。② 运动导致葡萄糖的摄取增加 20～100 倍，引起胰岛素、胰岛素样生长因子等代谢激素浓度的显著变化，从而抑制高度依赖糖酵解的肿瘤细胞生长[39]。

## 六、神经系统

### 1. 睡　眠

运动可以提高睡眠质量，减少睡眠不足的发生。首先，运动通过增加心肺功能，改善睡眠呼吸暂停和失眠等睡眠障碍。研究表明，心肺功能与失眠相关症状呈中度负相关[40]，随着运动量减少，被试的失眠症增加。其次，运动通过代谢效应和产生的生物标志物，以及引起的糖代谢、生长激素（GH）和脑源性营养因子（BDNF）释放的急性升高影响睡眠质量。此外，睡眠障碍和运动之间的关系是双向的。睡眠障碍会产生疲劳，从而减少运动[40]，而运动量减少会使睡眠障碍增加。

### 2. 情　绪

运动可以改善情绪，减轻压力反应，减少抑郁和焦虑症状，促进个体健康，增加幸福感。运动对情绪的影响通过以下方面来调节。首先，运动可以通过改变脑结构来影响情绪状态。与健康人相比，阈下抑郁和轻躁狂患者以及双相情感障碍患者的前扣带回（ACC）功能降低，而运动有助于改善 ACC 功能[41]。运动可以增强杏仁核-岛叶之间的功能连接，从而改善情绪，减少恐惧[42]。其次，运动可以影响机体物质的分泌，进而影响情绪状态。运动过程中释放内啡肽[43]，可以增强和稳定情绪，调节情绪功能和应激反应性。运动会引起 BDNF 的上升，这对抑郁症状有治疗作用。

在调节情绪的运动类型中，瑜伽在改善抑郁方面的作用尤为突出。瑜伽是一种综合的身心练习，身体活动（体式或体式）和正念实践[呼吸控制（调息）和冥想（禅意）]同时进行。瑜伽通过增强注意力，调节情绪，减少神经质或消极的持续思考（即沉思，担忧）来改善情绪和认知[44]，对任何年龄都有积极作用。瑜伽促进 BDNF 的增加，降低交感神经系统和垂体肾上腺轴（hypothalamic-pituitary adrenal，HPA）的应激的反应，并与海马灰质的长期增加相关[45]，从而调节情绪。瑜伽可有效改善多种不同临床疾病的抑郁症症状，如重度抑郁症（MDD）、创伤后应激障碍（PTSD）、精神分裂症等。

## 七、个体特征的差异性

运动对生理的影响在不同的人群中存在差异，下面分别从性别、年龄、BMI 和疾病方面进行阐述。

（1）运动对生理的影响存在性别差异。研究表明，运动对患有心力衰竭的女性比男性有更大的益处[46]。高强度的长期运动会影响冠状血管，该影响在男性和女性中既有相同之处，也有不同之处。在运动后的女性和男性中，重构的冠状动脉阻力动脉壁均表现出较低的切向壁应力。在生理压力下，两性冠状动脉阻力血管壁的弹性模量均增加。但组织学重建出现性别差异：男性内弹性膜密度增加，女性内弹性膜向外膜错位。自发性和激动剂诱导的动脉张力在较高的压力下在运动训练后的女性中更发达，而在男性中较不发达[47]。

（2）不同 BMI 的个体对运动有不同的生理反应。在运动对肠道菌群的影响中，与高 BMI 的受试者相比，低 BMI 的被试肠道微生物区系产生更高的嗜黏阿克曼氏菌水平[48]。

（3）运动在一些生理指标上对不同年龄的个体影响情况不同。运动可以使老年人的血压改善，而对年轻人（20~40 岁）的效果则不显著。这是由于老年人的血压状况比年轻人差，老年人的血压变化相对容易实现。在与成人运动相比，青少年运动改变了肠道更多的微生物属，对微生物群的组成影响更大，更能刺激细菌的发育，更有利于预防肥胖[49]。但所有年龄段的人在进行了运动后，最大耗氧量都有所提高。

（4）健康人群和患有疾病的人对运动的生理反应也存在差异。据报道，有精神障碍（如抑郁）的人群中，有规律的运动对 BDNF 水平的影响是健康成年人的 2 倍[50]。单次自行车运动对 ADHD 组和非 ADHD 组男孩血浆儿茶酚胺水平的影响存在差异。在运动后两组的肾上腺素和去甲肾上腺素均增加。然而，ADHD 组的增加幅度小于健康对照组，而多巴胺水平只在健康的被试中增加，而在患有 ADHD 的人中没有增加。

## 八、总结与展望

综上，运动对个体生理的影响已有大量研究进行讨论，本书尝试归纳了运动对骨骼、神经系统、内分泌系统、循环系统、呼吸系统、消化系统、免疫系统等方面产生的影响，但仍有潜在的争议和矛盾问题亟待未来研究探索。

（1）进一步明确运动对生理影响的调节变量，即运动强度、运动时间、运动类型等，对运动干预效果影响的具体剂量。运动对个体生理有着诸多影响，可以促进个体健康水平，改善认知和情绪，预防和治疗疾病。但是何时、何量、何种运动形式才会发挥运动对生理影响的最佳效果，还有待研究。只有采取正确的运动方式，运动才会对个体产生积极影响，使运动对生理的调节起到事半功倍的作用。盲目地运动不仅不能有效地获得运动的积极作用，还可能对身体造成损害。现有的研究也比较了不同运动调节变量对生理影响的差异，但只得出了大致的结论，缺乏调节变量影响运动效应精确的边界值。因此，未来研究探讨运动对生理影响的具体剂量，对疾病的临床治疗以及日常保健作用的推广实施具有重要的现实意义。

（2）进一步探索运动对生理影响的作用机制。现有研究大多只通过观察运动对生理影响的结果，来阐释运动对生理的干预作用，但对其深层的作用机制缺乏深入了解。明确运动对生理影响的作用机制十分重要，不仅可以有助于我们更好地利用运动提高健康水平和生活质量，还可以为开辟新的非药物治疗手段提供思路。未来的研究应利用多种研究工具探索运动对生理影响的内在机制，如分子机制等，让运动成为更加科学的治疗手段。

（3）探索运动的地理环境及运动对生理干预效果的影响。平原和高原运动，对生理产生的影响是不同的。阐释不同环境下运动对生理的影响，有助于提高个体对不同环境的适应能力，提高身体素质。已有对高原环境下，运动对生理影响的研究，但是缺少高原运动与平原运动作用差异的对比。未来研究可关注不同运动环境下运动对生理影响的差异，加深对运动引发生理变化的了解。因此，本章内容将进一步分析高海拔环境下运动对生理影响的特异性。

## 第二节　高海拔运动与生理功能

高海拔环境属于特殊环境，具有低氧、低压以及独特的生态系统等特点。个体进入高原环境会导致机体产生一系列的生理适应反应[51]，呼吸系统、血液与造血系统、神经系统等都会参与其中。呼吸系统：随着海拔增加，大气压力下降，导致吸入气体氧分压（pressure of inspired oxygen in the trachea，$PiO_2$）降低，$PiO_2$ 的降低会影响正常的氧传递，从而导致肺泡氧分压（alveolar pressure of oxygen，$PAO_2$）、动脉氧分压（arterial pressure of oxygen，$PaO_2$）和动脉血氧饱和度（arterial blood oxygen saturation，$SaO_2$）下降，造成机体供氧不足。但机体为了适应高原环境会加大通气量（VE），促进脑血流量增加，弥补供氧不足。血液与造血系统：血液主要承担机体的运输功能，高海拔环境下，机体为了提高组织供氧，红细胞（red blood cell，RBC）生成量会增加。RBC 主要负责运输来自肺泡的氧气和二氧化碳。血红蛋白（haemoglobin，Hb）是 RBC 内的主要结合蛋白，负责对氧气进行结合、运输、贮存和释放。当供氧不足时，RBC 和 Hb 都会增加以提高氧气的运输能力。神经系统：由中枢神经系统（central nervous system，CNS）和外周神经系统（peripheral nervous system，PNS）组成，主要对机体运作起协调作用。当机体暴露于高海拔环境下，CNS 首先起作用，CNS 可以有限控制自主神经系统（autonomic nervous system，ANS），ANS 可以通过交感和副交感神经来调控机体的适应性反应。

在高海拔环境下进行急性有氧运动，可能使得个体的生理适应性调节会变得更为复杂。急性有氧运动（简称运动）是指一次性持续时间为 10～

60 min 的、以有氧代谢提供能量的运动方式[52]。有研究表明，高海拔环境下的运动所引起的生理反应和机体适应高海拔过程的生理反应存在部分一致性[53]，那么运动可能有利于个体对高海拔环境的适应。但同时运动过程会增加氧气消耗，会使得机体面临高海拔和运动所引起的双重缺氧威胁。高海拔运动条件下，机体要保证充足的氧气被传递到参与运动的肌肉组织中，需要进一步增加氧气传递的效率，这主要通过机体的呼吸系统、血液系统和神经系统的参与来实现。因此，整合高海拔运动对上述三个系统的影响作用和影响机制意义重大。

虽然高海拔运动对个体生理功能的影响已得到不少学者的关注，但多数研究仅关注个体的部分生理表现，例如肺部气体交换（pulmonary gas exchange）[54]、心排量（cardic output，CO）[55,56]、免疫功能[57]，氧气消耗（oxygen consumption，$VO_2$）[58]等。目前为止，还没有系统的高海拔环境下的综述，运动对个体多种生理功能的影响，并且上述研究多关注高海拔运动对个体生理功能的影响作用，但对于为什么产生这类影响探讨较少。基于此，本书通过回顾以往相关研究，系统探讨高海拔环境和运动对机体生理功能的交互影响作用，并尝试总结该影响背后的机制。本书将回答高海拔运动会对机体生理产生何种影响？这些生理影响受到哪些因素的调节？这些生理影响是否有助于机体对高海拔环境的适应一系列问题。这将有助于进一步了解高海拔环境下各类体育、职业、旅游和其他娱乐活动，如竞技体育、徒步旅行、登山、军事训练等过程中所产生的生理适应，进而帮助机体更好地适应高海拔环境，提高个体的表现。

## 一、高海拔运动对生理功能产生何种影响

关于高海拔运动对机体生理的影响研究已有较长历史，本研究以高海拔（high altitude）、高海拔运动（high altitude exercise）、低氧（hypoxia）、低氧运动表现（hypoxia and exercise performance）为关键字，通过检索电子数据库和查找相关文章的参考文献，获取1990—2020年之间发表的尽可能多的相关研究，包括不同高海拔暴露时间：急性暴露、长期暴露（3周及以上）；不同人群：高海拔世居者和移居者；以及不同高海拔暴露类型：真实暴露和模拟暴露的相关研究，具体见表2-1。但部分研究未纳入该表中：

表 2-1 1990—2020 年间发表的有关高海拔、低氧运动的文献综述

| 作者 | 被试 | 海拔高度 | 暴露时间 | 运动的类型、强度和时间 | 生理指标测量时间 | 主要结论 血液系统 | 主要结论 呼吸系统 | 主要结论 神经系统 |
|---|---|---|---|---|---|---|---|---|
| Brooks et al, 1991 | $N=7$, 男性，年龄（23±2）岁 | 海平面 4300 m# | 21 d | 急性有氧运动；（51±1）% $VO_{2peak}$；45 min | 运动前和运动中的第 15、30、45 分钟；刚到达高海拔和之后的第 21 天 | LC: 高海拔运动导致 LC 增加；急性暴露下运动使得 LC 增加程度大于长期暴露。Lra: 高海拔运动和急性暴露都导致 Lra 增加，运动使得 Lra 增加程度大于长期暴露 | | E: 高海拔运动导致 E 增加；急性暴露下，运动使得 E 增加程度大于长期暴露。NA: 运动增加了 NA 浓度，对长期暴露下的 NA 浓度的提升更显著高于另外两种暴露 |
| Mazzeo et al, 1991 | $N=7$, 男性，年龄（23±2）岁 | 海平面 4300 m# | 21 d | 急性有氧运动；50% $VO_{2max}$；45 min | 运动前和运动中的第 15、30、45 分钟；到达高海拔前和之后的第 5、7、18 天 | MAP: 运动导致 MAP 下降。急性暴露下增加有 MAP；但长期暴露下过程中的第 15 和 45 分钟，三种暴露之间没差异。VR: 运动降低了 VR，但长期暴露 VR 仍高于另外两种条件 | $VO_2$: 静息态条件下，长期暴露的 $VO_2$ 高于海平面和急性暴露。运动条件下，三种暴露之间不存在差异。Q: 静息下，Q 值没显著种暴露，运动增加了 Q，长期暴露水平低于其他两种条件 | NA: 运动增加了 NA 浓度，对长期暴露下 NA 浓度的提升更显著高于另外两种神经暴露。E: 急性暴露下 E 的浓度＞长期暴露＞海平面，运动的第 45 分钟，长期暴露和海平面基本一致。BL: 运动对急性暴露的 BL 提升最大，长期暴露次之 |

续表

| 作者 | 被试 | 海拔高度 | 暴露时间 | 运动的类型、强度和时间 | 生理指标测量时间 | 主要结论 | | |
|---|---|---|---|---|---|---|---|---|
| | | | | | | 血液系统 | 呼吸系统 | 神经系统 |
| Wolfel et al, 1991 | N=7, 男性, 年龄 (23±2) 岁 | 海平面 4300 m# | 21 d | 急性有氧运动；50% $VO_{2max}$；45 min | 运动前和运动中的第 15、30、45 分钟；到达高海拔之后的第 5、7、18 天 | **LBF**: 长期高海拔暴露后，LBF 降低。**VR**: 运动条件下，长期暴露高于急性暴露，全身和腿部血压显著高于急性暴露 | **HR**: 长期高海拔运动导致心率增加。**Q**: 运动条件下，长期暴露的 Q 显著低于急性暴露，因于每搏输出量 (SV) 和血流量都降低 | 交感神经系统能调节个体适应原的机制，血压增加但血管收缩，流量降低维持平衡 |
| Young et al, 1991 | N=12, 男性, 年龄 19~23 岁 | 海平面 4300 m# | 20 d | 急性有氧运动；80% $VO_{2max}$；30 min | 运动前和运动中的第 3、30 分钟；到达高海拔前和之后的第 3、8、20 天 | **LC**: 运动时长 30 min 后，长期暴露 LC 显著低于海平面和短期暴露。**FFA**: 运动和静息条件，3 d 和 8 d 的暴露降低了 FFA，20 d 暴露增加了 FFA | | **NA**: 高海拔运动导致高海拔运动浓度增加。**E**: E 的浓度仅在运动暴露 30 min 条件下，高海拔暴露第 3 天显著升高。**Gly**: 海平面和高海拔暴露条件下，30 min 的运动增加 Gly 水平 |

续表

| 作者 | 被试 | 海拔高度 | 暴露时间 | 运动的类型、强度和时间 | 生理指标测量时间 | 主要结论 | | | |
|---|---|---|---|---|---|---|---|---|---|
| | | | | | | 血液系统 | 呼吸系统 | 神经系统 | |
| Brooks et al, 1992 | $N=7$, 男性, 年龄 $(23\pm2)$ 岁 | 海平面 4300 m# | 21 d | 急性有氧运动；$(51\pm1)\%$ $VO_{2peak}$；45 min | 运动前和运动中的第15、30、45分钟；刚到达高海拔和之后的第21天 | LBF：运动条件下，长期暴露 LBF 显著低于海平面和急性暴露条件 LC：高海拔运动导致 LC 增加 | Q：运动条件下，长期暴露的 Q 显著低于海平面和急性暴露条件 | GC：长期暴露条件下，静息和运动 GC 水平高于海平面和急性暴露条件 Gra：运动会增加 Gra，对长期暴露条件下高度增加另外两个条件 Leg G：高海拔条件下，运动显著增加了 Leg G | |
| Mazzeo et al, 1994 | $N=11$, 男性, 年龄 $(26\pm1)$ 岁 | 海平面 4300 m# | 21 d | 急性有氧运动；$50\%$ $VO_{2max}$；45 min | 运动前和运动中的第15、30、45分钟；到达高海拔前和之后的第4小时、第21天 | | | NA：NA 抑制组和控制组在各个条件下的差异，因此，通过神经系统不能调节海拔运动条件下的生理适应 LC：运动条件下的 LC 没有显著差异，交感神经系统不能影响高海拔运动条件下 LC 未影响高 | |

续表

| 作者 | 被试 | 海拔高度 | 暴露时间 | 运动的类型、强度和时间 | 生理指标测量时间 | 主要结论 | | |
|---|---|---|---|---|---|---|---|---|
| | | | | | | 血液系统 | 呼吸系统 | 神经系统 |
| Mazzeo et al, 1995 | $N=11$，男性，年龄（26±1）岁 | 海平面 4300 m$^{\#}$ | 21 d | 急性有氧运动；50% $VO_{2max}$；45 min | 运动前和运动中的第15、30、45分钟；到达高海拔前和之后的第4小时、第21天 | | $VO_2$：同等运动负荷下，高海拔 $VO_2$（66%~49%）更高 | NA：运动和静息态下，长期暴露显著高于海平面。运动也增加了腿部 NA 释放，其中浓度和海拔 NA 释放显著高于另外两种暴露<br>E：运动和静息条件下，急性高于长期暴露 E 的浓度 |
| Roberts et al, 1996 | $N=11$，男性，年龄（26±1）岁 | 海平面 4300 m$^{\#}$ | 21 d | 急性有氧运动；50% $VO_{2max}$（相当于 69% $VO_{2max}$）；45 min | 运动前、到达高海拔和之后的第 4 小时、第 21 天 | LBF：长期高海拔运动导致 LBF 相比海平面运动下降（β-肾上腺素能阻断降低 LBF） | | GC：长期低于海平面和急性暴露，运动会增加长期暴露条件下的 GC<br>Gra：高海拔暴露会进一步增加 Gra，运动提高 Gra<br>Grd：高海拔暴露会进一步增加 Grd，运动提高 Grd |

续表

| 作者 | 被试 | 海拔高度 | 暴露时间 | 运动的类型、强度和时间 | 生理指标测量时间 | 主要结论 ||| |
|---|---|---|---|---|---|---|---|---|---|
| | | | | | | 血液系统 | 呼吸系统 | 神经系统 |
| Wolfel et al, 1998 | $N=11$,男性,年龄($26\pm1$)岁 | 海平面4300 m# | 21 d | 急性有氧运动;50% $VO_{2peak}$;45 min | 运动前和运动中第15、30、45分钟;到达高海拔后第21天 | $SaO_2$:高海拔运动导致 $SaO_2$ 下降 $PaO_2$:高海拔运动导致 $PaO_2$ 下降 | VE:高海拔运动增加了每分钟的 VE $VO_2$ 和 $VO_{2peak}$ 没有变化 HR:急性暴露下高海拔运动导致 HR 增加,但长期暴露没差异 | $\beta$-肾上腺素能能够降低高海拔运动条件下个体的 HR 阻断能高海拔运动体条件 |
| Braun et al, 2000 | $N=15$,女性,年龄($21\pm1$)岁 | 海平面4300 m# | 10 d | 急性有氧运动,海平面约102和104 W ($65\%$ $VO_{2peak}$),高海拔约102 W ($65\%$绝对 $VO_{2peak}$);45 min | 运动前和运动中第15、30、45分钟;到达高海拔前和之后的第10天 | LC:高海拔运动导致 LC 增加,中等强度运动($65\%$ $VO_{2peak}$) LC 显著高于低强度运动($50\%$ $VO_{2peak}$) | $VO_{2max}$:同等运动强度下,高海拔导致 $VO_{2max}$ 下降约 $15\%$ RER:静息和暴露条件下,暴露 RER 低于海平面 | GC:静息条件下,高海拔暴露 GC 低于海平面。运动导致 GC 下降,高海拔条件下 GC 上升 Gra:高海拔条件下,运动进一步增加 Gra,提高 Gra Grd:高海拔条件下,运动进一步增加 Grd,提高 Grd |

续表

| 作者 | 被试 | 海拔高度 | 暴露时间 | 运动的类型、强度和时间 | 生理指标测量时间 | 主要结论 | | |
|---|---|---|---|---|---|---|---|---|
| | | | | | | 血液系统 | 呼吸系统 | 神经系统 |
| Roach et al, 2000 | $N=7$, 男性, 年龄 20~40岁 | 海平面 4800 m* | 10 h | 急性有氧运动; 50% $VO_{2peak}$; 30 min×4次 | 暴露前和暴露后的第3、6、9小时 | $SaO_2$: 急性暴露下, 运动后的 $SaO_2$ 显著低于静息态 | VE: 急性暴露下的运动和静息态之间 VE 没有显著差异 FVC: 急性暴露下的 FVC, 运动后显著低于静息态 | AMS: 急性暴露下, 运动后的 AMS 显著高于静息态 |
| Mazzeo et al, 2001 | $N=16$, 女性, 年龄 (23±1) 岁 | 海平面 4300 m# | 12 d | 急性有氧运动; 50% $VO_{2max}$; 50 min | 运动前; 到达高海拔之后第1、3、6、9、12天的第4小时 | | | IL-6: 运动条件下, 急性高海拔暴露下的 IL-6 相比海平面都显著增加。但仅仅是海平面运动或低氧静息条件下, IL-6 并没有受到影响。海平面运动条件下 β-肾上腺素能够降低 IL-6; 急性暴露运动条件下, β-肾上腺素能不起作用; 12 天暴露条件下, β-肾上腺素能够降低静息和运动条件下的 IL-6 |

续表

| 作者 | 被试 | 海拔高度 | 暴露时间 | 运动的类型、强度和时间 | 生理指标测量时间 | 主要结论 血液系统 | 主要结论 呼吸系统 | 主要结论 神经系统 |
|---|---|---|---|---|---|---|---|---|
| Bogaard et al, 2002 | N=6, 男性和女性（1名），年龄（32±4）岁 | 海平面 3800 m* 4300 m# | 2周 | 急性有氧运动；30% $VO_{2max}$/60% $VO_{2max}$/90% $VO_{2max}$/100% $VO_{2max}$；各5 min | 高海拔暴露前3 d和后3 d | $SaO_2$：长期高海拔暴露导致$SaO_2$下降 | HR：长期高海拔暴露导致最大HR下降 Q：长期暴露导致最大Q下降约18% | 交感神经抑制而不是副交感神经抑制能够降低HR，但两者对Q都没有显著影响 |
| Hopkins et al, 2003 | N=6, 男性和女性（1名），年龄（32±2）岁 | 海平面 4300 m* | 约35 min（运动前10 min, 运动中25 min） | 急性有氧运动；30% $VO_{2max}$/60% $VO_{2max}$/90% $VO_{2max}$/100% $VO_{2max}$；各5 min 2 min | 运动前和不同运动强度结束后2 min | Hb：低氧最大运动下的Hb显著高于常氧最大运动（交感神经抑制和副交感神经抑制并没有产生影响） | $VO_{2peak}$：低氧导致$VO_{2peak}$下降约25% VE：低氧运动VE显著高于常氧运动 HR：低氧运动会增加HR，但仅低氧不会影响HR（交感神经抑制降低HR，副交感神经抑制提高了HR） Q：所有条件下，运动都会增加Q，但低氧和常氧条件没有差异。交感神经抑制会降低Q | $\beta$ 交感神经抑制能够降低亚最大运动的VE E：静息态，低氧运动会影响E，但低氧运动增加E NA：静息态，低氧不会影响NA，低氧运动条件下NA增加 感神经抑制和低氧条件NA D：所有条件下，运动都会增加D；低氧、运动和常氧条件下，交感神经抑制对D没有影响 |

续表

| 作者 | 被试 | 海拔高度 | 暴露时间 | 运动的类型、强度和时间 | 生理指标测量时间 | 主要结论 | | |
|---|---|---|---|---|---|---|---|---|
| | | | | | | 血液系统 | 呼吸系统 | 神经系统 |
| Lundby et al, 2004 | N=16（8名世居者），男性，年龄22~31岁，世居者26~37岁 | 海平面, 4100 m# | 56 d | 急性有氧运动；100 W开始，每2.5 min增加40 W（世居者80 W开始）；15 min热身后直至力竭 | 运动前和到达高海拔之后的第2周和第8周 | $SaO_2$：高海拔运动导致$SaO_2$下降，但长期暴露$SaO_2$下降程度最低 $PaO_2$：高海拔运动导致$PaO_2$下降，但长期暴露运动$PaO_2$下降程度最低 | $VO_{2max}$：高海拔运动导致$VO_{2max}$下降，2周暴露下降程度大于8周，但控制体重影响后，急性、2周和8周之间没有差异 $PAO_2$：高海拔运动导致$PAO_2$下降，但是2周和8周适应后，$PAO_2$不断回升 | |
| Lundby et al, 2006 | N=16（8名世居者），男性，年龄22~31岁，世居者26~37岁 | 海平面, 4100 m# | 56 d | 急性有氧运动；100 W开始，每2.5 min增加40 W（世居者80 W开始）；15 min热身后直至力竭 | 运动前和到达高海拔之后的第2周和第8周 | LBF：最大运动条件下，高海拔暴露导致LBF下降，适应后（第2周和第8周）也会持续下降，世居者较海平面适应前LBF低 $O_2ad$：最大运动导致$O_2ad$下降，适应后并没有提升，世居者；高海拔下给予氧气供给并没有提高世居者$O_2ad$ | 腿部$VO_{2max}$：高海拔暴露导致腿部$VO_{2max}$下降，适应后并有所回升，但世居者腿部$VO_{2max}$仍低于海平面水平 | |

第二章 高海拔运动与身体生理机能 023

续表

| 作者 | 被试 | 海拔高度 | 暴露时间 | 运动的类型、强度和时间 | 生理指标测量时间 | 血液系统 | 主要结论 呼吸系统 | 神经系统 |
|---|---|---|---|---|---|---|---|---|
| Lundby et al, 2006b | $N=10$，男性和女性（3名），年龄（26±1）岁 | 海平面 4100 m# | 10 min | 急性有氧运动；100 W（女性），150 W（男性），每 1.5 min 增加 25 W（女性），40 W（男性）；热身至力竭 | 暴露前后和运动过程中（亚最大和最大运动强度阶段） | **NESP**：NESP 注射引起机体高海拔暴露运动条件下 $CaO_2$ 增加 | $VO_{2max}$：NESP 注射没有引起机体 $VO_{2max}$ 变化，没有引起最大输出功率的变化 | |
| Frca et al, 2014 | $N=13$，男性和女性（3名），年龄（37±10）岁 | 海平面 4090 m* 4090 m# | 15 min 急性暴露；6 d 5 min 暴露 | 急性有氧运动；6 km 快跑；热身+跑步时间 | 运动前和运动后第 1、2、4 h | $SaO_2$：高海拔运动导致 $SaO_2$ 下降 | **B-lines**：4090 m# 相比 4090 m* 暴露，运动显著增加了 4090 m# 条件下的 B-lines | |

续表

| 作者 | 被试 | 海拔高度 | 暴露时间 | 运动的类型、强度和时间 | 生理指标测量时间 | 血液系统 | 呼吸系统 | 神经系统 |
|---|---|---|---|---|---|---|---|---|
| Caris et al, 2014 | $N=9$，男性，年龄（26±4）岁 | 海平面 4500 m* | / | 急性有氧运动；70% $VO_{2peak}$；开始至力竭 | 暴露前后；运动前和运动刚结束及结束后2 h | $SaO_2$：低氧导致 $SaO_2$ 下降约10%，但不显著 | | IL-2：低氧和低氧运动会导致 IL-2 增加，但并不显著<br>IL-4：低氧和低氧运动会导致 IL-4 下降，但并不显著<br>IL-6：低氧运动导致 IL-6 上升<br>TNF-α：所有条件下均没有显著差异<br>EPO：低氧和低氧运动会导致 EPO 增加，但并不显著<br>INF-γ：低氧和低氧运动会导致 INF-γ 增加，但并不显著<br>Gln：低氧和低氧运动会导致 Gln 下降，但并不显著 |

续表

| 作者 | 被试 | 海拔高度 | 暴露时间 | 运动的类型、强度和时间 | 生理指标测量时间 | 主要结论 | | |
|---|---|---|---|---|---|---|---|---|
| | | | | | | 血液系统 | 呼吸系统 | 神经系统 |
| D. S. Martin et al, 2015 | $N=5$，男性和女性（3名），年龄37.4岁 | 海平面 4599 m# | 7~8 d | 急性有氧运动；静息态至最大强度；约10 min | 暴露前后；运动前和运动刚结束 | **SaO$_2$**：最大运动强度下，高海拔暴露低于海平面；**CaO$_2$**：同SaO$_2$；**CcvO$_2$**：同SaO$_2$；**OER**：运动强度和海平面有显著差异 | **C(a-v)O$_2$**：最大运动强度下；高海拔暴露下的C(a-v)O$_2$显著低于海平面；静息和最大OER都没有显著差异 | |
| Santos et al, 2019 | $N=8$，男性，年龄（24±4）岁 | 海平面 4500 m# | 18 min | 急性有氧运动；50% VO$_{2peak}$；60 min | 运动前，运动刚结束和运动后1 h；静息结束 | **Gln**：低氧条件下，运动刚结束后Gln显著高于静息条件，和运动后1 h后Gln显著低于静息条件和运动刚结束 | | **IL-2**：低氧运动下的IL-2显著低于常氧运动（运动刚结束和1 h后都低）；**IL-4**：低氧运动高于常氧运动，但1 h后，显著低于常氧运动；**IL-2/IL-4**：运动刚结束后IL-2/IL-4相比静息条件下显著降低，低氧条件下IL-2/IL-4相比静息条件下常氧条件显著降低；**IL-6**：低氧运动高于低氧静息条件 |

续表

| 作者 | 被试 | 海拔高度 | 暴露时间 | 运动的类型、强度和时间 | 生理指标测量时间 | 血液系统 | 主要结论 呼吸系统 | 神经系统 |
|---|---|---|---|---|---|---|---|---|
| Walsh et al, 2020 | N=15, 男性和女性（9名），年龄（24.1±3.5）岁 | 海平面 1400 m# 4240 m# | 3 d; 7 d | 中等强度，40%~60% HR; 20 min | 每天早上6点到8点之间静息状态；运动前后 | SpO₂: 静息状态下，随着海拔升高显著降低 PETCO₂: 同 SpO₂ MAP: 同 SpO₂ MAP: 静息状态下，随着海拔升高而升高 Hb: 同 MAP Hct: 同 MAP SpO₂%: 急性运动 SpO₂%显著降低，而运动的低海拔无影响 | HR: 急性高心率可显著提高过程中海拔对平均心率无影响；低海拔最大运动心率显著大于高海拔 | |

注：N=被试总数；VO₂=耗氧量（oxygen consumption）；NA=去甲肾上腺素（norepinephrine）；E=肾上腺素（epinephrine/adrenaline）；MAP=平均血压（mean arterial pressure）；Q=心排出量（cardiac output）；VR=血管阻力（vascular resistance）；BL=血乳酸（Blood lactate）；HR=心率（heart rate）；LBF=腿部血流量（leg blood flow）；LC=乳酸浓度；Lra=乳酸检出率；GC=葡萄糖浓度（glucose concentration）；Gra=葡萄糖检出率；Grd=葡萄糖消失率；Leg G=腿部葡萄糖净利用；FFA=游离脂肪酸（free fatty acid）；Gly=甘油（Glycerol）；RER=呼吸交换率（respiratory exchange ratio）；Hb=血红蛋白（haemoglobin）；D=多巴胺（Dopamine）；O₂ad=动脉供氧（Arterial O₂ delivery）；CaO₂=动脉氧含量（arterial oxygen content）；CcvO₂=中心静脉氧含量（central venous oxygen content）；C(a-v)O₂=动静脉氧分压差（arterial pressure of oxygen）；PAO₂=肺部氧分压（alveolar pressure of oxygen）；C(a-v)O₂=动静脉氧分压差；NESP=新型红细胞生成刺激蛋白（novel erythropoiesis stimulating protein）；IL-2=白细胞介素 2（interleukin-2）；IL-4=白细胞介素 4（interleukin-4）；IL-6=白细胞介素6（interleukin-6）；CRP=C反应蛋白（C-reactive protein）；rSO₂=脑氧饱和度（cerebral oxygenation）；B-lines=肺间歇性肺水肿的测量指标；Gln=谷氨酰胺（Glutamine）；AMS=急性高原病（acute mountain sickness）；TNF-α=肿瘤坏死因子（tumor necrosis factor-α）；FVC=用力肺活量（forced vital capacity）；INF-γ=γ干扰素（interferon-γ）；OER=氧气提取率（oxygen extraction ratio）=[C(a-v)O₂/CaO₂]；EPO=促红细胞生成素（Erythropoietin）；PETCO₂=呼气末 CO₂ 分压（end-tidal carbon dioxide partial pressure）；Hct=血细胞比容（hematocrit）。

*——模拟高海拔暴露；#——真实高海拔暴露

首先，本章仅包含了相关的实证研究及有完整的实验设计，探讨理论的研究并未包含在内。其次，关于"高住低训"（live high-train low，LHTL）的相关研究也未纳入分析范围，LHTL 属于长期有氧训练，不同于急性有氧运动对个体的影响，以后将单独讨论。最后，本章仅关注实验对象为普通健康个体的研究，针对运动员、动物和患者（如心脏病患者、肺水肿患者等）的研究未被纳入讨论范围。

## （一）高海拔运动对呼吸系统的影响

呼吸系统的任务是通过气体交换使得静脉血充分氧化。肺脏从大气中摄取氧气（$O_2$），并将代谢产生的二氧化碳（$CO_2$）排出体外，称为外呼吸；与之对应的内呼吸是指心脏将充氧血泵向周围组织，通过细胞水平的气体交换，使氧气进入组织，二氧化碳进入血液中被运走。高海拔运动条件下，呼吸系统首先产生适应性反应来增加机体代谢的需要，这主要涉及通气量（VE）、肺换气（pulmonary gas exchange，PGE）、心排量（CO）和最大摄氧量（$VO_{2max}$）的改变。

### 1. 通气量

VE 指每分钟进入或从肺中排出的气体量，主要功能是排出过多的 $CO_2$，补充消耗的 $O_2$，保持机体的酸碱稳态。研究表明，仅高海拔暴露并不会导致个体 VE 产生适应性改变[59]，模拟高海拔暴露下的运动也不会导致 VE 的变化[60]。但大多数研究者认为真实高海拔环境下的运动会引起 VE 的显著增加[61,62,63]。VE 的适应性增加和运动强度以及高海拔暴露时间存在显著相关。有研究发现，中等强度的运动下，急性高海拔暴露和长期高海拔暴露（9~10 周）下的 VE 虽然均高于低海拔，但两种暴露之间没有显著差异；在亚最大强度运动下，两种暴露下 VE 仍显著高于低海拔，且长期暴露下的 VE 显著高于急性暴露，这说明经过一段时间的高海拔环境适应后，亚最大强度的运动会导致 VE 进一步增加，而中等强度运动无此影响。这可以帮助解释为什么亚最大强度运动条件下，长期暴露高海拔个体的 $PaO_2$ 和 $SaO_2$ 相比急性暴露显著增加，动脉血氧能力增加[64,65]。但如果运动强度进一步增加，机体达到力竭状态后，VE 达到峰值（$VE_{max}$），高海拔暴露和海平面的 $VE_{max}$ 并没有显著差异[66,67]。因此，当面临低氧和运动双重压力时，

VE 会产生适应性增加,并且随着暴露时长(9~10 周)和运动强度的增加而增加,而高海拔和海平面的 $VE_{max}$ 并没有差异,可能高海拔环境下,个体运动能力下降,会更早地达到力竭状态,当然随着暴露时间进一步增加(数年),高海拔环境下 $VE_{max}$ 是否不同于海平面仍有待研究。

2. 肺换气

PGE 是指进入肺泡的新鲜空气与肺部毛线血管的血液之间进行气体交换,$O_2$ 扩散到静脉血而静脉血中的 $CO_2$ 扩散到肺泡的换气过程。肺泡动脉氧分压差(alveolar-arterial $PO_2$ difference,A-a$PO_2$)是衡量 PGE 的主要指标。研究发现,北美[68]、南美[69]和我国西藏[70]的高海拔世居者都有独特的 PGE 能力,保证在高强度运动下维持较低的 A-a$PO_2$,以此来保证运动条件下的 $PaO_2$ 和 $SaO_2$。但是低海拔居住者到高海拔环境能否通过较低的 A-a$PO_2$ 来维持运动条件下 $SO_2$ 的研究相当有限,较早的一篇研究通过比较 4 名北美低海拔居住者到达高海拔 4、21 和 45 d 后和高海拔世居者 A-a$PO_2$ 的差异发现,运动条件下,高海拔世居者的 A-a$PO_2$ 显著低于低海拔世居者,但低海拔居住者在适应高海拔环境后,其 A-a$PO_2$ 也会下降[68]。Calbet 等人(2003)也发现了类似的结果,运动条件下,和高海拔急性暴露相比,个体经历 9 周的适应后 A-a$PO_2$ 显著下降[71]。但 Lundby 等人(2004)通过对 6 名生活在低海拔地区的丹麦人和 8 名南美高海拔(4100 m)土著玻利维亚人对比分析发现,最大运动强度下,无论急性还是长期暴露(8 周),土著玻利维亚人 A-a$PO_2$ 仍显著低于丹麦人;$SaO_2$ 虽随着适应时间的增加而上升,但仍低于土著玻利维亚人[72]。因此,移居者能够随着高海拔驻留时间增长来使得 A-a$PO_2$ 下降,但能否达到世居者的水平,这和驻留时间以及运动强度都有关系。

3. 心排量

心排量(CO)是衡量心脏泵血功能的主要指标。通过 Flick 公式:$VO_2=CO \times C(a-v)O_2$ 可知,机体的 $VO_2$ 取决于 CO 和动脉与混合静脉的含氧量差[$C(a-v)O_2$],其中 CO 的大小又取决于个体的心率(heart rate,HR)和每搏输出量(stroke volume,SV),$CO=HR \times SV$;$C(a-v)O_2$ 的大小反映机体的氧利用能力(将在下一小节讨论)。Flick 公式可以更好地帮助我们理解高海拔环境下,运动对氧气的传输和利用的影响作用。

大量研究结果表明，高海拔运动会引起 CO 的适应性反应[72,74]。随着海拔的上升和运动强度的增加，$PiO_2$ 下降，$CaO_2$ 降低，机体为了保持内稳态的平衡，CO 会增加约 20%。但 CO 的增加仅是平衡短期内的低氧压力[75]，因为 CO 的长期增加会造成更多的心脏负荷和能量消耗，因此人体会选择其他耗能更低的方式来平衡低氧造成的压力。但也有研究得出了不一致的结论，认为短期的高海拔暴露不会引起 CO 的增加[76]，长期（3~4周）高海拔暴露会使得 CO 比海平面水平更低[77-80]。这说明机体适应一段时间高海拔环境后，有氧运动并不会增加心脏的供氧压力，反倒会保护心脏。存在上述不一致的结论，可能因为 CO 的适应性改变受到诸多因素的影响。那么哪些因素会影响 CO 的变化？这一变化背后的机制是什么？这需要考虑其决定性因素 HR 和 SV 的变化。

高海拔暴露会引起 HR 显著增加，有氧运动会进一步增加 HR 的水平[78]。但运动引起的 HR 增加可能仅仅出现在急性高海拔暴露条件下，长期暴露和海平面的 HR 之间没有显著差异[81]。这和 CO 的改变基本一致，当个体适应高海拔环境后，无须通过增加心脏负荷来缓解供氧不足的压力。当运动强度持续增加，供氧需求进一步增大，长期高海拔暴露条件下的 HR 增加量会高于海平面[82]。但无论是急性还是长期高海拔暴露，最大运动强度下的最大 HR 都显著低于海平面水平[83]，这可能因为高海拔环境下，机体所能达到的最大运动强度较海平面低。上述机体在不同条件下 HR 会变化，进而影响 CO 和氧气传递能力。

SV 作为 CO 的另一个决定性因素，高海拔运动会导致较小的 SV 的降低，而 HR 增加，且 SV 的降低量可能小于 HR 的增加量，这就可以帮助解释为什么在急性暴露条件下 CO 会增加。但当机体长期暴露于高海拔后，HR 不会变化，而 CO 却下降，这可能因为机体适应高海拔一段时间后，SV 会持续下降。大量研究结果发现，个体暴露在 4350 m 海拔 2 d 后[84]、暴露于 4200 m 7 d 后、暴露于 3100 m 和 4350 m 10 d 后[84]，甚至更长时间，暴露于 3800 m 和 4300 m 3~4 周后[85,86]，SV 都会下降。但也有学者认为高海拔运动不会对 SV 产生影响[87]，或者会在急性暴露阶段下降，但在 1~2 周后 SV 趋于稳定[88]。因此，关于 SV 的变化及其内在机制还有待进一步探索。心肌收缩力、左心室前后负荷能够决定 SV 的大小。高海拔环境下，左心室后负荷增加可能导致 SV 下降，关于心肌收缩力对 SV 的影响过程可以参考

Siebenmann（2015）[89]关于 SV 对 CO 影响的综述。也有研究者通过副交感神经抑制发现了 SV 的下降[90]。

综上所述，CO 作为机体氧气传递和摄取的重要环节之一，其变化趋势由 HR 和 SV 共同决定，但又受到暴露时长的调节，同时心肌收缩力、左心室后负荷和副交感神经在低氧运动条件下的适应性反应也会间接导致 CO 变化，但其内在的机制仍有待进一步研究。

4. 动脉与混合静脉的含氧量差

机体要在高海拔运动条件下保持 $VO_2$ 不变，在 CO 降低的情况下，就需要增加 $C(a-v)O_2$ 及提升肌肉对氧气的利用率来维持 $VO_2$ 的正常水平，参与运动的肌肉氧气利用率越高，则 $C(a-v)O_2$ 越大。有研究发现，在暴露于 4300 m 10 d 后相比急性暴露，亚最大强度运动下的 CO 从 12.3 L/min 下降到 10.2 L/min，$C(a-v)O_2$ 从 10.1 mL $O_2$/dL 上升到 12.1 mL $O_2$/dL[91]，该研究结果也在不同运动强度条件下被证明[92]。但在最大运动强度下，高海拔暴露 7~8 d 后 $C(a-v)O_2$ 相比海平面水平显著降低（99.6 mL liter-1→83.9 mL liter-1）[93]。这说明 $C(a-v)O_2$ 的增加受到运动强度的制约，即使当适应高海拔环境后，最高强度的运动所引起的缺氧压力无法通过 $C(a-v)O_2$ 增加来缓解。当然，其他因素也会影响 $C(a-v)O_2$ 的大小，其中肌肉血流量（muscle blood flow，MBF）和氧摄取率（oxygen extraction fraction，OEF）为最主要的两个因素。MBF 反应肌肉中血流速度，OEF 血液流经毛细血管床后被组织摄取氧的比例，即氧气从毛细血管扩散到肌肉细胞以及肌肉细胞中线粒体的氧化能力。

关于 MBF 的研究中，由于多数研究采用功率自行车为实验工具，因此多关注直接参与运动过程的腿部肌肉的血流量（leg blood flow，LBF）。大多数研究结果发现，4300 m 的高海拔长期暴露后，相比急性暴露和海平面，运动会降低 LBF[94,95,96]，即使在较高强度的运动条件下也支持了这一结果[97]。但也有研究表明，在极高海拔（5260 m）暴露 9~10 周后，LBF 虽然低于急性暴露，但是差异并不显著，仅最大 LBF 显著低于海平面水平约 25%[98]。这说明 LBF 的降低可能存在一个海拔阈限。对高海拔世居者的研究发现高强度运动下,世居者的 LBF 显著低于适应高海拔一段时间后的平原被试[99]。但 LBF 下降并没有导致肌肉氧气供给和需求的失衡，机体适应高海拔后，会通过增加红细胞数目和血氧饱和度来增加氧气供给。因此，适应高海拔环境后的机体不会通过增加 LBF 来缓解缺氧的压力，并且其适应性改变受到海拔和人群类型的影响。

机体为缓解 LBF 的下降所引起的氧气供给不足，会通过增加 OEF 来补偿。虽然研究发现长期暴露和急性暴露下的高海拔运动不会引起 OEF 改变，但均显著高于海平面运动条件[100]，以此来保证高海拔运动条件下肌肉的 $VO_2$ 维持在正常水平。也有研究者采用 β-肾上腺素能阻断的方式来降低心率和 MBF，但发现肌肉的 $VO_2$ 并没有降低，因为 OEF 显著增加，再次确认了上述观点[101]。OEF 的增加直接导致肌肉 $C(a-v)O_2$ 增加，保证高海拔运动条件下全身和腿部肌肉的氧气供需平衡。但也有学者发现，在更高海拔（4559 m）运动条件下 OEF 相比海平面运动条件并没有增加[102]，这可能表明海拔影响 OEF 的适应性反应，这有待进一步证明。

综上所述，在高海拔运动条件下，虽然机体需要大量的氧气来维持更快的新陈代谢水平，且高海拔短期驻留后 CO 和 LBF 都下降，但机体可能通过增加 OEF 来增加 $C(a-v)O_2$ 从而维持 $VO_2$[103]。但也有研究认为 $C(a-v)O_2$ 的变化并不足以引起机体全身或者最大 $VO_2$ 的变化[102,104]。因此关于 $C(a-v)O_2$ 在机体高海拔运动中的生理调节作用有待进一步分析。

5. 最大摄氧量

虽然机体会采取一系列的适应反应来维持高海拔运动条件下 $VO_2$ 的稳定，但是高海拔暴露会引起 $VO_{2max}$ 的下降，$VO_{2max}$ 是衡量个体运动能力的关键指标之一，因此，$VO_{2max}$ 的下降表明高海拔会降低个体的运动能力。研究发现，运动能力的下降和海拔密切相关，海拔为 3610 m 时 $VO_{2max}$ 为（61.2±2.1）mL/(min/kg)，当海拔升高至 4750 m 时，$VO_{2max}$ 下降至（59.4±2.6）mL/(min/kg)，当到达 5260 m 时，$VO_{2max}$ 下降至（58±3）mL/(min/kg)（$p<0.0001$）[105]。虽然机体适应一段时间高海拔环境后，$SO_2$ 和 $PiO_2$ 都会有所上升，但 $VO_{2max}$ 的下降并不会随高海拔适应时间的增加而恢复[100]，这可能因为适应后所增加的额外的 $O_2$ 并没有分配到参与运动的肌肉中来。有研究综述对高海拔环境下对 $VO_{2max}$ 造成影响的因素，包括 CO 及氧气在肺、肌肉和血液中的扩散和传递，认为 CO 和 Hb 的变化独立于 $VO_{2max}$，但 VE 以及肺泡和肌肉的氧气扩散会对 $VO_{2max}$ 产生影响[106]。因此，我们仍需要进

一步探索影响 $VO_{2max}$ 的诸多因素,来改善和维持高原环境下的 $VO_{2max}$,保证机体的有氧运动能力。

### (二) 高海拔运动对血液循环系统的影响

血液循环系统主要包括血液和造血器官,其中血液由血细胞和血浆组成,血细胞包括红细胞(red blood cell,RBC)、白细胞(white blood cell,WBC)和血小板,RBC 和 $O_2$ 传递息息相关,WBC 中的单核细胞和淋巴细胞与免疫力相关。在高海拔运动条件下,RBC 和 WBC 等都会产生适应性变化来保证机体在面对运动和高原的双重压力下 $O_2$ 的传递和免疫系统的稳定状态,同时血乳酸(blood lactic acid,BLA)作为红细胞中糖代谢的中间产物也会随之改变。

#### 1. 红细胞

早在 20 世纪 60 年代,学者们就已经开始关注高海拔环境下红细胞的适应性表现。当个体刚到达高海拔地区后,血细胞比容(hematocrit,Hct)会明显上升,对于男性,Hct 在一周后会趋于稳定,女性 Hct 上升程度较慢,需要更长时间才能趋于稳定[107,108]。但 Lundby 等人(2004)的研究发现男性个体在模拟急性高海拔下,Hct 相比海平面并没有显著增加,而在 2 周的真实高海拔暴露后,Hct 显著高于海平面[109]。这可能是因为 Hct 的变化会受到暴露方式影响。关于血红蛋白浓度(hemoglobin,Hb)的研究发现,长时间(9~10 周)极高海拔(5260 m)暴露会导致动脉和静脉的 Hb 显著增加,但静息和运动条件下 Hb 并没有显著差异[110],这说明极高海拔下运动并不会进一步增加 Hb。最近的一项研究也支持了上述观点,且同时也发现 Hb 和运动后的认知任务表现呈显著负相关,即 Hb 越高,任务表现反而下降,147 g/L 可能是维持高海拔运动条件下任务表现的最佳浓度[111]。但这一结论及其内在机制仍需进一步确认。

如前文中提到的,人体在面临高原和运动的双重压力时,CO 下降的情况下,Hct 和 Hb 的增加使得机体能够维持机体 $CaO_2$,但关于运动为什么没有导致 Hct 和 Hb 的进一步增加的研究并不多。首先,机体刚开始暴露于高海拔环境后,Hct 的增加可能因为在红细胞量没有变化的前提下,血浆总量下降[112,113]。但随着机体暴露时间增加或者对于高海拔世居者来说,机体的造血系统骨髓将会增加红细胞的形成和循环，直接引起红细胞量增加（有可能导致红细胞增多症的出现），在血浆总量不变的前提下，血容量即血液总量增加。

2. 血乳酸

大量研究结果表明，高海拔暴露会导致机体 BLA 浓度增加[114-117]。在中等强度运动条件下，急性低氧暴露会产生最多的 BLA，且 BLA 的代谢通量（反应 BLA 的产生和代谢量）显著增加，而 21 d 后动脉 BLA 浓度和代谢通量会显著下降，但仍高于海平面水平[115,118]。Mazzeo 等人 1994 年的研究再次确认了这一结果[119]。这种先增加后下降的变化趋势的产生可能主要由于控制糖酵解的三磷腺苷（ATP）和二磷腺苷（ADP）的变化，ATP 和 ADP 跟 BLA 浓度相关，适应高海拔一段时间后，ATP/ADP 的比率升高，导致更低的糖酵解作用，进而降低了 BLA 的浓度[120]。也有研究认为，高海拔运动导致 BLA 先增后降的变化也跟个体的运动时长有关，Young 等人 1991 年通过比较 12 名男性被试在到达高海拔前和到达高海拔后的 3、8 和 20 d 血浆中的 BLA 发现，同等运动强度下，BLA 浓度的变化在很短时间（3 min）的运动中可能不会显现出来，在运动 30 min 后，血浆中第 20 d 的 BLA 浓度显著低于高海拔暴露 3 d 后的水平[121]。但与之前的研究结论不一致的是，3 d 的暴露虽然会导致 BLA 浓度的上升但结果并不显著，即 BLA 浓度的变化并没有出现一个显著的先增后降的趋势，且高海拔暴露前期血浆中 BLA 浓度的变化受机体肾上腺素能的影响，但后期的变化并不能通过机体肾上腺素能来解释[121]。因此，关于高海拔运动对机体 BLA 浓度的影响背后的机制仍需进一步明确。

3. 免疫功能

近年来，学者们开始关注缺氧对机体免疫能力和炎症反应的影响作用。大量研究结果表明，高海拔会导致机体免疫系统的变化，包括中粒细胞（neutrophils）、淋巴细胞（lymphocytes）、自然杀伤细胞（natural killer cell，NK）的增加和细胞增殖的加速[122-125]。缺氧使得免疫系统产生适应性反应主要是通过低氧诱导因子 1（hypoxia-inducible factor1，HIF1）而产生，HIF1 是由 HIF1-α 和 HIF1-β 组成，在常氧条件下，HIF1 被快速降解，但在低氧条件下，HIF1 会作为转录因子调动一些基因参与血管再生、血管舒缩控制、

RBC 成熟、能量代谢和细胞增殖等一系列低氧的适应性反应[126]。有研究发现，高海拔暴露会导致机体 T 淋巴细胞的数目、功能及其产生的细胞因子（如白细胞介素、肿瘤坏死因子等）的变化，造成免疫功能的下降[127,128]。但中等强度的运动可以增加机体免疫系统反应[129]。那么高海拔运动可能会使得机体的免疫系统维持在一个稳定的状态。Hagobian 等人[130]2006 年发现暴露于 4300 m 海拔下 3 周后的中等强度运动相比海平面同等强度的运动会产生更多白细胞介素 6（IL-6），同样的研究结果也在女性被试群体中被证明[131]。且在更高海拔环境下（5070 m），运动也会促使机体会产生更多 NK 细胞，增加免疫力[132]。但也有研究发现 60 min 不同强度（40% $VO_{2max}$ 和 60% $VO_{2max}$）的运动后，急性高海拔暴露和海平面条件下 IL-6 和 TNF-α 水平并没有显著的差异性[133]。同时，长期的高海拔训练或 LHTL 至少在短期内可能会抑制机体的免疫功能[134]，即使在低海拔环境下剧烈和长时间的运动也会导致机体免疫功能抑制[135]。因此，高海拔运动对个体免疫功能的影响方向仍不明确，并且可能受到运动时长的调节作用。

低氧对机体免疫系统的影响，会导致机体出现炎症反应，进而产生糟糕的生理反应。但运动会引发机体出现抗炎症反应，阻滞低氧所造成的生理的损伤，同时，也可能部分改善高海拔所引起个体的认知表现、睡眠质量下降等[136]。因此，就机体的抗炎症反应来说，高海拔运动对机体的影响可能是正向的。

### （三）高原运动对机体神经系统的影响

机体在低氧条件下的运动产生的一系列适应性生理反应部分受到神经系统的调节作用。其中广受关注的是机体的自主神经系统（ANS），其包括交感神经（sympathetic）和副交感神经（parasympathetic），两者对生理调节的作用相反，以此来保持机体生理调节的平衡和机体的内稳态。

1. 交感神经

学者们研究交感神经在机体生理调节中的作用主要通过使用 propanolol 这一 β 肾上腺素受体阻滞剂来降低儿茶酚胺（catecholamine，CA）的代谢和交感神经的活性（实验组），然后观测实验组和控制组在生理反应上的差异。也有研究通过直接观测 CA 的代谢来分析交感神经的影响作用，CA 包括去甲肾上腺素（norepinephrine，NA）、肾上腺素（epinephrine，E）和多巴胺（Dopamine，D）。

早在 1976 年，Richardson 等人就发现 10 min 急性低氧暴露会使得机体的 HR 增加约 30 beats/min，但接受 β 肾上腺素受体阻滞的被试 HR 并没有增加。后来的研究在长期高海拔暴露的条件下也证明了这一结论，Wolfel 等人（1998）发现暴露于海拔 4300 m 21 d，实验组和控制组被试在运动后的 $VO_2$、VE 和 $PAO_2$ 没有显著差异，但实验组被试的 HR 和 $C(a-v)O_2$ 显著低于控制组[137]。也有研究采用同样的方式研究交感神经对最大 HR 的影响，发现 β 肾上腺素受体受阻后，高海拔下的最大 HR[(139±2)beats/min]相比控制组进一步下降，虽然 HR 是 CO 的决定性因素之一，但该研究并未发现交感神经抑制对最大 CO 的影响，这说明 HR 的下降并不足以引起最大 CO 的变化[138]。但近期也有学者得出了不一致的结论，通过模拟海拔 4300 m 的急性暴露，发现 HR 和 CO 均未受到 β 肾上腺素受阻的影响[139]。这说明机体在交感神经被控制后，可能会通过其他的方式调节，并产生适应性反应。交感神经还可以调节机体的乳酸代谢、血管收缩、血压增加、血流量等来维持低氧下的内稳态。

高海拔运动条件下，个体 CA 代谢的改变也被广泛关注[140,141]。Brooks 等人（1991）分析了 7 名男性被试在海平面、急性高海拔暴露（1 d）和长期高海拔暴露（21 d）运动条件下 NA 和 E 浓度的变化，研究结果发现，中等强度运动条件下，急性暴露和海平面 NA 没有显著差异，但随着暴露时间的增加，NA 浓度显著上升，长期暴露 NA 显著高于急性暴露和海平面水平；但 E 和 NA 的变化并不一致，随着暴露时间的推移，运动条件下 E 浓度的变化为先增后降，即急性暴露＞长期暴露＞海平面[140]。Young 等人（1991）也发现在高海拔暴露第 3 d，运动条件下 NA 浓度和海平面没差异，E 的浓度显著高于海平面。第 8 d 后，NA 浓度显著高于海平面，E 的浓度降低至海平面水平[142]。第 20 d NA 和 E 的浓度都没有进一步增加或降低。类似的研究结果在其他研究中再次被确认[143]。因此，高海拔暴露时长与机体的神经生理反应显著相关。但更高海拔和更长时间暴露条件下，E 浓度的变化和上述存在不一致。有研究发现，9～10 周的 5260 m 高海拔暴露后，运动条件下的 E 的浓度相比急性暴露并没有下降。因此，运动条件下 CA 的代谢的变化和也与海拔有关。

### 2. 副交感神经

关于副交感神经的研究与交感神经所采用的研究方式一致，研究者们采用胃长宁（glycopyrrolate）药物来抑制副交感神经活动（实验组），分析实验组和未采取干预的控制组之间生理反应的差异性。Boushel 及其同事 2001 年首次研究副交感神经抑制对适应高海拔（5260 m）环境 9 周后，运动对 HR 和 CO 的影响作用，结果表明，副交感神经降低了机体 SV，增加了 HR，但对 CO、MAP 和 $VO_2$ 都没有产生影响[144]。急性高海拔暴露条件下也得到了类似的结论，即副交感神经抑制会增加 HR，但并不足以影响 CO 的改变，且对 VE 和 $VE_{max}$ 均没有显著影响[145]。因此，交感神经和副交感神经作为一对作用相反的生理调节神经，但当个体处于高海拔运动条件下，并非所有的生理适应反应都受其控制。

## 二、高海拔运动对个体生理影响受什么因素调节

通过上文分析发现，海拔、高海拔暴露时长（急性和长期暴露）和运动强度都会对机体在高海拔运动条件下呼吸系统、血液循环系统和神经系统的适应性生理反应产生调节作用。

### （一）海　拔

当海拔为 3000 m 时，$PiO_2$ 会下降到 110 mmHg 左右（海平面 $PiO_2$ 为 159 mmHg），导致机体的 $SaO_2$ 出现明显的下降（从 95%到 92%），当海拔增加到 5000 m 时，$PiO_2$ 会下降到 85 mmHg，$SaO_2$ 仅接近海平面的 80%左右。在高海拔运动条件下，$SaO_2$ 会进一步下降。因此，随着海拔的升高，$SaO_2$ 下降，不同 $SaO_2$ 水平下的运动，可能会使得机体产生不同的生理反应。有研究发现，亚最大强度运动前后，海拔在 3610 m 时，脑氧合（cerebral oxygenation）程度从 66.2 下降至 62.6；海拔为 4750 m 时，脑氧合程度从 63.0 下降至 58.9；海拔为 5260 m 时，脑氧合程度从 62.4 下降至 61.2。在最大运动强度下，上述三个不同海拔下的 $VO_{2max}$ 为 61.2（SD=3.3）、59.4（SD=2.6）和 58.0（SD=3.0）（Imary et al，2005）。因此，海拔是调节运动对生理影响的一个关键因素，那么是否存在一些海拔的临界值，来划分不

同影响作用呢？

目前，虽然高海拔运动对机体生理功能影响的研究有考虑不同的海拔，但是大多数研究仅探讨了在 4000 m 海拔以上（4100~4800 m），运动所引起的机体的适应性生理反应，而更广泛的海拔，例如 3000 m 以下、3000~4000 m，以及极高海拔 5000 m 以上等环境下运动所引起的机体生理功能的变化仍不得而知。关于 LHTL 的研究结果发现，个体是否能够提高其运动表现，取决于驻留的海拔，2000~2500 m 可能是一个训练效果最佳的海拔[146]。因此，今后的研究应该聚焦于更广泛的海拔下，运动对个体生理功能的影响。

### （二）运动强度

虽然机体能够通过适应性反应来保持高海拔运动条件下的摄氧量（$VO_2$）和海平面一致，但同等强度的运动负荷下，高海拔运动相比海平面运动会产生更大的内稳态失调，并伴随着更强烈的机体适应性反应，这是由于高海拔暴露会导致最大摄氧量（$VO_{2max}$）下降，即有氧运动能力降低[147,148]，这意味着固定的负荷运动在高海拔对应更高的 $VO_{2max}$。Roberts 等人 1996 年通过被试内设计发现，固定功率的运动在海平面对应 49%的 $VO_{2max}$，但在 4300 m 的高海拔环境下对应 65%的 $VO_{2max}$。因此，高海拔环境下，运动强度增加，机体需要付出比平原更大的努力去适应。有研究发现，中等强度运动下，急性高海拔暴露和长期高海拔暴露（9~10 周）下的 VE 没有显著差异，但在亚最大强度运动下，长期高海拔暴露条件下的 VE 显著高于急性暴露，且两者均高于平原水平[149,150]。也有研究表明，血压、血管阻力等血液循环系统反应都会随着运动强度的增加而增加[151]。同样地，高海拔运动导致乳酸浓度（LC）增加，中等强度运动（65% $VO_{2peak}$）LC 显著高于低强度运动（50% $VO_{2peak}$）[148]。综上，运动强度会调节机体在高海拔环境下的适应性生理反应，同时，不同的海拔也会影响机体的有氧运动能力，那么，是不是不同的海拔下，对应着最适宜强度的运动呢？这有待未来的研究去探讨。以往高海拔环境下的研究多关注中等强度运动条件下机体的生理变化，因此，以后的研究需要对比不同海拔下，不同运动强度所引起的不一致的生理反应。

## （三）高海拔暴露时长

高海拔运动条件下，急性暴露和长期暴露对应着不同的生理反应机制，暴露时长是调节高海拔运动对生理功能影响的重要因素之一。急性暴露条件下，机体为缓解运动和低氧的压力，会通过提高 HR 来代偿血液中的低氧分压，但在数周的适应后，HR 会下降，并且急性暴露下 HR 的增加不会引起 CO 的增加[152]，而长期（3～4 周）高海拔暴露下的运动会使得 CO 低于海平面水平[153-156]。也有研究发现，急性高海拔暴露下，运动结束后的第 5、15 和 25 min 的呼吸交换率（RER）和海平面没有显著差异，长期暴露下的 RER 值显著低于急性和海平面条件下[157]。高海拔暴露时长也会调节运动对乳酸代谢的影响，急性暴露下，运动使得乳酸检出率增加程度大于长期暴露[158]。运动对急性暴露的血乳酸（BL）提升最大，长期暴露次之，海平面水平最低[153]。同时，暴露时长也会调节高海拔运动对血压、血管阻力和儿茶酚胺分泌等多种生理反应。但目前研究时长跨度仍比较小（数小时至数周），我们仍无法判断高海拔运动对移居高海拔数年甚至数十年个体生理功能的影响。

## 三、结论与讨论

高海拔和运动作为两个互相独立的影响因素，都会对机体的生理产生影响，当两者相结合后，这种影响效果在诸多因素的调节下，变得更为复杂。本章内容系统回顾了 1991 年以来高海拔运动条件下，机体呼吸系统、血液循环系统和神经系统一系列适应性反应的相关研究，尝试总结高海拔运动对生理功能的影响及其机制和意义。

（1）高海拔作为一个独立的影响因素，会对个体的生理功能产生影响。在高海拔暴露下，$PiO_2$ 降低，引起 $PaO_2$ 和 $SaO_2$ 降低，使个体供氧不足。为了应对供氧不足，血流量会增加，同时 RBC 和 Hb 增加，以提高氧的运输，Hct 升高，红细胞增多，血液总量增加，增加机体供氧能力。高海拔暴露也会使 BLA 浓度增加，同时淋巴细胞、自然杀伤细胞、中粒细胞增加，细胞加速增殖，淋巴细胞数目改变，造成免疫功能降低，进而可能引起炎症反应。而交感和副交感神经也会参与其中，来调节机体反应以适应高海拔条件，在交感神经系统的调节作用下，HR 增加、血压增加，同时调节乳酸代谢、血管收缩和血流量等，以维持低氧条件下机体的内稳态。

（2）相对于单一的高海拔暴露，高海拔运动条件下，由于机体受到缺氧和运动双重压力，会加剧生理的适应性改变。首先在呼吸系统方面，高海拔运动会使 VE 显著增加，并导致 A-aPO$_2$ 和 SV 下降，CO 和 LBF 都下降，机体通过增加 OEF 来增加 C(a-v)O$_2$，从而维持 VO$_2$。其次在血液循环系统方面，高海拔运动降低 LBF，RBC 增加，以保证氧气的供需平衡，但 Hb 并没有增加。同时白细胞介素 6 和 NK 细胞增多，增加免疫力，这会引发机体的抗炎症反应。最后对于神经系统，高海拔运动条件下，NA 和 E 会发生变化，副交感神经的调节使 SV 降低，HR 增加。

（3）高海拔暴露和运动对个体生理的影响受暴露时长、运动强度等因素的影响。短期高海拔暴露使 CO 升高，而长期高海拔暴露使 CO 降低，急性暴露使 BLA 增加，长期暴露后下降，急性暴露的 NA 无改变，E 增加，长期暴露 NA 浓度显著上升，E 的浓度显著下降，随后不再随时间的增加而发生改变。运动强度作为另外一个调节因素，高海拔亚最大强度运动条件下，CO 下降，C(a-v)O$_2$ 上升。而最大运动强度下，C(a-v)O$_2$ 显著下降。运动强度和暴露时长会共同调节 VE。中等强度运动条件下，急性暴露和长期暴露的 VE 无差异；亚最大强度运动条件下，长期暴露的 VE 高于急性暴露。暴露时间越长，运动强度越大，VE 增加得越多。

总之，高海拔暴露可使机体产生一系列适应性反应来增加供氧量，高海拔运动虽然增加了机体对氧的需求，但也会通过提高机体氧结合能力、氧运输能力、供氧能力、氧利用能力和免疫系统功能以及神经系统功能等，从而得以促进整体健康和体制水平[159]。

## 四、不足与展望

本章就高海拔和高海拔运动条件下，个体生理功能的改变及其调节因素做了尝试性的总结和讨论。但仍存在诸多争议性问题、矛盾性结论和未被研究的议题，这有待未来的研究从以下几个方面去探索：

（1）关注高海拔长期暴露的生理反应，现有研究大多是在短期急性暴露条件下进行的，而暴露时长不同，个体生理会有不同的反应。未来研究应聚焦移居者长期暴露条件下生理的变化，对长期生活工作在高海拔地区的人们提供更好的指导。

（2）仍需通过更严谨的实验设计，来探索高海拔运动对生理的影响。除了近期一项研究外[160]，以往研究多采用前后测的实验设计，没有控制组，这很难排除额外变量对实验结果的影响。

（3）进一步明确运动强度、海拔和暴露时长等对高海拔运动的调节作用。虽然现有研究探究了高海拔运动的影响因素，但是具体的作用机制和调节剂量大小上尚不清楚。未来研究应进一步明确高海拔运动影响因素的作用机制，为高海拔活动提供更加明确的建议。

（4）分析高海拔运动对处于高海拔移居者和世居者的生理影响的差异。目前，关于高海拔运动对个体生理的影响大多是针对移居者的研究，而对移居者和世居者生理反应的对比研究数量依然较少。未来研究可加大对移居者和世居者的比较研究，更有针对性地提高在高原工作和生活的人们的健康水平和生活质量。

## 参考文献

[1] CASPERSEN C J, POWELL K E, CHRISTENSON G. Physicalactivity, exercise and physical fitness: definitions and distinctions for health-related research[J]. Public Health Reports, 1985, 100(2): 126-131.

[2] NELSON M E, REJESKI W J, BLAIR S N, et al. Physical activity and public health in older adults:recommendation from the American College of Sports Medicine and the American Heart Association[J]. Med Sci Sports Exerc, 2007, 39(8): 1435-1445.

[3] WEINSTEIN S L, DOLAN L A, WRIGHT J G, et al. Effects of bracing in adolescents with idiopathic scoliosis[J]. The New England Journal of Medicine, 2013, 369(16): 1512-1521.

[4] HANSEN M A, OVERGAARD K, RIIS B J, et al. Role of peak bone mass and bone loss in postmenopausal osteoporosis: 12 year study[J]. British Medical Journal, 1991, 303(6808): 961-964.

[5] LEVINE B D. $VO_{2max}$: what do we know, and what do we still need to

know? [J]. The Journal of Physiology, 2008, 586(1): 25-34.

[6] RIVERA-BROWN A M, FRONTERA W R. Principles of exercise physiology: responses to acute exercise and long-term adaptations to training[J]. PM&R, 2012, 4(11): 797-804.

[7] MANECKE G R. Edwardsflotrac sensor and vigileo monitor-easy, accurate, reliable cardiac output assessment using the arterial pulse wave[J]. Expert Review of Medical Devices, 2005, 2(5): 523-527.

[8] JONES T W, HOUGHTON D, CASSIDY S, et al. Bioreactance is a reliable method for estimating cardiac output at rest and during exercise[J]. British Journal of Anaesthesia, 2015, 115(3): 386-391.

[9] CATTADORI G, SEGURINI C, PICOZZI A, et al. Exercise and heart failure: an update[J]. Esc Heart Failure, 2018, 5(2): 222-232.

[10] TRK M, MONORI-KISS A, PÁl É, et al. Long-term exercise results in morphological and biomechanical changes in coronary resistance arterioles in male and female rats[J]. Biology of Sex Differences, 2020, 11(7): 124-134.

[11] INTWALA S, BALADY G J. Physical activity in the prevention of heart failure[J]. Circulation, 2015, 132: 1777-1779.

[12] PANDEY A, DARDEN D, BERRY J D. Low fitness in midlife: a novel therapeutic target for heart failure with preserved ejection fraction prevention[J]. Progress in Cardiovascular Diseases, 2015, 58(1): 87-93.

[13] ZMIJEWSKI P, MAZUREK K, KOZDRON E, et al. Effects of organized physical activity on selected health indices among women older than 55 years[J]. The Scientific World Journal, 2015: 625032.

[14] TOMSCHI F, BLOCH W, GRAU M. Impact of type of sport, gender and age on red blood cell deformability of elite athletes[J]. International Journal of Sports Medicine, 2018, 39(1): 12-20.

[15] YOU T, ARSENIS N C, DISANZO B L, et al. Effects of exercise training on chronic inflammation in obesity[J]. Sports Medicine, 2013, 43(4): 243-256.

[16] ICHINOSE M, MAEDA S, KONDO N, et al. Blood pressure regulation II:

what happens when one system must serve two masters—oxygen delivery and pressure regulation? [J]. 2014, 114(3): 451-465.

[17] CONN V S, KOOPMAN R J, RUPPAR T M, et al. Insulin sensitivity following exercise interventions: systematic review and meta-analysis of outcomes among healthy adults[J]. Journal of Primary Care & Community Health, 2014, 5(3): 211-222.

[18] TIPS G. Your lungs and exercise[J]. Breathe, 2016, 12(1): 97-100.

[19] MORRIS N R, CERIDON M L, BECK K C, et al. Exercise-related change in airway blood flow in humans: relationship to changes in cardiac output and ventilation[J]. Respiratory Physiology & Neurobiology, 2008, 162(3): 204-209.

[20] MCKENNA M J, HEIGENHAUSER G J, MCKELVIE R S, et al. Enhanced pulmonary and active skeletal muscle gas exchange during intense exercise after sprint training in men[J]. Journal of Physiology, 2010, 501(Pt 3): 703-716.

[21] URSINO M, MAGOSSO E. Interaction among humoral and neurogenic mechanisms in ventilation control during exercise[J]. Annals of Biomedical Engineering, 2004, 32(9): 1286-1299.

[22] HOPKINS S R, HARMS C A. Gender and pulmonary gas exchange during exercise[J]. Exercise & Sport Sciences Reviews, 2004, 32(2): 50-56.

[23] OLFERT I M, BALOUCH J, KLEINSASSER A, et al. Does gender affect human pulmonary gas exchange during exercise? [J]. J Physiol, 2010, 557(2): 529-541.

[24] HEINICKE I, BOEHLER A, RECHSTEINER T, et al. Moderate altitude but not additional endurance training increases markers of oxidative stress in exhaled breath condensate[J]. European Journal of Applied Physiology, 2009, 106(4): 599-604.

[25] COOK M D, ALLEN J M, PENCE B D, et al. Exercise and gut immune function: evidence of alterations in colon immune cell homeostasis and microbiome characteristics with exercise training[J]. Immunology and

Cell Biology, 2016, 94(2): 158-163.

[26] CHIEF S, CONSON M, CARLOMAGNO S. Movement velocity effcts on kinaestheticlocalisation of spatial positions[J]. Experimental Brain Research, 2004, 158(4): 421-426.

[27] QUEIPO-ORTUNO M I, SEOANE L M, MURRI M, et al. Gut microbiota composition in male rat models under different nutritional status and physical activity and its association with serum leptin and ghrelin levels[J]. PLoS One, 2013, 8(5): 65465.

[28] EVANS C C, LEPARD K J, KWAK J W, et al. Exercise prevents weight gain and alters the gut microbiota in a mouse model of high fat diet-induced obesity[J]. PLoS One, 2014, 9(3): 92193.

[29] PAFFENBARGER R S, HYDE R T, WING A L, et al. The association of changes in physical activity level and other life style characteristics with mortality among men[J]. The New England Journal of Medicine, 1993, 328(8): 538-545.

[30] HALLSWORTH K, FATTAKHOVA G, HOLLINGSWORTH K G, et al. Resistance exercise reduces liver fat and its mediators in non-alcoholic fatty liver disease independent of weight loss[J]. Gut, 2011, 60(9): 1278-1283.

[31] RIDDELL M C, PERKINS B A. Type 1 diabetes and vigorous exercise: applications of exercise physiology to patient management[J]. Canadian Journal of Diabetes, 2006, 30(1): 63-71.

[32] SUSANTO H, TAUFIQ A, SUGIHARTO, et al. Moderate-intensity exercise and musical co-treatment decreased the circulating level of betatrophin[J]. International Journal of Endocrinology, 2020: 3098261.

[33] PATERSON D H, WARBURTON D E R. Physical activity and functional limitations in older adults: a systematic review related to Canada's Physical Activity Guidelines[J]. Int J Behav Nutr Phys Act, 2010, 7(1): 1-22.

[34] DAVENPORT M H, HOGAN D B, ESKES G A, et al. Cerebrovascular reserve: the link between fitness and cognitive function? [J]. Exercise and

Sport Sciences Reviews, 2012, 40(3): 153-158.

[35] WALSH N P, GLEESON M, SHEPHARD R J, et al. Position statement. part one: Immune function and exercise[J]. Exercise Immunology Review, 2011, 17: 6-63.

[36] DE ARAÚJO A L, SILVA L C R, FERNANDES J R, et al. Elderly men with moderate and intense training lifestyle present sustained higher antibody responses to influenza vaccine[J]. AGE, 2015, 37(6): 1-8.

[37] TURNER J E. Is immunosenescence influenced by our lifetime "ose" of exercise？[J]. Biogerontology, 2016, 17(3): 581-602.

[38] FRIEDENREICH C M, ORENSTEIN M R. Physical activity and cancer prevention: etiologic evidence and biological mechanisms[J]. The Journal of Nutrition, 2002, 132(11): 3456S-3464S.

[39] KROEMER G, POUYSSEGUR J. Tumor cell metabolism: cancer's Achilles'heel[J]. Cancer Cell, 2008, 13, 472-482.

[40] STRAND L B, LAUGSAND L E, WISLØFF U, et al. Insomnia symptoms and cardiorespiratory fitness in healthy individuals: the Nord-Trøndelag Health Study (HUNT)[J]. Sleep, 2013, 36(1): 99-108.

[41] WEGNER M, AMATRIAIN-FERNÁNDEZ S, KAULITZKY A, et al. Systematic review of meta-analyses: exercise effectson depression in children and adolescents[J]. Frontiers in Psychiatry, 2020, 11: 81.

[42] WENG T B, PIERCE G L, DARLING W G, et al. The acute effects of aerobic exercise on the functional connectivity of human brain networks[J]. Brain plasticity, 2017, 2(2): 171-190.

[43] MEEUSEN R, PIACENTINI M F, DE MEIRLEIR K. Brain microdialysis in exercise research[J]. Sports Medicine, 2001, 31(14): 965-983.

[44] GU J, STRAUSS C, BOND R, et al. How do mindfulness-based cognitive therapy and mindfulness-based stress reduction improve mental health and wellbeing? a systematic review and meta-analysis of mediation studies[J]. Clin Psychol Rev, 2015, 37: 1-12.

[45] HÖLZEL B K, CARMODY J, VANGEL M, et al. Mindfulness practice leads to increases in regional brain gray matter density[J]. Psychiatry

Research, 2011, 191(1): 36-43.

[46] CATTADORI G, SEGURINI C, PICOZZI A, et al. Exercise and heart failure: an update[J]. Esc Heart Failure, 2017, 5(2): 222-232.

[47] TRK M, MONORI-KISS A, PÁL É, et al. Long-term exercise results in morphological and biomechanical changes in coronary resistance arterioles in male and female rats[J]. Biology of Sex Differences, 2020, 11(7): 124-134.

[48] CLARKE S F, MURPHY E F, O'SULLIVAN O, et al. Exercise and associated dietary extremes impact on gut microbial diversity[J]. Gut, 2014, 63(12), 1913-1920.

[49] MIKA A, VAN TREUREN W, GONZALEZ A, et al. Exercise is more effective at altering gut microbial composition and producing stable changes in lean mass in juvenile versus adult male F344 rats[J]. PLoS One, 2015, 10(5): 0125889.

[50] SZUHANY K L, BUGATTI M, OTTO, M W. A meta-analytic review of the effects of exercise on brain-derived neurotrophic factor[J]. Journal of Psychiatric Research, 2015, 60: 56-64.

[51] VIRUÉS-ORTEGA J, BUELA-CASAL G, GARRIDO E, et al. Neuropsychological functioning associated with high-altitude exposure[J]. Neuropsychology Review, 2004, 14(4): 197-224.

[52] MCMORRIS T, SPROULE J, TURNER A, et al. Acute, intermediate intensity exercise, and speed and accuracy in working memory tasks: a meta-analytical comparison of effects[J]. Physiology & Behavior, 2011, 102(3-4): 421-428.

[53] GROVER R F, WEIL J V, REEVES J T. Cardiovascular adaptation to exercise at high altitude[J]. Exerc Sport Sci Rev, 1986, 14: 269-302.

[54] BEBOUT D E, STORY D, ROCA J, et al. Effects of altitude acclimatization on pulmonary gas exchange during exercise[J]. Journal of Applied Physiology, 1989, 67(6): 2286-2295.

[55] WAGNER P D. Reduced maximal cardiac output at altitude — mechanisms and significance[J]. Respiration Physiology, 2000, 120(1): 11.

[56] SIEBENMANN C, LUNDBY C. Regulation of cardiac output in hypoxia [J]. Scandinavian Journal of Medicine & Science in Sports, 2015, 25(S4): 53-59.

[57] MAZZEO R S. Altitude, exercise and immune function[J]. Exercise Immunology Review, 2005, 11(6): 6-16.

[58] MAZZEO R S. Physiological responses to exercise at altitude[J]. Sports Medicine, 2008, 38: 1-8.

[59] HOPKINS S R, BOGAARD H J, NIIZEKI K, et al. Beta-adrenergic or parasympathetic inhibition, heart rate and cardiac output during normoxic and acute hypoxic exercise in humans[J]. The Journal of Physiology, 2003, 550(Pt 2): 605-616.

[60] ROACH R C, MAES D, SANDOVAL D, et al. Exercise exacerbates acute mountain sickness at simulated highaltitude[J]. Journal of Applied Physiology, 2000, 88(2): 581-585.

[61] WOLFEL E E, SELLAND M A, CYMERMAN A, et al. $O_2$ extraction maintains $O_2$ uptake during submaximal exercise with beta-adrenergic blockade at 4,300 m[J]. Journal of Applied Physiology, 1998, 85(3): 1092-1102.

[62] CALBET J A L, BOUSHEL R, RADEGRAN G, et al. Why is $VO_{2max}$ after altitude acclimatization still reduced despite normalization of arterial $O_2$ content? [J]. American Journal of Physiology-Regulatory, Integrative and Comparative Physiology, 2003, 284(2): 304-316.

[63] HOPKINS S R, BOGAARD H J, NIIZEKI K, et al. Beta-adrenergic or parasympathetic inhibition, heart rate and cardiac output during normoxic and acute hypoxic exercise in humans[J]. The Journal of Physiology, 2003, 550(Pt 2): 605-616.

[64] WOLFEL E E, SELLAND M A, CYMERMAN A, et al. $O_2$ extraction maintains $O_2$ uptake during submaximal exercise with beta-adrenergic blockade at 4,300 m[J]. Journal of Applied Physiology, 1998, 85(3): 1092-1102.

[65] CALBET J A L, BOUSHEL R, RADEGRAN G, et al. Why is $VO_{2max}$ after

altitude acclimatization still reduced despite normalization of arterial $O_2$ content? [J]. American Journal of Physiology-Regulatory, Integrative and Comparative Physiology, 2003, 284(2): 304-316.

[66] YOUNG A J, EVANS W J, CYMERMAN A, et al. Sparing effect of chronic high-altitude exposure on muscle glycogen utilization[J]. Journal of Applied Physiology, 1982, 52(4): 857-862.

[67] LUNDBY C, CALBET J A L, HALL V G, et al. Pulmonary gas exchange at maximal exercise in Danish lowlanders during 8 wk of acclimatization to 4,100 m and in high-altitude Aymara natives[J]. American Journal of Physiology, 2004, 287(5): 1202-1208.

[68] DEMPSEY J A, REDDAN W G, BIRNBAUM M L, et al. Effects of acute through life-long hypoxic exposure on exercise pulmonary gas exchange[J]. Respiration physiology, 1971, 13(1): 62-89.

[69] WAGNER P D, ARAOZ M, BOUSHEL R, et al. Pulmonary gas exchange and acid-base state at 5,260 m in high-altitude Bolivians and acclimatized lowlanders[J]. Journal of Applied Physiology, 2002, 92(4): 1393-1400.

[70] ZHUANG J, DROMA T, SUTTON J R, et al. Smaller alveolar-arterial $O_2$ gradients in Tibetan than Han residents of Lhasa (3658 m)[J]. Respiration Physiology, 1996, 103(1): 75-82.

[71] CALBET J A L, BOUSHEL R, RADEGRAN G, et al. Why is $VO_{2max}$ after altitude acclimatization still reduced despite normalization of arterial $O_2$ content? [J]. American Journal of Physiology-Regulatory, Integrative and Comparative Physiology, 2003, 284(2): 304-316.

[72] LUNDBY C, CALBET J A L, HALL V G, et al. Pulmonary gas exchange at maximal exercise in Danish lowlanders during 8 wk of acclimatization to 4,100 m and in high-altitude Aymara natives [J]. American Journal of Physiology, 2004, 287(5): 1202-1208.

[73] WAGNER P D. Reduced maximal cardiac output at altitude — mechanisms and significance[J]. Respiration Physiology, 2000, 120(1): 11.

[74] SIEBENMANN C, LUNDBY C. Regulation of cardiac output in hypoxia[J]. Scandinavian Journal of Medicine & Science in Sports, 2015,

25(S4): 53-59.
- [75] BROOKS G A, WOLFEL E E, GROVES B M, et al. Muscle accounts for glucose disposal but not blood lactate appearance during exercise after acclimatization to 4,300 m[J]. Journal of Applied Physiology, 1992, 72(6): 2435-2445.
- [76] HOPKINS S R, BOGAARD H J, NIIZEKI K, et al. Beta-adrenergic or parasympathetic inhibition, heart rate and cardiac output during normoxic and acute hypoxic exercise in humans[J]. The Journal of Physiology, 2003, 550(Pt 2): 605-616.
- [77] MAZZEO R S, BENDER P R, BROOKS G A, et al. Arterial catecholamine responses during exercise with acute and chronic high-altitude exposure[J]. The American Journal of Physiology, 1991, 261(4 Pt 1): 419-424.
- [78] WOLFEL E E, GROVES B M, BROOKS G A, et al. Oxygen transport during steady-state submaximal exercise in chronic hypoxia[J]. Journal of Applied Physiology, 1991, 70(3): 1129-1136.
- [79] BROOKS G A, WOLFEL E E, GROVES B M, et al. Muscle accounts for glucose disposal but not blood lactate appearance during exercise after acclimatization to 4,300 m[J]. Journal of Applied Physiology, 1992, 72(6): 2435-2445.
- [80] CALBET J A L, BOUSHEL R, RADEGRAN G, et al. Why is $VO_{2max}$ after altitude acclimatization still reduced despite normalization of arterial $O_2$ content? [J]. American Journal of Physiology-Regulatory, Integrative and Comparative Physiology, 2003, 284(2): 304-316.
- [81] WOLFEL E E, SELLAND M A, CYMERMAN A, et al. $O_2$ extraction maintains $O_2$ uptake during submaximal exercise with beta-adrenergic blockade at 4,300 m[J]. Journal of Applied Physiology, 1998, 85(3): 1092-1102.
- [82] BOUSHEL R, CALBET J A L, RADEGRAN, G, et al. Parasympathetic neural activity accounts for the lowering of exercise heart rate at high altitude[J]. Circulation: Journal of the American Heart Association, 2001, 104(15): 1785-1791.

[83] BOGAARD H J, HOPKINS S R, YAMAYA Y, et al. Role of the autonomic nervous system in the reduced maximal cardiac output at altitude[J]. Journal of Applied Physiology, 2002, 93(1): 271-279.

[84] VOGEL J A, HARTLEY L H, CRUZ J C, et al. Cardiac output during exercise in sea-level residents at sea level and high altitude[J]. Journal of Applied Physiology, 1974, 36(2): 169-172.

[85] KLAUSEN K. Cardiac output in man in rest and work during and after acclimatization to 3,800 m[J]. Journal of Applied Physiology, 1966, 21(2): 609-616.

[86] WOLFEL E E, GROVES B M, BROOKS G A, et al. Oxygen transport during steady-state submaximal exercise in chronic hypoxia[J]. Journal of Applied Physiology, 1991, 70(3): 1129-1136.

[87] HOPKINS S R, BOGAARD H J, NIIZEKI K, et al. Beta-adrenergic or parasympathetic inhibition, heart rate and cardiac output during normoxic and acute hypoxic exercise in humans[J]. The Journal of Physiology, 2003, 550(Pt 2): 605-616.

[88] MAZZEO R S. Physiological responses to exercise at altitude[J]. Sports Medicine, 2008, 38: 1-8.

[89] SIEBENMANN C, LUNDBY C. Regulation of cardiac output in hypoxia[J]. Scandinavian Journal of Medicine & Science in Sports, 2015, 25(S4): 53-59.

[90] BOUSHEL R, CALBET J A L, RADEGRAN G, et al. Parasympathetic neural activity accounts for the lowering of exercise heart rate at high altitude[J]. Circulation: Journal of the American Heart Association, 2001, 104(15): 1785-1791.

[91] VOGEL J A, HARTLEY L H, CRUZ J C, et al. Cardiac output during exercise in sea-level residents at sea level and high altitude[J]. Journal of Applied Physiology, 1974, 36(2): 169-172.

[92] BENDER P R, GROVES B M, MCCULLOUGH R E, et al. Oxygen transport to exercising leg in chronic hypoxia[J]. Journal of Applied Physiology, 1988, 65(6): 2592-2597.

[93] MARTIN D S, COBB A, MEALE P, et al. Systemic oxygen extraction during exercise at high altitude[J]. British Journal of Anaesthesia, 2015, 114(4): 677-682.

[94] WOLFEL E E, GROVES B M, BROOKS G A, et al. Oxygen transport during steady-state submaximal exercise in chronic hypoxia[J]. Journal of Applied Physiology, 1991, 70(3): 1129-1136.

[95] BROOKS G A, WOLFEL E E, GROVES B M, et al. Muscle accounts for glucose disposal but not blood lactate appearance during exercise after acclimatization to 4,300 m[J]. Journal of Applied Physiology, 1992, 72(6): 2435-2445.

[96] WOLFEL E E, SELLAND M A, CYMERMAN A, et al. $O_2$ extraction maintains $O_2$ uptake during submaximal exercise with beta-adrenergic blockade at 4,300 m[J]. Journal of Applied Physiology, 1998, 85(3): 1092-1102.

[97] ROBERTS A C, REEVES J T, BUTTERFIELD G E, et al. Altitude and beta-blockade augment glucose utilization during submaximal exercise[J]. Journal of Applied Physiology, 1996, 80(2): 605-615.

[98] CALBET J A L, BOUSHEL R, RADEGRAN G, et al. Why is $VO_{2max}$ after altitude acclimatization still reduced despite normalization of arterial $O_2$ content? [J]. American Journal of Physiology-Regulatory, Integrative and Comparative Physiology, 2003, 284(2): 304-316.

[99] LUNDBY C, SANDER M, HALL G V, et al. Maximal exercise and muscle oxygen extraction in acclimatizing lowlanders and high altitude natives[J]. The Journal of Physiology, 2006, 573(2): 535-547.

[100] CALBET J A L, BOUSHEL R, RADEGRAN G, et al. Why is $VO_{2max}$ after altitude acclimatization still reduced despite normalization of arterial $O_2$ content? [J]. American Journal of Physiology-Regulatory, Integrative and Comparative Physiology, 2003, 284(2): 304-316.

[101] WOLFEL E E, SELLAND M A, CYMERMAN A, et al. $O_2$ extraction maintains $O_2$ uptake during submaximal exercise with beta-adrenergic blockade at 4,300 m[J]. Journal of Applied Physiology, 1998, 85(3):

1092-1102.

[102] MARTIN D S, COBB A, MEALE P, et al. Systemic oxygen extraction during exercise at high altitude[J]. British Journal of Anaesthesia, 2015, 114(4): 677-682.

[103] MAZZEO R S. Physiological responses to exercise at altitude[J]. Sports Medicine, 2008, 38: 1-8.

[104] LUNDBY C, SANDER M, HALL G V, et al. Maximal exercise and muscle oxygen extraction in acclimatizing lowlanders and high altitude natives[J]. The Journal of Physiology, 2006, 573(2): 535-547.

[105] IMRAY C H E, MYERS S D, PATTINSON K T S, et al. Effect of exercise on cerebral perfusion in humans at high altitude[J]. Journal of Applied Physiology, 2005, 99(2): 699-706.

[106] WAGNER P D. A theoretical analysis of factors determining $VO_{2max}$ at sea level and altitude[J]. Respiration Physiology, 1996, 106(3): 329-343.

[107] HANNON J P, SHIELDS J L, HARRIS C W. Effects of altitude acclimatization on blood composition of women[J]. Journal of Applied Physiology, 1969, 26(5): 540-547.

[108] JUNG R C, DILL D B, HORTON R, et al. Effects of age on plasma aldosterone levels and hemoconcentration at altitude[J]. Journal of Applied Physiology, 1971, 31(4): 593-597.

[109] LUNDBY C, CALBET J A L, HALL V G, et al. Pulmonary gas exchange at maximal exercise in Danish lowlanders during 8 wk of acclimatization to 4,100 m and in high-altitude Aymara natives[J]. American Journal of Physiology, 2004, 287(5): 1202-1208.

[110] CALBET J A L, BOUSHEL R, RADEGRAN G, et al. Why is $VO_{2max}$ after altitude acclimatization still reduced despite normalization of arterial $O_2$ content? [J]. American Journal of Physiology-Regulatory, Integrative and Comparative Physiology, 2003, 284(2): 304-316.

[111] WALSH J J, DROUIN P J, KING T J, et al. Acute aerobic exercise impairs aspects of cognitive function at high altitude[J]. Physiology & Behavior, 2020, 223: 112979.

[112] JUNG R C, DILL D B, HORTON R, et al. Effects of age on plasma aldosterone levels and hemoconcentration at altitude[J]. Journal of Applied Physiology, 1971, 31(4): 593-597.

[113] WOLFEL E E, GROVES B M, BROOKS G A, et al. Oxygen transport during steady-state submaximal exercise in chronic hypoxia[J]. Journal of Applied Physiology, 1991, 70(3): 1129-1136.

[114] BENDER P R, GROVES B M, MCCULLOUGH R E, et al. Decreased exercise muscle lactate release after high altitude acclimatization[J]. J Appl Physiol, 1989, 67: 1456-1462.

[115] BROOKS G A, BUTTERFIELD G E, WOLFE R R, et al. Decreased reliance on lactate during exercise after acclimatization to 4,300 m[J]. Journal of Applied Physiology, 1991, 71(1): 333-341.

[116] YOUNG A J, CYMERMAN A, FECCIA R C, et al. Influence of chronic altitude exposure on blood lactateaccumulation during progressive exercise[J]. Fed Proc, 1982a, 41: 1617.

[117] YOUNG A J, EVANS W J, CYMERMAN A, et al. Sparing effect of chronic high-altitude exposure on muscle glycogen utilization[J]. J Appl Physiol, 1982b, 52: 857-862.

[118] BROOKS G A, WOLFEL E E, GROVES B M, et al. Muscle accounts for glucose disposal but not blood lactate appearance during exercise after acclimatization to 4,300 m[J]. Journal of Applied Physiology, 1992, 72(6): 2435-2445.

[119] MAZZEO R S, BROOKS G A, BUTTERFIELD G E, et al. Beta-adrenergic blockade does not prevent the lactate response to exercise after acclimatization to high altitude[J]. Journal of Applied Physiology, 1994, 76(2): 610-615.

[120] HOCHACHKA P W, BEATTY C L, BURELLE Y, et al. The lactate paradox in human high-altitude physiological performance[J]. News in Physiological Sciences, 2002, 17(3): 122-126.

[121] YOUNG A J, YOUNG P M, MCCULLOUGH R E, et al. Effect of beta-adrenergic blockade on plasma lactate concentration during exercise at

high altitude[J]. European Journal of Applied Physiology & Occupational Physiology, 1991, 63(5): 315-322.

[122] MISHRA K P, GANJU L. Influence of high altitude exposure on the immune system: a review[J]. Immunological Investigations, 2010, 39(3): 219-234.

[123] PEDERSEN B K, STEENSBERG A. Exercise and hypoxia: effects on leukocytes and interleukin-6-shared mechanisms? [J]. Medicine & Science in Sports & Exercise, 2002, 34(12): 2004-13.

[124] RAMSAY G, CANTRELL D. Environmental and metabolic sensors that control T cell biology[J]. Frontiers in Immunology, 2015, 6(99): 1-8.

[125] WALSH N P, OLIVER S J. Exercise, immune function and respiratory infection: an update on the influence of training and environmental stress[J]. Immunology & Cell Biology, 2015, 94(2): 132-139.

[126] ELTZSCHIG H K, CARMELIET P. Hypoxia and inflammation[J]. New England Journal of Medicine, 2011, 364(7): 656-665.

[127] HARTMANN G, TSCHÖP M, FISCHER R, et al. High altitude increases circulating interleukin-6, interleukin-1 receptor antagonist and C-reactive protein[J]. Cytokine, 2000, 12(3): 246-252.

[128] OLIVER S J, MACDONALD J H, HARPER S, et al. High altitude impairs in vivo immunity in humans[J]. High Altitude Medicine & Biology, 2013, 14(2): 144-149.

[129] CARIS A V, YSIS W, DE AQUINO-LEMOS V, et al. Nutrition and exercise canattenuate inflammatory and psychobiological changes in hypoxia? [J]. Asian Pacific Journal of Tropical Biomedicine, 2017, 7(1): 86-90.

[130] HAGOBIAN T A, JACOBS K A, SUBUDHI A W, et al. Cytokine responses at high altitude: effects of exercise and antioxidants at 4300 m[J]. Medicine & Science in Sports & Exercise, 2006, 38(2): 276-285.

[131] MAZZEO R S, DONOVAN D, FLESHNER M, et al. Interleukin-6 response to exercise and high-altitude exposure: influence of alpha-adrenergic blockade[J]. Journal of Applied Physiology, 2001, 91(5):

2143-2149.

[132] MCNAMEE E N, JOHNSON D K, HOMANN D, et al. Hypoxia and hypoxia-inducible factors as regulators of T cell development, differentiation, and function[J]. Immunologic Research, 2013, 55(1-3): 58-70.

[133] BLEGEN M, CHEATHAM C, CAINE-BISH N, et al. The immunological and metabolic responses to exercise of varying intensities in normoxic and hypoxic environments[J]. Journal of Strength & Conditioning Research, 2008, 22(5): 1638-1644.

[134] MAZZEO R S. Altitude, exercise and immune function[J]. Exercise Immunology Review, 2005, 11(6): 6-16.

[135] NIEMAN D C. Immunonutrition support for athletes[J]. Nutrition Reviews, 2008, 66(6): 310-320.

[136] DE AQUINO-LEMOS V D, SANTOS R V T, ANTUNES H K M, et al. Acute physical exercise under hypoxia improves sleep, mood and reaction time[J]. Physiology & Behavior, 2015, 154: 90-99.

[137] WOLFEL E E, SELLAND M A, CYMERMAN A, et al. $O_2$ extraction maintains $O_2$ uptake during submaximal exercise with beta-adrenergic blockade at 4,300 m[J]. Journal of Applied Physiology, 1998, 85(3): 1092-1102.

[138] BOGAARD H J, HOPKINS S R, YAMAYA Y, et al. Role of the autonomic nervous system in the reduced maximal cardiac output at altitude[J]. Journal of Applied Physiology, 2002, 93(1): 271-279.

[139] HOPKINS S R, BOGAARD H J, NIIZEKI K, et al. Beta-adrenergic or parasympathetic inhibition, heart rate and cardiac output during normoxic and acute hypoxic exercise in humans[J]. The Journal of Physiology, 2003, 550(Pt 2): 605-616.

[140] BROOKS G A, BUTTERFIELD G E, WOLFE R R, et al. Decreased reliance on lactate during exercise after acclimatization to 4,300 m[J]. Journal of Applied Physiology, 1991, 71(1): 333-341.

[141] MAZZEO R S, BENDER P R, BROOKS G A, et al. Arterial catecholamine responses during exercise with acute and chronic

high-altitude exposure[J]. The American Journal of Physiology, 1991, 261(4 Pt 1): 419-424.

[142] YOUNG A J, YOUNG P M, MCCULLOUGH R E, et al. Effect of beta-adrenergic blockade on plasma lactate concentration during exercise at high altitude[J]. European Journal of Applied Physiology & Occupational Physiology, 1991, 63(5): 315-322.

[143] MAZZEO R S, BROOKS G A, BUTTERFIELD G E, et al. Acclimatization to high altitude increase muscle sympathetic activity both at rest and during exercise[J]. American Journal of Physiology, 1995, 269(1): 201-207.

[144] BOUSHEL R, CALBET J A L, RADEGRAN G, et al. Parasympathetic neural activity accounts for the lowering of exercise heart rate at high altitude[J]. Circulation: Journal of the American Heart Association, 2001, 104(15): 1785-1791.

[145] HOPKINS S R, BOGAARD H J, NIIZEKI K, et al. Beta-adrenergic or parasympathetic inhibition, heart rate and cardiac output during normoxic and acute hypoxic exercise in humans[J]. The Journal of Physiology, 2003, 550(Pt 2): 605-616.

[146] CHAPMAN R F, KARLSEN T, RESALAND G K, et al. Defining the "dose" of altitude training: how high to live for optimal sea level performance enhancement[J]. Journal of Applied Physiology, 2014, 116 (6): 595-603.

[147] MAZZEO R S, BENDER P R, BROOKS G A, et al. Arterial catecholamine responses during exercise with acute and chronic high-altitude exposure[J]. The American Journal of Physiology, 1991, 261(4 Pt 1): 419-424.

[148] BRAUN B, MAWSON J T, MUZA S R, et al. Women at altitude: carbohydrate utilization during exercise at 4,300 m[J]. Journal of Applied Physiology, 2000, 88(1): 246-256.

[149] WOLFEL E E, SELLAND M A, CYMERMAN A, et al. $O_2$ extraction maintains $O_2$ uptake during submaximal exercise with beta-adrenergic blockade at 4,300 m[J]. Journal of Applied Physiology, 1998, 85(3):

1092-1102.

[150] CALBET J A L, BOUSHEL R, RADEGRAN G, et al. Why is VO$_{2max}$ after altitude acclimatization still reduced despite normalization of arterial O$_2$ content? [J]. American Journal of Physiology-Regulatory, Integrative and Comparative Physiology, 2003, 284(2): 304-316.

[151] BENDER P R, GROVES B M, MCCULLOUGH R E, et al. Oxygen transport to exercising leg in chronic hypoxia[J]. Journal of Applied Physiology, 1988, 65(6): 2592-2597.

[152] HOPKINS S R, BOGAARD H J, NIIZEKI K, et al. Beta-adrenergic or parasympathetic inhibition, heart rate and cardiac output during normoxic and acute hypoxic exercise in humans[J]. The Journal of Physiology, 2003, 550(Pt 2): 605-616.

[153] MAZZEO R S, BENDER P R, BROOKS G A, et al. Arterial catecholamine responses during exercise with acute and chronic high-altitude exposure[J]. The American Journal of Physiology, 1991, 261(4 Pt 1): 419-424.

[154] WOLFEL E E, GROVES B M, BROOKS G A, et al. Oxygen transport during steady-state submaximal exercise in chronic hypoxia[J]. Journal of Applied Physiology, 1991, 70(3): 1129-1136.

[155] BROOKS G A, WOLFEL E E, GROVES B M, et al. Muscle accounts for glucose disposal but not blood lactate appearanceduring exercise after acclimatization to 4,300 m[J]. Journal of Applied Physiology, 1992, 72(6): 2435-2445.

[156] CALBET J A L, BOUSHEL R, RADEGRAN G, et al. Why is VO$_{2max}$ after altitude acclimatization still reduced despite normalization of arterial O$_2$ content? [J]. American Journal of Physiology-Regulatory, Integrative and Comparative Physiology, 2003, 284(2): 304-316.

[157] YOUNG A J, EVANS W J, CYMERMAN A, et al. Sparing effect of chronic high-altitude exposure on muscle glycogen utilization[J]. Journal of Applied Physiology, 1982, 52(4): 857-62.

[158] BROOKS G A, BUTTERFIELD G E, WOLFE R R, et al. Decreased reliance on lactate during exercise after acclimatization to 4,300 m[J].

Journal of Applied Physiology, 1991, 71(1): 333-341.

[159] CALBET J A L, BOUSHEL R, RADEGRAN G, et al. Why is $VO_{2max}$ after altitude acclimatization still reduced despite normalization of arterial $O_2$ content? [J]. American Journal of Physiology-Regulatory, Integrative and Comparative Physiology, 2003, 284(2): 304-316.

[160] WALSH J J, DROUIN P J, KING, T J, et al. Acute aerobic exercise impairs aspects of cognitive function at high altitude[J]. Physiology & Behavior, 2020, 223: 112979.

# 第三章 高海拔运动与有氧代谢

运动的益处是毋庸置疑的，有研究表明缺乏运动和身体素质差与若干健康问题有关，如心血管疾病、代谢紊乱（如超重、肥胖、糖尿病）、肌肉骨骼紊乱、肺部疾病、癌症、高甘油三酯血症、高血压等[1]。有氧运动对轻度和中度中风且心脏并发症风险较低的患者是有益的[2]，且高强度间歇有氧运动可以提高冠心病患者的有氧能力[3]。此外运动训练增加了线粒体的数量和面积，通过改善线粒体动力学扭转肥胖引起的线粒体结构损伤，因此适度有氧运动训练在保护骨骼肌免受线粒体损伤和肥胖引起的胰岛素抵抗方面可能起到治疗作用[4,5]。最后有氧训练对肺动脉高血压患者的睡眠质量、运动能力下降和右心室重塑有积极影响[6]，从而降低死亡风险。

而对运动员，通过运动训练可以改善心肺功能，提高有氧能力，进而提高竞技成绩。自 20 世纪 60 年代以来，随着生活在非洲高原的长跑运动员的数量增加，竞技体育界将注意力放在高原训练上。最早在实践中应用高原训练的是苏联科研工作者，首次提出人体可以在一段时间内适应高原环境，通过训练则可以实现更好的生理适应，个体的有氧代谢将得到改善，同时心血管和呼吸系统都会有效改善。而对于长期在高原上生活的人群，进行运动训练能否改善心肺能力及背后的机制，包括运动对一些疾病的预防效用的研究比较匮乏。

## 第一节 运动与有氧能力

### 一、有氧能力指标

评价机体有氧能力比较重要的两个指标分别是最大摄氧量（$VO_{2max}$）和无氧阈（AT），虽然受不同生理机制的制约，但 $VO_{2max}$ 与 AT 之间存在高度相关：$r=0.85-0.95$[7]。

### 1. 最大摄氧量（$VO_{2max}$）

最大摄氧量（$VO_{2max}$）指的是在机体中，当有大量肌肉群参与长时间剧烈运动时，心肺功能和肌肉利用氧的能力达到机体的极限水平时，单位时间内[绝对值单位表示为 L/min，相对值单位表示为 mL/（kg/min）]所摄取的氧量，是反映和评定人体在极量负荷时心肺功能水平高低的一个主要指标，也是评定人体有氧能力的黄金指标[8]。最大摄氧量由心排量、动脉氧含量、心排量运输至运动肌群的百分数以及运动肌群提取氧的能力所决定，计算公式：

$$VO_2=CO \times C(a\text{-}v)O_2, \quad CO=HR \times SV$$

式中　　CO——心排量；

HR——心率；

SV——每搏输出量；

$VO_2$——摄氧量；

$C(a\text{-}v)O_2$——动脉与混合静脉的含氧量差。

最大摄氧量由以下 3 个生理基础决定：① 人体直接从空气中获取氧气的通气功能；② 血液循环和气体输送功能；③ 组织的摄氧量和利用功能。

### 2. 无氧阈（AT）

氧化是乳酸消除的主要途径，运动中有氧代谢能力越高，在运动中消除的乳酸就越多，血乳酸的消除速率越快[9]。在递增运动负荷过程中，当机体出现氧需求量大于氧供给量，细胞进入无氧呼吸过程，从有氧代谢供能为主向无氧代谢供能为主切换的转折点就是无氧阈（AT）[10]，无氧糖酵解导致乳酸净产量增加。低于 AT 水平运动时，肌肉的乳酸盐/丙酮酸比率和休息时一样，没有代谢性酸中毒发生，越过 AT 后则出现乳酸性酸中毒，即乳酸盐/丙酮酸比率在肌肉及动脉血中增加。乳酸盐增加开始的节点与有氧能力有关，无氧阈能够反映骨骼肌对氧的利用能力[11]，因此无氧阈可以估价耐力训练后耐力能力的提高程度，评定运动员的运动能力和评价训练效果[12]。因此，AT 不但预测和评定耐力运动员的运动能力和成绩[13]，而且还可以以此为依据安排运动员的有氧、无氧训练的强度。

## 二、运动改善有氧能力

运动可以改善有氧能力，一项综合研究表明，运动训练不只是对训练有素的运动员进一步提高成绩有积极影响，而且对于业余运动员、久坐人群和患病人群都有积极作用，但仅限于中等强度的有氧运动，建议持续时间为 30～60 min/d 低频的剧烈运动[14]。鲍永霞等对无症状吸烟者的研究发现，在出现器质性疾病之前，就已经出现了生理功能的下降，主要是心肺功能储备已在损害[15]，低强度的持续训练能够缓解吸烟者和水烟吸烟者的肺功能下降[16]。

不同的训练方式对有氧能力的影响不同。Burgomaster 等人利用随机对照试验对短跑间歇训练（SIT）与传统耐力训练方案进行比较，SIT 的效果类似于中高强度的持续耐力训练[17]，短跑间歇训练（SIT）可以显著提高骨骼肌的氧化能力、最大摄氧量和耐力表现[18]。与连续训练方案相比，间歇训练在改善心脏呼吸中枢和周围骨骼肌适应性方面效果更为显著。高强度间歇运动训练改善机体有氧运动耐力的机制比较复杂，既往的研究表明，2 周的高强度间歇运动训练使得骨骼肌功能增强，线粒体生物合成增加，线粒体内柠檬酸合成酶升高，并且线粒体内的细胞色素氧化酶增多，线粒体转录因子升高[19]，同时使得肌糖原和骨骼肌细胞葡萄糖运载体 4（GLUT4）蛋白含量增加[20]，从而使得机体的运动耐量增强[21]。在心血管系统方面，有大量研究表明，高强度间歇运动可以提高心脏的收缩和舒张功能，从而提高每搏量，具体体现在提高心肌收缩和舒张的速率[22]。

运动有诸多益处，但有些人因为时间或场地等因素无法进行锻炼，因此运动的多样式在当今快节奏的工作生活中尤为重要。有研究表明，坐式训练可以替代长时间的耐力训练，在心肺健康方面也有类似的改善。在 2 周的 6 次训练中，坐着进行最少 15 min 的"冲刺"训练，显著提高了最大摄氧量、骨骼肌有氧能力和耐力表现[23]。

# 第二节　高海拔环境下的运动训练

## 一、高海拔训练

高原环境具有低氧、低压、低温、低湿度及强紫外线辐射等特点，其中低氧是最关键的因素。大气压随高度而变化，一般海拔每上升 100 m，大气压降低 12.7 hPa（9.53 mmHg）[24]，组成大气的各种气体的分压随高度增加而递减。在高海拔地区由于大气压下降，导致吸入气体氧分压（$PiO_2$）降低，$PiO_2$ 的降低会影响正常的氧传递，从而导致肺泡氧分压（$PAO_2$）、动脉氧分压（$PaO_2$）下降[25]，动脉血氧饱和度（$SaO_2$）降低进而使得供给组织的氧气量减少。缺氧可分为低压缺氧和常压缺氧。低压缺氧状态是指大气压力和氧气压力都随着压力的降低和空气量的减少而降低的状态，如自然的高海拔环境。常压低氧状态是指利用产氮方式增加空气中的氮浓度，从而降低相对氧浓度[26]，也称为模拟缺氧环境。缺氧会产生功能或器质性变化，出现缺氧症状，如头痛、头晕、失眠、血压、记忆力下降、心慌、气短、发绀、恶心、呕吐、食欲下降、腹胀、疲乏改变等，这也是各种高原病发生的根本原因。

但缺氧也并非只有弊端，缺氧在治疗或用于高原训练方面也有诸多益处。例如缺氧可以用于辅助治疗糖尿病、心血管疾病、高血压、肥胖等与年龄相关的疾病。作为一种新式治疗手段，缺氧可以促进健康和预防疾病，影响与体重相关的反应（例如减少休息的瘦素水平，增加肾上腺素能系统，增加休息去甲肾上腺素，增加血液中血清素含量，抑制食欲），促进细胞代谢反应（例如，缺氧诱导因子-1α）和血管内皮生长因子（VEGF）表达，促进血管生成，增加糖酵解酶和线粒体的数量，改善胰岛素敏感性，增加葡萄糖转运体-4，心血管反应[27-29]。

在高海拔地区进行低氧训练或是模拟低氧环境进行训练，是各种运动员提高在常氧条件下运动成绩的普遍做法[30]，最典型的高海拔训练方案包括高住高训（LHTH）、高住低训（LHTL）和低住高训（LLTH）。高住高训（LHTH）指在海拔为 1500~4000 m 自然环境地区生活及训练，而高住低训（LHTL）在海平面地区进行训练，在自然环境的高海拔地区或者是模拟 2000~3000 m 高海拔地区[31-33]。低住高训（LLTH）即运动员生活在海平面或接近海平面的地方，但在 2000~4500 m 模拟的低气压或常压低氧条件下训练，LLTH 包括间歇低氧训练（IHT）、低氧反复短跑训练（RSH）和低氧阻力训练（RTH）。从成本及出行限制出发考虑，LLTH 成为现代体育运动的一种越来越受欢迎的低氧训练[34,35]。

## 二、高海拔训练的优势

缺氧训练会增加线粒体和毛细血管密度、毛细血管与纤维比例、纤维横截面面积、肌红蛋白含量和氧化酶活性（如柠檬酸合酶）[36]。Terrados 等人的研究是最早研究缺氧训练对人体肌肉组织影响的研究之一。该方案包括：一条腿在常氧状态下训练，另一条腿在缺氧状态下训练（相当于 2300 m），每周训练 3~4 次，每次 30 min，在缺氧条件下训练的腿中肌红蛋白含量增加，而正常训练的腿的肌红蛋白含量则趋于下降[37]。

当暴露在环境中超过 2500 m 时，缺氧增加氧的消耗和代谢（吸入氧浓度分数 $FiO_2<15\%$），有效增加各种运动的能量消耗，如低强度间歇运动和有氧运动[38]。因此在低氧环境下，超重和肥胖患者可以实现更高的代谢需求，而对于伴有骨科共病的肥胖患者来说，较低的步行速度也对肌肉、关节有保护作用[39]。缺氧阻力训练（RTH）作为一种结合缺氧和阻力运动的新治疗方式，被尝试用于改善肌肉肥大和增强肌肉功能[40]。因此，越来越多的机构，包括医院、私人健身房、国家体育机构、职业俱乐部等配备高海拔模拟设施，原因在于高海拔训练除了提高运动成绩外，还可以为受伤的运动员或不能忍受高强度运动带来的机械压力的患者提供缺氧条件进行康复治疗。

## 三、高海拔训练对有氧能力的影响

在缺氧环境下，除了训练压力外，适应环境训练与正常耐力训练相结合，从而使有氧运动能力得到更大的改善[41]。在 Rusko 等人的 LHTL 研究中，16 名男性运动员每天 12~16 h 生活在模拟缺氧环境（模拟海拔为 2500 m）中 25 d，并在海平面上接受正常缺氧训练，在第 1 d 和第 7 d 海平面 $VO_{2max}$ 分别增加了 1%和 3%[42]。Levine 等（1991）对 22 名运动员（14 名男性和 8 名女性）进行了 LHTL 训练，在海拔 2500 m 生活，在低海拔（1250 m）训练之后，海平面耐力表现显著提高，表现为在 3000 m 的跑步测验中，成绩提高了 1.1%，$VO_{2max}$ 增加了 3%[43]。但缺乏对照组实验，在平原训练能否也产生相同的效果无从得以验证。Levine 和 Stray-Gundersen 等（1997）将 39 名运动员（27 名男性，12 名女性）随机分为 3 组：LHTL

组在中等海拔（2500 m）生活，在低海拔（1250 m）训练；LHTH 组在中等海拔（2500 m）生活和训练；LLTL 组（对照组）生活和训练在海拔 150 m 的山区环境。结果表明仅 LHTL 组和 LHTH 组训练提高了在海平面的表现，表现为 5000 m 的测试时间与初始海平面值相比显著提高[44]，且该运动表现与 $VO_{2max}$ 成正相关。

间歇低氧训练（IHT）可提高运动经济性、酸碱平衡、代谢和运动过程中的血流动力学反应，提高利用氧能力和运动性能[45]。IHT 通过刺激神经肌肉系统增加糖酵解酶活性、葡萄糖输送能力、线粒体密度、毛细血管密度、骨骼肌横截面面积和运动单元的活动[46]，这些变化可以提高氧的输送效率和利用能力。另外，也有研究表明间歇低氧可以提高运动员的耐力表现和海平面最大运动效率，缺氧组的受试者被暴露在模拟海拔 4500 m 90 min，每周 3 次，连续 3 周，但这些改善在间歇低氧停止 3 周后并没有得到维持[47,48]。Brugniaux 等人设计的是低氧组每天在缺氧中度过 14 h（6 晚在 2500 m，12 晚在 3000 m），而对照组处于 1200 m，低氧组和对照组都在 1200 m 训练。仅低氧组 18 d 训练后及训练后的 15 d 提高了最大摄氧量和最大有氧功率（最大摄氧量分别为+7.1%和+3.4%，最大有氧功率分别为+8.4%和+4.7%）[49]。而 Gore 等对世界冠军级田径运动员等的研究明确指出，高海拔训练（2690 m）不会增加 Hb 或海平面 $VO_{2max}$，原因可能是初始值接近自然生理极限，几乎没有进一步改变的余地[50]。综上，高海拔运动能否通过缺氧改善有氧能力有待证实。

## 第三节 高海拔训练与携氧能力

袁际学研究发现，安静时短跑运动员的红细胞数值为（5.55±0.32）$\times 10^{12}$/L，红细胞数值接近或略大于正常范围值，定量负荷后为（5.65±0.34）$\times 10^{12}$/L，极量负荷后为（5.88±0.22）$\times 10^{12}$/L[51]，可见运动会影响红细胞的数目（RBC）。在运动和低氧的双重刺激下，血氧饱和度降低，导致机体组织缺氧，直接刺激组织细胞产生大量的 EPO，EPO 促进骨髓造血干细胞加速分化为 RBC。此外，EPO 也能使单个 RBC 内的 Hb 合成增加，以维持血液中 RBC 的数量和 Hb 的水平[52]。

耐力运动员可以通过高原诱发红细胞增多来提高在海平面上的表现[53]，正常训练情况下，运动员血液循环加速，肾组织氧张力增加，反馈性地使 EPO 合成减少；而模拟高住低练条件下，由于肾组织缺氧，刺激 EPO 合成增加，通过增加红细胞和血红蛋白的生成来提高机体的载氧能力，也就是造血功能、红细胞和血红蛋白浓度的增加与 $VO_{2max}$ 的增加有关。国家女子篮球运动员的 $VO_{2max}$ 与 Hb 有显著的正相关关系（$r=0.6764$，$p<0.05$），说明在一定范围内，血红蛋白越高，最大耗氧量就越大，有氧代谢能力就越好[54]。Wilber 等人的研究也表明 LHTH 和 LHTL 训练中 $VO_{2max}$ 与 RBC、Hb、EPO 浓度等血液学呈正相关[55,56]。但初始 Hb 浓度值已经很高的运动员在高原训练后进一步增加 Hb 浓度值的可能有限（即存在上限效应）[57,58]。

此外，高原训练能使红系增殖在各类运动员中都有体现。高颀等通过模拟海拔 2800 m 的 LHTL 训练提高了优秀跆拳道运动员的 RBC 和 Hb[59]。李立群等也发现高原训练可以显著提高竞速轮椅运动员血清 EPO 的含量和红细胞参数水平，且返回平原 1 周后红细胞参数水平达到最高值[60]。Dehnert 等人对铁人三项运动员（15 名男性和 6 名女性）在中等海拔（1960 m）每天 13 h，为期 2 周的研究发现，EPO 显著增加网织红细胞（Ret）计数在 LHTL 组有增加的趋势，但对照组没有变化[61]。Stray-Gundersen 等报道，高住低练不但可以提高优秀长跑运动员的 Hb 浓度、RBC 和 HCT，而且对于生活在 2500 m 高度、进行 1250 m 高强度训练的优秀运动员，EPO 几乎翻倍，可溶性转铁蛋白受体水平和 Hb 均增加[62]。Rusko 等人通过 LHTL 训练对越野滑雪和铁人三项运动员进行研究，每天 12~16 h 在模拟海拔 2500 m 生活，并在海平面上训练，为期 25 d，结果显示 EPO 增加了 14%，RBC 增加了 5%[63]。

另外一些研究加入了对照组，但出现了不一致的结果。冯连世等对中等海拔训练组和久居高原安静组受试者研究发现，前者的 Ret 明显增加，提示缺氧和运动这两种刺激分别起作用，RBC 生成的促进不只是与缺氧程度有关，相比较来说，高原训练似乎更能促进 RBC 的生成[64]。通过由 10 名瑞士国家队定向运动员（5 男，5 女）进行研究，生活在 2500 m（每天 18 h），并在海拔 1800 m 和 1000 m 的地方训练了 24 d，结果表明高海拔组的 Hb 和 HCT 增加了[65]，而对照组没有变化。但以 4 名男性和 3 名女性为被试的研究发现，长时间（9~10 周）极高海拔（5260 m）暴露动脉和静脉的 Hb 都显著高于急性暴露,且在亚最大强度和最大强度运动条件下,长时间极高海拔暴露的 Hb 也显著高于急性暴露,但静息和运动条件下 Hb 并没有显著差异[66]。因此,有必要在控制海拔高度、运动强度等各条件下探究高海拔运动对携氧能力的影响。

## 第四节 高原训练与免疫功能

嗜中性粒细胞是人外周血中主要的白细胞,来源于骨髓的髓样前体细胞。作为一种天然免疫细胞,直接参与机体免疫的第一道"防线",主要功能是吞噬、杀伤、清除微生物[67]。有研究表明中等强度的运动可以增强嗜中性粒细胞的活性,但随着训练强度的增强,其功能受到抑制[68]。运动引起的嗜中性粒细胞数的变化,恢复到正常所需时间,取决于运动的性质,一般短时间运动后嗜中性粒细胞恢复正常需要 1 h 左右[69]。

淋巴细胞是最小的白细胞,由淋巴器官产生,主要存在于淋巴管中循环的淋巴液中,是机体免疫应答功能的重要细胞成分,是淋巴免疫功能的主要执行者,是对抗外界感染和监控体内细胞变异的一线"战士"。淋巴细胞是一类具有免疫识别功能的细胞系,按其发生迁移、表面分子和功能的不同,可分为 T 淋巴细胞、B 细胞和 NK 细胞,它们在免疫应答过程中互相协作,互相制约,共同完成机体对抗原物质的识别、应答和清除,从而维持机体内环境的稳定[70]。研究发现,运动强度超过 75% $VO_{2max}$ 并运动持续 1 h 以上,伴随 NK 细胞数的下降,NK 细胞活性也明显低下,这种现象在训练后 2~4 h 表现最为明显[71]。目前研究表明,运动能导致淋巴细胞的重新分配,中小强度运动能使淋巴细胞数量增多,高强度运动则可以使淋巴细胞数量减少。袁家齐等观察了 15 名老年长跑爱好者,运动 2 h 后淋巴细胞百分率和淋巴细胞转化功能均上升[72]。

单核细胞是体积最大的白细胞,是机体防御系统的一个重要组成部分。单核细胞来源于骨髓中的造血干细胞,并在骨髓中发育,当它们从骨髓进入血液时,仍然是尚未成熟的细胞。单核细胞能吞噬、清除受伤、衰老的细胞及其碎片,还参与免疫反应,在吞噬抗原后将所携带的抗原决定簇转交给淋巴细胞,诱导淋巴细胞的特异性免疫性反应。单核细胞也是对付细胞内致病细菌和寄生虫的主要细胞防卫系统，还具有识别和杀伤肿瘤细胞的能力。运动后单核细胞仅少数增加，但也有学者证实马拉松赛跑后，循环血中单核细胞呈显著性增加[73]。

嗜酸性粒细胞与其他粒细胞一样来源于骨髓的造血干细胞。嗜酸性粒细胞具有杀伤细菌、寄生虫的功能，也是免疫反应和过敏反应过程中极为重要的细胞。嗜酸性粒细胞可以释放颗粒中的内容物，引起组织损伤，促进炎症进展。嗜碱性粒细胞含有嗜碱性颗粒，能改变血管的通透性，并使平滑肌收缩，参与Ⅰ型变态反应。Dickson等研究表明，耐力运动后嗜中性粒细胞增加，嗜酸性粒细胞随之减少，嗜碱性粒细胞很少变化或不变化。盛佳智等人研究发现最大摄氧量与嗜酸性粒细胞百分比（EO%）/嗜碱性粒细胞百分比（BA%）显著正相关[74]。

长时间高强度的运动（耗氧量超过75% $VO_{2max}$），会降低人体外周血中免疫细胞的数目及免疫细胞的免疫活性，从而降低机体的抗病能力[75,76]。运动对免疫系统的影响，包括各种各样的对压力的生理反应，和热损伤、创伤等原因引起的变化如嗜中性和淋巴细胞减少，血浆皮质醇水平高，专业/抗炎平衡的变化，减少唾液SIgA和细胞毒性改变NK细胞[77]。这些研究表明，在剧烈和长时间的运动后，免疫系统会受到抑制[78,79]。急性高强度运动促进炎症特征的特点是增加血液IL-6水平，嗜中性粒细胞迁移能力，此外，体育锻炼放大了骨骼肌肉血管急性运动引起的白细胞内皮细胞的相互作用，骨骼肌肉组织运动引起的炎症减少[80]。据报道，适度的运动可以改善几个免疫变量，降低机会性疾病的风险，但剧烈运动会影响细胞功能，导致暂时性免疫抑制[81]。运动会影响淋巴细胞的功能，抑制或刺激细胞因子反应，一些研究表明剧烈运动后血清谷氨酰胺的下降可以降低细胞的功能，如淋巴细胞增殖，导致运动后短暂的免疫抑制[82]。

## 第五节　研究不足与展望

本章尝试性地总结了高海拔运动对有氧能力的影响及其背后的生理机制，通过文献综述，发现仍存在以下不足，并针对不足之处提出今后研究方向：

（1）在生理机制上，以往研究关注比较多的是携氧能力-红细胞、免疫系统，而且对于免疫功能的研究出现了比较多的相矛盾的结论。今后研究应重点关注运动与缺氧环境对机体免疫功能影响的机制。

（2）在研究对象及研究方法上，以往研究关注的人群基本是精英运动员，主要研究方法是通过高住低训，主要研究目的是通过提升运动员的有氧能力来提高运动成绩。很少研究关注普通人群长期在高海拔运动对机体有氧能力的影响及其造成影响的机制。而且，在以往研究中出现了不一致的结果，在很多研究中由于缺乏对照组，难以表明高住低训提高运动员的成绩是因为低氧环境而不是训练效应。今后研究中应多关注普通人群，并加入常氧训练组作为对照。

（3）运动能有效地改善有氧能力，而运动方式、运动强度，以及在不同海拔上的运动剂量都有待继续探究。

## 参考文献

[1] ORTEGA F, B, et al. Physical fitness in childhood and adolescence: a powerful marker of health[J]. International Journal of Obesity, 2008, 32(1): 1-11.

[2] PANG M Y, ENG J J, DAWSON A S, et al. The use of aerobic exercise training in improving aerobic capacity in individuals with stroke: a meta-analysis[J]. Clinical Rehabilitation, 2006, 20(2): 97-111.

[3] ROGNMO O, HETLAND E, HELGERUD J, et al. High intensity aerobic interval exercise is superior to moderate intensity exercise for increasing aerobic capacity in patients with coronary artery disease[J]. Eur J Cardiovasc Prev Rehabil, 2004, 11(3): 216-22.

[4] HEO J W, NO M H, CHO J, et al. Moderate aerobic exercise training ameliorates impairment of mitochondrial function and dynamics in skeletal muscle of high-fat diet-induced obese mice[J]. FASEB Journal: Official Publication of the Federation of American Societies for Experimental Biology, 2021, 35(2): e21340.

[5] 马继政, 孙飙, 牛洁. 有氧运动和左室的舒张功能[J]. 中国临床康复,

2004（6）：1138-1139.

[ 6 ] ATEF H, ABDEEN H. Effect of exercise on sleep and cardiopulmonary parameters in patients with pulmonary artery hypertension[J]. Sleep & breathing, 2021, 2: 1-8.

[ 7 ] 吴卫彭，尹松. 最大摄氧量、无氧阈在评价有氧能力方面的差异分析[J]. 西南师范大学学报（自然科学版），2009，34（5）：215-218.

[ 8 ] 田野. 运动生理学高级教程[M]. 北京：高等教育出版社，2003.

[ 9 ] 徐祥峰，沈友清. 赛艇运动员摄氧量与恢复期血乳酸变化特点研究[J]. 首都体育学院学报，2007，019（001）：54-56，59.

[10] 符永超. 皮划艇运动员有氧能力测试与评定方法综述[J]. 湖北体育科技，2008，27（5）：126-128.

[11] 冯炜权，翁庆章. 血乳酸与运动训练——应用手册[M]. 北京：人民体育出版社，1990.

[12] VAN B H, CAUBERGHS M, VERBEKEN E, et al. Partitioning of pulmonary impedance in excised human and canine lungs[J]. Journal of Applied Physiology Respiratory Environmental & Exercise Physiology, 1983, 55(6): 1733-1742.

[13] MOOSMANN J, EKICI A, CESNJEVAR R, et al. Ventilatory threshold measurement to evaluate maximal endurance performance[J]. International Journal of Sports Medicine, 1986, 07(01): 26-29.

[14] GARBER C E, BLISSMER B, DESCHENES M R, et al. Quantity and quality of exercise for developing and maintaining cardiorespiratory, musculoskeletal, and neuromotor fitness in apparently healthy adults: guidance for prescribing exercise[J]. Medicine & Science in Sports & Exercise, 2011, 43: 1334-1359.

[15] 鲍永霞，吕福祯，邵玉霞. 无症状吸烟者的运动心肺功能表现[J]. 哈尔滨医科大学学报，2002，36（3）：236-237.

[16] KOUBAA A, TRIKI M, TRABELSI H, et al. Effect of low-intensity continuous training on lung function and cardiorespiratory fitness in both cigarette and hookah smokers[J]. Afr Health Sci, 2015, 15(4): 1170-81.

[17] BURGOMASTER K A, HOWARTH K R, PHILLIPS S M, et al. Similar

metabolic adaptations during exercise after low volume sprint interval and traditional endurance training in humans[J]. J Physiol, 2010, 586(1): 151-160.

[18] GIST N H, FEDEWA M V, DISHMAN R K, et al. Sprint interval training effects on aerobic capacity: a systematic review and meta-analysis[J]. Sports Med, 2014, 44(2): 269-79.

[19] PARRA J, CADEFAU J A, RODAS G, et al. The distribution of rest periods affects performance and adaptations of energy metabolism induced by high-intensity training in human muscle[J]. Acta Physiologica Scandinavica, 2010, 169(2): 157-165.

[20] LITTLE J P, SAFDAR A, WILKIN G P, et al. A practical model of low-volume high-intensity interval training induces mitochondrial biogenesis in human skeletal muscle: potential mechanisms[J]. Journal of Physiology, 2010, 588(6): 1011-1022.

[21] 杨春江. 大学生体育锻炼与自我效能感的关系：耐力素质的中介作用[J]. 南京体育学院学报（社会科学版），2013（05）：77-82.

[22] 马继政，孙飙，牛洁. 有氧运动和左室的舒张功能[J]. 中国临床康复，2004（6）：1138-1139.

[23] BURGOMASTER K A. Effect of short-term sprint interval training on human skeletal muscle carbohydrate metabolism during exercise and time-trial performance[J]. Journal of Applied Physiology, 2006, 100(6): 2041-2047.

[24] 周淑贞. 气象学与气候学[M]. 北京：高等教育出版社，1997.

[25] 吴天一. 高原肺水肿与急性呼吸窘迫综合征[J]. 高原医学杂志，2001（02）：64-68.

[26] KAYSER B, VERGES S. Hypoxia, energy balance and obesity: from pathophysiological mechanisms to new treatment strategies[J]. Obesity Reviews: an Official Journal of the International Association for the Study of Obesity, 2013, 14(7): 579-592.

[27] URDAMPILLETA A, GONZÁLEZ-MUNIESA P, PORTILLO M P, et al. Usefulness of combining intermittent hypoxia and physical exercise in the

treatment of obesity[J]. Journal of Physiology & Biochemistry, 2012, 68(2): 289-304.

[28] VERGES S, CHACAROUN S, GODIN-RIBUOT D, et al. Hypoxic conditioning as a new therapeutic modality[J]. Frontiers in Pediatrics, 2015, 3: 1-14.

[29] PARK H Y, KIM J, PARK M Y, et al. Exposure and exercise training in hypoxic conditions as a new obesity therapeutic modality: a mini review[J]. Journal of Obesity & Metabolic Syndrome, 2018, 27(2): 93-101.

[30] PARK H Y, LIM K. Effects of hypoxic training versus normoxic training on exercise performance in competitive swimmers[J]. Journal of Sports Science & Medicine, 2017, 16(4): 480-488.

[31] PARK H Y, HWANG H J, PARK J H, et al. The effects of altitude/hypoxic training on oxygen delivery capacity of the blood and aerobic exercise capacity in elite athletes—a meta-analysis[J]. Journal of Exercise Nutrition & Biochemistry, 2016, 20(1): 15-22.

[32] MILLET G P, FAISS R, BROCHERIE F, et al. Hypoxic training and team sports: a challenge to traditional methods?[J]. British Journal of Sports Medicine, 2013, 47(S1): i6-i7.

[33] JUNG W S, HWANG H, KIM J, et al. Effect of interval exercise versus continuous exercise on excess post-exercise oxygen consumption during energy-homogenized exercise on a cycle ergometer[J]. Journal of Exercise Nutrition Biochemistry, 2019, 23(2): 45-50.

[34] FAISS R, GIRARD O, MILLET G P. Advancing hypoxic training in team sports: from intermittent hypoxic training to repeated sprint training in hypoxia[J]. BMJ Open Access, 2013, 47(S1): i45-i50.

[35] GIRARD O, BROCHERIE F, MILLET G P. Effects of altitude/hypoxia on single-and multiple-sprint performance: a comprehensive review[J]. Sports Medicine, 2017 (47): 1931-1949.

[36] CASAS M, CASAS H, PAGÉS T, et al. Intermittent hypobaric hypoxia induces altitude acclimation and improves the lactate threshold[J]. Aviat Space Environ Med, 2000, 71(2): 125-130.

[37] TERRADOS N, JANSSON E, SYLVEN C, et al. Is hypoxia a stimulus for synthesis of oxidative enzymes and myoglobin?[J]. Journal of Applied Physiology, 1990, 68(6): 2369-2372.

[38] PARK H Y, HWANG H J, PARK J H, et al. The effects of altitude/hypoxic training on oxygen delivery capacity of the blood and aerobic exercise capacity in elite athletes—a meta-analysis[J]. Exercise Nutrition & Biochemistry, 2016, 20(1): 15-22.

[39] OLIVIER G, DAVIDE M, MILLET G P. Walking in hypoxia: an efficient treatment to lessen mechanical constraints and improve health in obese individuals?[J]. Frontiers in Physiology, 2017, 73(8): 1-6.

[40] KUROBE K, HUANG Z, NISHIWAKI M, et al. Effects of resistance training under hypoxic conditions on muscle hypertrophy and strength[J]. Clinical Physiology & Functional Imaging, 2015, 35(3): 197-202.

[41] NAKAMOTO F P, IVAMOTO R K, ANDRADE M D S, et al. Effect of intermittent hypoxic training followed by intermittent hypoxic exposure on aerobic capacity of long distance runners[J]. Journal of Strength Conditioning Research, 2016, 30(6): 1708-1720.

[42] RUSKO H K, TIKKANEN H, PAAVOLAINEN L, et al. Effect of living in hypoxia and training in normoxia on sea level $VO_{2max}$ and red cell mass[J]. Medicine & Science in Sports & Exercise, 1999, 31(5): S86.

[43] LEVINE B D, STRAY-GUNDERSEN J, DUHAIME G, et al. "Living high-training low": the effect of altitude acclimatization/normoxic training in trained runners[J]. Med Sci Sports Exerc, 1991, 23: S25.

[44] LEVINE B D, JAMES S G. "Living high-training low": effect of moderate-altitude acclimatization with low-altitude training on performance[J]. Journal of Applied Physiology, 1997, 83(1): 102-112.

[45] CHOI D J, AHN D K. Training high-living low: changes of aerobic performance and muscle structure with training at simulated altitude[J]. International Journal of Sports Medicine, 2001, 22(08): 579-585.

[46] PARK H Y, HWANG H J, PARK J H, et al. The effects of altitude/hypoxic training on oxygen delivery capacity of the blood and aerobic

exercise capacity in elite athletes — a meta-analysis[J]. Journal of Exercise Nutrition & Biochemistry, 2016, 20(1): 15-22.

[47] KATAYAMA K, MATSUO H, ISHIDA K, et al. Intermittent hypoxia improves endurance performance and submaximal exercise efficiency[J]. High Altitude Medicine & Biology, 2003, 4(3): 291-304.

[48] RODRIGUEZFA V J, CASAS M, et al. Erythropoietin acute reaction and haematological adaptations to short, intermittent hypobaric hypoxia[J]. European Journal of Applied Physiology, 2000, 82(3): 170-177.

[49] BRUGNIAUX J V, SCHMITT L, ROBACH P, et al. Eighteen days of "living high, training low" stimulate erythropoiesis and enhance aerobic performance in elite middle-distance runners[J]. Journal of Applied Physiology, 2006, 100(1): 203-211.

[50] GORE C J, HAHN A, RICE A, et al. Altitude training at 2690m does not increase total haemoglobin mass or sea level $VO_{2max}$ in world champion track cyclists[J]. Journal of Science & Medicine in Sport, 1998, 1(3): 156-170.

[51] 袁际学, 康连, 徐芳, 等. 不同负荷后对高原短跑运动员红细胞和白细胞及分类的影响[J]. 云南师范大学学报（自然科学版）, 2007（03）: 65-69.

[52] 邹飞, 刘振宇, 康凯, 等. 5周高原训练对优秀自行车运动员wbc、rbc、hgb和hct影响的研究[J]. 山东体育学院学报, 2009, 25（9）: 38-40.

[53] LEVINE B D, JAMES S G. "Living high-training low": effect of moderate-altitude acclimatization with low-altitude training on performance[J]. Journal of Applied Physiology, 1997, 83(1): 102-112.

[54] 陈德春, 纪志新. 我国优秀女子篮球运动员$VO_{2max}$与部分有氧能力相关指标的研究[J]. 中国体育科技, 2002（12）: 27-29.

[55] WILBER R L. Application of altitude/hypoxic training by elite athletes[J]. Medicine Science in Sports Exercise, 2007, 39(9): 1610-1624.

[56] PUPI M, TONHAUSEROV Z, PAVLOVIC R. The effects of intermittent hypoxic training on aerobic capacity and blood components of endurance athletes[J]. Acta Kinesiologica, 2011, 10(1): 175-183.

[57] ROBACH P, LUNDBY C. Is live high-train low altitude training relevant for elite athletes with already high total hemoglobin mass? [J]. Scand J Med Sci Sports, 2012, 22(3): 303-305.

[58] MCLEAN B D, BUTTIFANT D, GORE C J, et al. Year-to-year variability in haemoglobin mass response to two altitude training camps[J]. British Journal of Sports Medicine, 2013, 47(S1): i51-i58.

[59] 高颀，朱荣，田野，等. HiHiLo 对国家跆拳道女运动员血像、红细胞 2,3-DPG 和有氧能力的影响[J]. 北京体育大学学报，2008（03）: 333-335.

[60] 李立群，王飒，宋娇. 高原训练对轮椅竞速运动员有氧能力的影响[J]. 北京体育大学学报，2013: 79-82.

[61] DRAY X, VAHEDI K, DELCEY V, et al. Erythropoiesis and performance after two weeks of living high and training low in well trained triathletes[J]. International Journal of Sports Medicine, 2002, 23(08): 561-565.

[62] STRAY-GUNDERSEN J, CHAPMAN R F, LEVINE B D. "Living high-training low" altitude training improves sea level performance in male and female élite runners[J]. Scandinavian Journal of Medicine & Science in Sports, 2002, 12(1): 60-61.

[63] RUSKO H K, TIKKANEN H, PAAVOLAINEN L, et al. Effect of living in hypoxia and training in normoxia on sea level $VO_{2max}$ and red cell mass[J]. Medicine & Science in Sports & Exercise, 1999, 31(5): S86.

[64] 冯连世，宗丕芳，李福田，等. 高原训练对中长跑运动员红细胞生成的作用[J]. 体育科学，1998，18（004）: 78-81.

[65] WEHRLIN J P, ZUEST P, HALLÉN J, et al. Live high-train low for 24 days increases hemoglobin mass and red cell volume in elite endurance athletes[J]. Journal of Applied Physiology, 2006, 100(6): 1938-1945.

[66] CALBET J A L, BOUSHEL R, DEGRAN G R, et al. Determinants of maximal oxygen uptake in severe acute hypoxia[J]. Am J PhysiolRegulIntegr Comp Physiol, 2003, 284(2): R291.

[67] 王兰兰. 临床免疫学和免疫检验[M]. 3 版. 北京：人民卫生出版社，2003.

[68] 冯玉润，梁佩珍. 水球运动员 190 分钟训练前后某些免疫细胞参数的改变[J]. 现代免疫学，1990，010（005）：273-275.

[69] 陈佩杰. 运动免疫学研究进展[J]. 体育科学，2000，20（6）：41-46.

[70] 朱俐俐，孙明. 运动与免疫调节的研究进展[J]. 心血管康复医学杂志，2006，15（001）：81-84.

[71] PEDERSEN B K, STEENSBERG A. Exercise and hypoxia: effects on leukocytes and interleukin-6-shared mechanisms?[J]. Medicine & Science in Sports & Exercise, 2002, 34(12): 2004-13.

[72] 袁家齐，陈秀芬，杨卫新，等. 慢跑对老年人免疫功能的影响[J]. 1984（1）：41-43+65.

[73] 梁开录. 运动与免疫机能[J]. 中国运动医学杂志，1990，009（1）：34-36.

[74] 盛佳智，弓腊梅，董立，等. 久坐不运动的男性最大摄氧量与嗜酸、碱性粒细胞参数的关系[J]. 当代体育科技，2014，4（24）：12-12.

[75] HOFFMAN-GOETZ L, PEDERSEN B K. Exercise and the immune system: a model of the stress response? [J]. Immunology Today, 1994.

[76] BRINES R, HOFFMAN-GOETZ L, PEDERSEN B K. Can you exercise to make your immune system fitter? [J]. Immunology Today, 1996, 17(6): 252-254.

[77] WALSH N P, GLEESON M, PYNE D B, et al. Position statement part two: maintaining immune health[J]. Exercise Immunology Review, 2011, 17: 64-103.

[78] ORTEGA E, GIRALDO E, HINCHADO M D, et al. Neuroimmunomodulation during exercise: role of catecholamines as "stress mediator" and/or "danger signal" for the innate immune response[J]. Neuroimmunomodulation, 2007, 14(3-4): 206-212.

[79] NIEMAN D C. Immunonutrition support for athletes[J]. Nutrition Reviews, 2008, 66(6): 310-20.

[80] DE BARCELLOS L A M, GONALVES W A, DE OLIVEIRA M P E, et al. Effect of physical training on exercise-induced inflammation and performance in mice[J]. Front Cell Dev Biol, 2021, 9: 625-680.

[81] WALSH N P, GLEESON M, SHEPHARD R J, et al. Position statement. Part one: immune function and exercise[J]. Exercise Immunology Review, 2011, 17(1): 6.

[82] AGOSTINI F, BIOLO G. Effect of physical activity on glutamine metabolism[J]. Curr Opin Clin Nutr Metab Care, 2010, 13(1): 58-64.

# 第四章 运动与大脑

运动是指为满足特定的健身收益而安排的体育活动，如跑步等一些涉及骨骼和肌肉的拉伸和能量消耗的运动方式，是一种旨在促进健康、提升运动技能，且具有计划性和重复性的身体活动[1]。物质代谢和能量代谢是机体内各组织器官机能活动的基础，而运动能力是身体各种机能活动的集中表现。运动对身心健康、认知表现和大脑结构和功能变化的积极作用已被广泛地认识。运动是保证身心健康的重要手段，能够减少心血管疾病和肥胖等身体疾病及抑郁症、焦虑等心理问题疾病的发病率[2]。并且个体运动对认知功能的促进效果在运动训练后可以维持一段时间[3]。运动导致大脑结构性的变化主要表现为大脑可塑性，如突触的大小和密度、树突的复杂性、血管密度和神经的发生率等方面[4]。动物研究表明，运动引起的大脑变化具有独特性，不同于其他方式引起的大脑变化[5]。

以往的研究借助生化学和神经影像学技术，从不同层面考察运动对大脑结构的影响和机制。以动物研究为主的微观层面，不仅研究了运动物质代谢和能量代谢对大脑内环境的影响，还研究了运动对突触发生、胶质细胞生成和神经元存活的更加深层次的机制。宏观层面主要利用神经影像学技术，探究运动对大脑结构（白质和灰质）与大脑功能（大脑激活水平和大脑功能连接）的影响。本章将结合以往的研究，重点从微观机制和宏观机制两个方面介绍运动对大脑的影响。

## 第一节 运动对大脑结构的影响

生化学从微观的分子机制方面表明了运动对大脑结构影响的生理机制，而脑成像技术从更为宏观的层面来描绘运动对大脑影响的特征。磁共振技术作为一种非侵入且无创的方法，不仅能够对大脑结构和大脑激活模式进行观测，还可以利用大尺度网络分析等方法对全脑的结构和活动模式进行分析。大量研究发现，运动对各年龄阶段的大脑结构均有影响。未成年时期大脑结构还未完全发育成熟，运动更多的是参与大脑结构生长发育的过程。成年后尤其是成年晚期（老年人），衰老和疾病会导致灰质体积、白质体积的缩小和脑脊液间隙的增大。大脑具有很高的可塑性，似乎与生活方式、习惯等一些方面有关，其中运动是一种很有前途的非药物干预方法，可以终生维持、延缓或改善大脑结构。

## 一、运动对未成年人大脑结构的影响

已知童年时期较高的运动水平可以预测学业成绩，学业成绩的显著改善与学校期间运动活动的增加有关。Chaddock 等人（2010）使用结构磁共振成像发现，健康状况较差的未成年人表现出抑制控制能力下降，同时背侧纹状体变小，相比高健康水平未成年人低健康水平儿童基底神经节的一些特定区域灰质体积更小，表明未成年人运动与基底神经节内的特定结构关系，而不是对整个皮下结构的泛泛影响[6,7]。海马为边缘系统的一部分与学习和记忆存在关系，同时 Chaddock 等人（2012）还发现高健康水平未成年人的海马体积更大，并进一步阐明了海马体积与健康水平和记忆表现的关系[8]。这些研究进一步表明了未成年人时期的有氧健身是对特定的大脑皮下结构产生影响从而改善人的特定认知功能，而不是对大脑结构和认知产生泛泛的影响。大脑白质方面。对肥胖儿童进行 8 个月的干预 DTI 研究发现，运动组的 FA 变化明显大于久坐对照组。与久坐的对照组相比，运动组的 RD 也出现了更大的负变化。FA 的增加通常被认为与纤维束的结构一致性和髓鞘形成的增加有关。在本研究中，结果表明了运动诱导的脑白质中 FA 的增加和 RD 的减少，运动对脑白质的积极影响[9]。

基于多种方法的影像学技术表明，运动不仅对未成年人特定的皮下组织（基底神经节和海马）产生积极影响，而且还会对大脑白质体积产生影响。

## 二、运动对成年人大脑结构的影响

已有研究表明，专业技能人员与新手大脑结构与功能的不同。对于成人运动训练引发的脑可塑性研究发现，在三个月杂耍训练研究中发现颞中回和左侧后顶沟的灰质体积显著增加[10]。如 Rogge 等人（2018）对成人分别进行 12 周平衡训练和放松训练发现，与放松训练组比较，平衡训练组训练后平衡能力提高，且与视觉、前庭和自我运动知觉相关的脑区（如视觉联合皮层、颞上皮层、后扣带皮层、额上沟和中央前回等脑区）的皮层厚度增加，豆状核体积下降[11]。对职业羽毛球运动员磁共振成像进行大脑结构和功能的研究发现，与健康对照组相比职业羽毛球运动员右小脑和中小脑的灰质体积增加[12]。同样的，白学军等人（2020）对非专业运动员进行纵向干预实验中发现，实验组参加 12 周的羽毛球运动训练，对照组在此期间不进行任何有规律的运动训练，采集干预实验前后所有被试的结构像和弥散张量成像数据。结果发现，实验组训练后左下枕叶、颞中回、颞下回灰质体积增加，双侧内囊后肢、上放射冠各向异性分数（FA）增加，进一步分析发现，FA 增加的原因是径向扩散系数（RD）下降[13]。

## 三、运动对老年人大脑结构的影响

一些研究表明，老年人通过运动可以提高神经可塑性。中等和高水平的运动可能与老年人更大的脑容量、更低的萎缩率、更好的认知功能和更低的认知衰退风险有关[14,15]。对 59 名 60~79 岁的健康老年人进行 6 个月的干预实验研究发现，此外较低频率的运动（一周一至两次）的研究同样表明存在类似的改变，老年人每周运动一次或者每周运动两次都可以减小整个大脑的萎缩[16]。Erikson 等人（2011）研究发现，老年人长期运动对前额叶、颞叶和海马体区域的皮质厚度有积极影响，并降低认知障碍的风险[17]。同时 Colcombe 等人的研究表明，前额叶、颞叶和顶叶皮层的厚度以及白质完整性的增加取决于心肺健康水平[18,19]。另一项研究发现，有氧运动组老年人的白质和灰质区域的体积显著增加，而非有氧运动组的老人没有发生变化[20]。海马作为大脑一个重要的组织结构，在学习和记忆方面起着重要的作用，有研究发现对老年人进行 12 个月的运动训练可以增加海马体积[21]。

除了强度较高的运动外，还存在其他的干预模式（如阻力训练、太极等）同样对大脑衰老萎缩有很好的作用。对 155 名老年人随机对照试验研究发现，进行阻力训练可以有效地防止脑白质的萎缩[22]。同样的

Liu-Ambrose 等人对社区老年人进行阻力训练也发现，进行阻力训练可以有效地减小老年人整个大脑的萎缩[23]。十二周的太极拳和八段锦的训练发现，太极拳和八段锦均可以显著地提高脑岛、颞中回和豆状核的灰质体积，并且记忆的提高与豆状核与海马灰质体积的增加有关[24]，同样舞蹈训练也可以提高海马灰质的可塑性[25]。

## 第二节　运动对大脑功能的影响

### 一、运动对未成年人大脑功能的影响

儿童的身体健康指数（BMI）与认知能力（如执行控制等）和学业成绩等存在负相关关系并对大脑额叶（背外侧前额叶、前额叶、眶回）产生消极的影响。功能性磁共振成像研究表明，儿童肥胖患者的背外侧前额叶皮层（DPFC）的激活程度显著大于正常体重群体[26]。该区域对于认知控制进食至关重要，通过与大脑的中边缘和中皮层区域的连接，它也对奖励动机行为至关重要。前额叶皮层（PFC）的其他区域，如眶额叶皮层（OFC）也与肥胖有关。OFC 参与抑制和奖励处理，并已被证明在儿童和青少年正常群体和肥胖人的饱腹感水平上具有不同的激活[27]。在儿童和成人中，该区域也涉及对食物刺激的反应。与冲动有关的腹侧 PFC 也与肥胖有关。例如，有令人信服的证据表明，以肥胖为特征的低级别炎症反应可能对大脑产生因果影响，并损害执行功能等。运动对认知功能影响的研究表明，减肥与认知能力的改善相关，进一步支持了这一关系[28]。

健康程度较低的儿童在不同区块的不一致准确性下降，在激活方面没有变化，健康程度较高的儿童更善于激活和适应涉及认知控制的神经过程，以满足和维持任务目标[29]。一项使用功能磁共振成像（fMRI）对儿童进行 9 个月的干预实验发现，儿童每周运动 5 d 以上，每次 60 min 以上，持续 9 个月，其右侧前额叶大脑激活水平会下降，并且在注意力和执行控制的任务表现上出现改善，而对照组不存在显著的变化[30]。同时一个关于超重儿童训练关于执行控制改变的研究发现，运动对执行控制功能的积极作用，并且还发现双侧前额叶皮层的活动增加[31]。同样对超重儿童的研究还发现，

与对照组相比，运动组在支持反跳表现的几个区域的激活减少，包括中央前回和后顶叶皮层，而在支持 flanker 表现的几个区域的激活增加，包括前扣带回和额上回[32]。从这些结果来看儿童时期的有氧体育锻炼可能会增强与执行控制有关的前额叶相关脑区。在有氧运动对儿童工作记忆的影响的研究中发现，单次的有氧运动可以改变工作记忆大脑激活模式，急性中等强度的有氧运动有利于 N-back 任务的表现，同时增加双侧顶叶、左侧海马和双侧小脑的活动[33]。来自脑功能局部一致性的证据发现，一次短时中等强度有氧运动使儿童双侧扣带回，左侧背外侧前额叶，左侧额内侧回，双侧中央后回，左侧枕下回，舌回，左侧颞中回和右侧颞上回的 ReHo 值增高，并且双侧后扣带回，双侧的中央后回和左侧背外侧前额叶的 ReHo 增高与执行控制功能的提高显著相关[34]。

## 二、运动对成年人大脑功能的影响

使用静息态 fMRI 对职业羽毛球运动员脑功能进行扫描，并与健康对照组进行比较发现，运动员左侧顶叶的 ALFF 减小[35]。对 16 名急性有氧运动的大学生执行控制的研究中发现，运动大学生在右侧背外侧前额叶皮质和右侧额极区域的神经激活水平显著增加[36]。fMRI 探究急性运动发现，与运动前相比运动后完成 Stroop 任务的小脑后叶、小脑前叶、视觉联合皮层、颞叶、额下回、前额叶、额上回、颞中回、背外侧核、角回、缘上回、下前扣带回、扣带回、额中回、中央旁小叶的激活显著增强[37]。同样研究短时中等强度运动对转换功能的影响发现，右侧后顶回、视觉联合皮层区、右侧额下回、左侧额中回、右侧下叶外核、右侧额叶回、右侧颞叶回、右侧侧脑室、左侧额上回、左侧边缘叶扣带回、右侧边缘叶扣带回和右侧顶叶回激活显著增强[38]。

## 三、运动对老年人大脑功能的影响

Colcombe 等人观察到，高运动的老年人在额叶和顶叶皮层区域如额中回、额上回、在执行涉及抑制的任务（Flanker 任务）时，前扣带区的激活程度比低运动的老年人低[39]。Prehn 等人观察到，与参加 6 个月有氧训练项目的受试者相比，参加 6 个月拉伸和拉伸项目的受试者在涉及转移前额叶和顶叶上回/楔前叶的任务中激活程度增加[40]。最近，对中老年人进行空间工作记忆的研究发现，无论运动方式如何，运动组的空间工作记忆表现开放性机能训练组的前额叶、前扣带回、补充运动区和海马的激活程度高于封闭技能组训练组[41]。关于太极拳和八段锦对老年人记忆功能的影响的研究发现，对老年人进行 12 周的运动训练可以有效地增加背外侧前额叶与前额叶皮层的激活[42]。岳春林等同样发现了太极拳训练可以增强与工作记忆有关的左侧额中回的活动[43]。在有轻度认知障碍的老年人中，进行为期 52 周每周两次的阻力训练后的联合记忆测试中，与进行平衡和柔韧性训练的老年人相比，右侧舌回以及右侧额极的激活更加显著，而且还发现右侧舌回的激活的增加与联想记忆能力改善之间存在正相关[44]。在进行阻抗训练后，训练组左侧前额叶皮层的组织血氧饱和度显著大于控制组[45]。每周两次运动训练的老年人执行控制功能任务表现更好，不一致条件下左侧前脑岛和左外侧眶额叶皮质活动增加[23]。

## 第三节　运动对大脑网络的影响

在休息和不同的认知状态下，人类的大脑被组织成可分离的不同功能网络，而衰老与特定的网络功能障碍有关。大脑网络随着年龄的增长而改变，并与认知能力下降和神经退行性疾病有关。运动是一种可改变的生活方式因素，可降低发生这些疾病的风险。Kim 等人根据日常生活中的 PA 水平，比较了老年人的脑网络结构属性和认知功能。高运动组区域节点强度和局部效率显著增加，涉及双侧额中回、顶叶下小叶和右侧颞中上回。对职业运动员的大脑结构和功能进行检测，并与健康对照组进行比较发现，运动员左侧顶叶的 ALFF 变小，并改变了左侧顶叶和额叶区域的功能连接[46]。对老年人进行为期一年的干预实验，比较有氧和非有氧运动对大脑功能和认知的影响发现，有氧运动提高了老年人大脑在更高层次认知网络的静息功能的效率[47]。越来越多的动物和人类研究已经证实，海马的局部变化对反复和单次的体育有氧运动特别敏感[48]。并且长期的体育锻炼和更高的心肺健康水平与海马皮层的更高的连接有关[49]，还发现增加了额顶网络功能连接以及默认网络和额叶执行网络的颞叶皮质。Prehn 等人（2017）在超重老年人的样本中进行运动训练，并观察到与伸展和调理组相比背外侧前额叶皮层和上顶回/楔前叶之间的静息态功能连接显著增加[50]。

## 第四节　运动对大脑影响的微观机制

营养的获得和能量的利用是神经元进行生命活动的必要前提。运动可以影响营养的供给和能量代谢，从而影响神经元的生化反应。运动作为一种简单而广泛的娱乐和训练方式，可以激活和维持大脑可塑性的分子和细胞级联。脑源性神经营养因子（BDNF）、胰岛素样生长因子 1（IGF-1）和血管内皮生长因子（VEGF）的含量都会随着运动而升高。脑源性神经营养因子及其受体在神经系统广泛表达。胰岛素样生长因子 1（IGF-1）也被称为促生长因子，具有舒张血管、促进生长发育、促进细胞分化以及细胞修复作用。血管内皮生长因子（VEGF）又称血管通透因子是一种高度特异性的促进血管内皮细胞生长因子，具有促进血管通透性增加、细胞外基质变性、血管内皮细胞迁移、增值和血管形成等作用。

### 一、脑源性营养因子（BDNF）

BDNF 在运动提高神经可塑性方面起着促进作用。BDNF 分布在中枢神经系统、周围神经系统、内分泌系统、骨和软骨组织等广泛区域内，但主要是在中枢神经系统内表达，其中海马皮质的含量最高，其主要作用是，增加突出可塑性，促进神经的发生，促进细胞的生存特别是各种神经元[51]。BDNF 的浓度会随着年龄的增长而变化。BDNF 浓度减少与老年人的神经退行性疾病包括，轻度认知障碍（MCI）、帕金森、痴呆症和阿尔茨海默症有关，同时也和精神疾病如抑郁症等相关[52]。

运动可以改善认知功能，并与 BDNF 表达的增加有关。他诱导了与神经可塑性相关的 BDNF 基因的表达，促进脑血管的形成、神经元结构的功能改变和神经元对损伤的抵抗。给大鼠注射 BDNF 抗体抑制海马 BDNF 的表达，可损害大鼠空间学习和记忆功能[53]。专业的短跑运动员与久坐的健康群体相比，运动员的 BDNF 含量明显更高[54]。Griffin 等人（2011）研究发现，在年轻男性受试者中，一次剧烈运动提高面孔识别任务表现，认知改善与血清中 BDNF 浓度增加有关，长期的运动改善面孔识别任务表现，并改变脑源性神经营养因子的循环[55]。运动康复训练可以有效地提高帕金森早期患者的 BDNF 水平，改善帕金森患病体征[56]。久坐不动的老年人的大脑容量更小，但是随着 BDNF 的增加这种会逐渐缩小，较高的 BDNF 水平可能会保护中年和潜在的久坐生活方式的老年人群的大脑功能[57]。大脑功能连通性分析发现，运动训练后 BDNF 的变化与双侧海马旁、双侧颞中回的连通性增加有关[58]。

BDNF 影响神经可塑性的生化机制可能是，BDNF 与受体的相互作用导致络氨酸激酶结构域酪氨酸残基的磷酸化，促进与衔接蛋白结合。例如 515 位点酪氨酸结构域的磷酸化激活 Shc 或 FRS2 适配器分子，这些分子可能竞争结合位点。随后这些适配器分子通过 RAS-丝裂原激活蛋白激酶激活 RAS 蛋白激酶通路，从而促进神经元的分化和增殖[59]。

## 二、胰岛素样生长因子 1（IGF-1）

IGFs 是一种多肽，可由生长激素刺激或独立于生长激素发挥作用。这些多肽可以促进生长、分化和细胞生存[60]。在这些多肽中，IGF-1 因其在中枢和外周神经的作用而备受关注。IGF-1 的 mRNA 的表达发生在成人大脑的特定区域，IGF-1 的受体分布于整个中枢神经系统。IGF-1 和 IGF-1 受体的激活对多种生物过程至关重要，可以抑制神经元和其他细胞的死亡[61]。

IGF-1 因子对神经可塑性有着积极作用。随着运动，人类体内的 IGF-1 水平会迅速提高，这种提高似乎与运动引发的认知改善和神经的生成有关[62]。在一些研究发现除了 BDNF 水平外，IGF-1 水平的增加显著改善认知。在老年人的研究中，血清中高 IGF-1 水平与更好的认知性能相关，而对认知障碍的老年人，低水平的 IGF-1 与认知较差有关[63]。外周循环的中 IGF-1 与认知表现有关，海马似乎是 IGF-1 的主要靶点。Maass 等人研究发现，经过 12 周的运动训练后认知功能和海马的体积都没有显著的变化，但 IGF-1 水平的变化与海马体积和延迟语言学习记忆测试任务表现正相关[64]。Voss

等人研究发现，IGF-1 与双侧海马旁、双侧颞中回的连通性增加有关[65]。

哺乳动物中枢神经系统的研究支持了胰岛素和胰岛素样生长因子在干细胞自我更新、神经生成和认知功能中的重要作用。IGF-1 被证明参与记忆、可塑性和神经生成过程，特别是在大脑老化方面。胰岛素样生长因子受体 1 型（IGF1R）信号通路在哺乳动物神经系统的早期发育阶段就被激活。它对发育中的神经细胞的主要作用是促进它们的生长和存活。该通路可与生长和形态发生因子的信号通路相结合，诱导特定神经细胞亚群的分化和选择性扩展[66]。

## 三、血管内皮生长因子（VEGF）

VEGF 又称血管通透性因子（VPF），是血管内皮细胞特异性强有力的多功能细胞因子，可在体内诱导毛细血管新生。研究表明，剧烈运动导致组织缺氧时，细胞通过分泌 VEGF 与血管内皮细胞表面 VEGF 受体结合，启动相应的细胞内信号传递途径促使血管生成增加。

运动训练可以增加肌肉毛细血管的数量，肌肉毛细血管的增长和运动一起的血管生成部分受 VEGF 的调节。VEGF 由骨骼肌肉细胞产生，可以分泌到循环系统中。动物研究发现，大鼠海马内 VEGF 和 Flk-1 mRNA 的表达受运动的调节，且与运动强度有关。小强度跑台运动可对 VEGF 和 Flk-1 mRNA 的表达产生促进作用，而大强度运动则不影响 VEGF 和 Flk-1 mRNA 的表达[67]。运动大鼠两侧海马 VEGF 含量比非运动的显著增加[68]。在单腿膝盖伸展运动 30 min 后，身体活动个体的 VEGF 蛋白含量增加。运动可以增加耐力运动员和久坐男子血浆内 VEGF 含量[69]。Tamar 等人研究发现，VEGF 的表达增强了血管生成、神经生成和记忆，而 VEGF 的阻断不会减少海马关注或神经发生，更有趣的是 VEGF 诱导明显增加了齿状回的体内神经元信号传输持久增强现象（长时程增强作用，LTP）[70]。这是与突触可塑性——突触改变强度的能力相关的几种现象之一。记忆通过突触强度进行编码，所以长时程增强作用被认为是学习和记忆的分子机制之一。

目前尚不清楚新发现的 VEGF 对神经元可塑性的影响是直接通过 VEGF 与神经元表达的 VEGF 受体结合发生的，还是间接通过诱导内皮细胞或胶质细胞分泌默写作用域神经元的因子。然而，体内直接和间接机制之间的严格区别可能需要对每个 VEGF 受体进行神经元、胶质和内皮特异性的消融（或功能抑制）。

## 四、三种神经营养因子的关系

神经营养因子，包括 BDNF、IGF-1 和 VEGF，是运动对发育和成年期间大脑可塑性影响基本调节因素。三种神经营养因子都对海马有较强的诱导作用。运动后增加 IGF-1 的含量可能与 BDNF 相互作用，以调节突触可塑性。阻断 IGF-1 可以组织运动诱导 BDNF 上升，同样阻断 BDNF 的表达会影响运动诱导 IGF-1 表达。在有关抑郁症的研究中发现，海马和前脑皮层的 BDNF 和 VEGF 表达下降与慢性应激所导致的小鼠抑郁相关[71]。IGF-1 与 VEGF 的交互效应似乎调节了运动神经和血管生成，IGF-1 和 VEGF 都可以通过运动在外周系统中增加，并可以跨越血脑屏障进入大脑[72]。

## 第五节 总 结

总的来说，运动对各个年龄阶段的大脑（结构和功能）和认知功能（执行控制和记忆等）都存在积极的影响，这一点可以通过生化机制（BDNF、IGF-1 和 VEGF 等）作为中介调节来解释。我们不仅从微观的生化层面解释运动影响的潜在机制，还从宏观层面描述了运动诱导大脑的具体的变化。未来，不仅应该探究生化机制的不明确之处，还应该考察个体差异、运动时间和刺激任务类型在运动影响大脑（结构和功能）和认知功能潜在的作用。

## 参考文献

[1] 夏海硕，丁晴雯，庄岩，等. 体育锻炼促进认知功能的脑机制[J]. 心理科学进展，2018，026（010）：1857-1868.

[2] HUXLEY R R, MISIALEK J R, AGARWAL S K, et al. Physical activity, obesity, weight change, and risk of atrial fibrillation the atherosclerosis risk in communities study[J]. Circulation Arrhythmia & Electrophysiology,

2014, 7(4): 620-625.

[ 3 ] PIEPMEIER A T. A closer look at the role of BDNF as a causal link in the physical activity cognition relationship: a dose-response study[M]. Dissertations & Theses-Gradworks, 2015.

[ 4 ] PEARSON-FUHRHOP K M, KLEIM J A, CRAMER S C. Brain plasticity and genetic factors[J]. Topics in Stroke Rehabilitation, 2015, 16(4): 282-299.

[ 5 ] BLACK J E, ISAACS K R, ANDERSON B J, et al. Learning causes synaptogenesis, whereas motor activity causes angiogenesis, in cerebellar cortex of adult rats[J]. Proc Natl Acad, USA, 1990, 87(14): 5568-5572.

[ 6 ] CHADDOCK L, ERICKSON K I, PRAKASH R S, et al. Basal ganglia volume is associated with aerobic fitness in preadolescent children[J]. Developmental neuroscience, 2010, 32(3): 249-56.

[ 7 ] CHADDOCK L, ERICKSON K I, PRAKASH R S, et al. A functional MRI investigation of the association between childhood aerobic fitness and neurocognitive control[J]. Biological Psychology, 2012;89(1): 260-268.

[ 8 ] CHADDOCK L, ERICKSON K I, PRAKASH R S, et al. A neuroimaging investigation of the association between aerobic fitness, hippocampal volume, and memory performance in preadolescent children[J]. Brain Research, 2010, 1358: 172-83.

[ 9 ] SCHAEFFER D J, KRAFFT C E, SCHWARZ N F, et al. An 8-month exercise intervention alters frontotemporal white matter integrity in overweight children[J]. Psychophysiology, 2014, 51(8): 728-733.

[10] DRAGANSKI B, GASER C, BUSCH V, et al. Neuroplasticity: changes in grey matter induced by training[J]. Nature, 2004, 427(6972): 311.

[11] ANN-KATHRIN R, BRIGITTE R, ASTRID Z, et al. Exercise-induced neuroplasticity: Balance training increases cortical thickness in visual and vestibular cortical regions[J]. Neuroimage, 2018: S105381191830572X-.

[12] DI X, ZHU S H, JIN H, et al. Altered resting brain function and structure in professional badminton players[J]. Brain Connect, 2012, 2(4): 225-233.

[13] 白学军, 邵梦灵, 刘婷, 等. 羽毛球运动重塑成年早期的大脑灰质和白质结构[J]. 心理学报, 2020（2）.

[14] HEYN P, ABREU B C, OTTENBACHER K J. The effects of exercise training on elderly persons with cognitive impairment and dementia: a meta-analysis[J]. Arch Phys Med Rehab, 2004, 85: 1694-1704.

[15] ERICKSON K I, VOSS M W, PRAKASH R S, et al. Exercise training increases size of hippocampus and improves memory[J]. Proc Natl Acad Sci USA, 2011, 108: 3017-3022

[16] LIU-AMBROSE T, NAGAMATSU L S, GRAF P, et al. Resistance training and executive functions: a 12-month randomized controlled trial[J]. Archives of Internal Medicine, 2010, 170(2): 170-178.

[17] ERICKSON K I, RAJI C A, LOPEZ O L, et al. Physical activity predicts gray matter volume in late adulthood: the Cardiovascular Health Study[J]. Neurology, 2010, 75: 1415-1422.

[18] GORDON B A, RYKHLEVSKAIA E I, BRUMBACK C R, et al. Neuroanatomical correlates of aging, cardiopulmonary fitness level, and education[J]. Psychophysiology, 2008, 45(5): 825-838.

[19] COLCOMBE S J, ERICKSON K I, RAZ N, et al. Aerobic fitness reduces brain tissue loss in aging humans[J]. The Journals of Gerontology Series A: Biological Sciences and Medical Sciences, 2003, 58(2): M176-M180.

[20] COLCOMBE S J, ERICKSON K I, SCALF P E, et al. Aerobic exercise training increases brain volume in aging humans[J]. Journals of Gerontology, 2006, 61(11): 1166-1170.

[21] NIEMANN C, GODDE B, VOELCKER-REHAGE C. Not only cardiovascular, but also coordinative exercise increases hippocampal volume in older adults[J]. Front Aging Neurosci, 2014, 6: 170.

[22] BEST J R, CHIU B K, LIANG H C, et al. Long-term effects of resistance exercise training on cognition and brain volume in older women: results from a randomized controlled trial[J]. Journal of the International Neuropsychological Society, 2015, 21(10): 745-756.

[23] LIU-AMBROSE T, NAGAMATSU L S, VOSS M W, et al. Resistance

training and functional plasticity of the aging brain: a 12-month randomized controlled trial[J]. Neurobiology of Aging, 2012, 33(8): 1690-1698.

[24] TAO J, LIU J, LIU W L, et al. Tai chi chuan and baduanjin increase grey matter volume in older adults: a brain imaging study[J]. Journal of Alzheimer's Disease, 2017, 60(2): 1-12.

[25] REHFELD K, MÜLLER P, AYE N, et al. Dancing or fitness sport? The effects of two training programs on hippocampal plasticity and balance abilities in healthy seniors[J]. Frontiers in Human Neurscience, 2017, 11: 1-9.

[26] DAVIDS S, LAUFFER H, THOMS K, et al. Increased dorsolateral prefrontal cortex activation in obese children during observation of food stimuli[J]. International Journal of Obesity, 2010, 34(1): 94.

[27] PARIGI A D. Neuroanatomical correlates of hunger and satiaty in lean and obese individuals—science direct[J]. Obesity Prevention, 2010: 253-259.

[28] BATTERINK L, YOKUM S, STICE E. Body mass correlates inversely with inhibitory control in response to food among adolescent girls: an fMRI study[J]. Neuroimage, 2010, 52(4): 1696-1703.

[29] CHADDOCK L, ERICKSON K I, PRAKASH R S, et al. A functional MRI investigation of the association between childhood aerobic fitness and neurocognitive control[J]. Biological Psychology, 2012, 89(1): 260-268.

[30] LAURA C H, ERICKSON K I, VOSS M W, et al. The effects of physical activity on functional MRI activation associated with cognitive control in children: a randomized controlled intervention[J]. Frontiers in Human Neuroscience, 2013, 7: 72-72.

[31] DAVIS C L, TOMPOROWSKI P D, MCDOWELL J E, et al. Exercise improves executive function and achievement and alters brain activation in overweight children: a randomized, controlled trial[J]. Health Psychology Official Journal of the Division of Health Psychology American Psychological Association, 2011, 30(1): 91-8.

[32] KRAFFT C E, PIERCE J E, SCHWARZ N F, et al. An eight month randomized controlled exercise intervention alters resting state synchrony in overweight children[J]. Neuroscience, 2014, 256(C): 445-455.

[33] CHEN A G, ZHU L N, YAN J, et al. Neural Basis of Working Memory Enhancement after Acute Aerobic Exercise: fMRI Study of Preadolescent Children[J]. Frontiers in Psychology, 2016, 7:1804-1813.

[34] 陈爱国，朱丽娜，王鑫，等. 短时中等强度有氧运动对儿童脑的可塑性影响：来自脑功能局部一致性的证据[J]. 体育科学，2015，35（8）：24-29.

[35] DI X, ZHU S H, JIN H, et al. Altered resting brain function and structure in professional badminton players[J]. Brain Connect, 2012, 2(4): 225-233.

[36] 文世林，夏树花，李怜军，等. 急性有氧运动对大学生执行功能的影响：来自 fNIRS 和行为实验的证据[J]. 天津体育学院学报，2015，30（6）：526-531.

[37] 李琳，季泰，袁荆晶，等. 短时中等强度有氧运动对女大学生抑制功能的影响——基于 Stroop 任务的 fMRI 研究[C]. 全国运动心理学学术会议，2014.

[38] 李琳，袁荆晶，季泰，等. 短时中等强度有氧运动对女大学生转换功能的 fMRI 研究[J]. 北京体育大学学报，2014，37（12）：56-60+97.

[39] COLCOMBE S J, KRAMER A F, ERICKSON K I, et al. Cardiovascular fitness, cortical plasticity, and aging[J]. Proceedings of the National Academy of Sciences, 2004, 101(9): 3316-3321.

[40] PREHN K, LESEMANN A, KREY G, et al. Using resting-state fMRI to assess the effect of aerobic exercise on functional connectivity of the DLPFC in older overweight adults[J]. Brain & Cognition, 2017, 131(APR): 34-44.

[41] CHEN F T, CHEN Y P, SCHNEIDER S, et al. Effects of exercise modes on neural processing of working memory in late middle-aged adults: an fmri study[J]. Frontiers in Aging Neuroscience, 2019, 11.

[42] TAO J, CHEN X L, LIU J, et al. Tai Chi Chuan and baduanjin mind-body training changes resting-state low-frequency fluctuations in the frontal

lobe of older adults: a resting-state fmri study[J]. Frontiers in Human Neuroscience, 2017, 11.

[43] 岳春林. 杨氏太极拳锻炼对老年人内在脑活动的影响[C]. 第十一届全国体育科学大会论文摘要汇编，2019:5308-5309.

[44] NAGAMATSU, LINDSAY S. Resistance training promotes cognitive and functional brain plasticity in seniors with probable mild cognitive impairment[J]. Archives of Internal Medicine, 2012, 172(8): 666-668.

[45] CHANG H, KIM K, JUNG Y J, et al. Effects of acute high-intensity resistance exercise on cognitive function and oxygenation in prefrontal cortex[J]. J Exerc Nutrition Biochem, 2017, 21(2): 1-8.

[46] DI X, ZHU S H, JIN H, et al. Altered resting brain function and structure in professional badminton players[J]. Brain Connect, 2012, 2(4): 225-233.

[47] VOSS M, PRAKASH R, ERICKSON K I, et al. Plasticity of brain networks in a randomized intervention trial of exercise training in older adults[J]. Frontiers in Aging Neuroscience, 2010, 2(1).

[48] VOSS M W, VIVAR C, KRAMER A F, et al. Bridging animal and human models of exercise-induced brain plasticity[J]. Trends in Cognitive Sciences, 2013, 17(10): 525-544.

[49] VOSS M W, PRAKASH R S, ERICKSON K I, et al. Plasticity of brain networks in a randomized intervention trial of exercise training in older adults[J]. Front Aging Neurosci, 2010, 2: 32.

[50] PREHN K, LESEMANN A, KREY G, et al. Using resting-state fMRI to assess the effect of aerobic exercise on functional connectivity of the DLPFC in older overweight adults[J]. Brain & Cognition, 2017, 131(APR): 34-44.

[51] CHADDOCK L, ERICKSON K I, PRAKASH R S, et al. Basal ganglia volume is associated with aerobic fitness in preadolescent children[J]. Developmental Neuroscience, 2010, 32(3): 249-256.

[52] COELHO F, GOBBI S, ANDREATTO C, et al. Physical exercise modulates peripheral levels of brain-derived neurotrophic factor (BDNF): a systematic review of experimental studies in the elderly[J]. Archives of Gerontology

& Geriatrics, 2013, 56(1): 10-15.

[53] MU J S, LI W P, YAO Z B, et al. Deprivation of endogenous brain-derived neurotrophic factor results in impairment of spatial learning and memory in adult rats[J]. Brain Research, 1999, 835(2): 259-265.

[54] CORREIA P R, SCORZA F A, SILVA S, et al. Increased basal plasma brain-derived neurotrophic factor levels in sprint runners[J]. Neuroscience Bulletin, 2011, 27(5): 325-329.

[55] GRIFFIN É W, MULLALLY S, FOLEY C, et al. Aerobic exercise improves hippocampal function and increases BDNF in the serum of young adult males[J]. Physiology & behavior, 2011, 104(5): 934-941.

[56] ANGELUCCI F, PIERMARIA J, GELFO F, et al. The effects of motor rehabilitation training on clinical symptoms and serum BDNF levels in Parkinson's disease subjects[J]. Canadian Journal of Physiology and Pharmacology, 2016, 94(4): 455-61.

[57] ZHANG X, GAUGHAN D, QIU C, et al. Sedentary behavior, brain-derived neurotrophic factor (BDNF), and brain structure in midlife: a brain MRI study[J]. Innovation in Aging, 2020, 4: 884-885.

[58] VOSS M W, ERICKSON K I, PRAKASH R S, et al. Neurobiological markers of exercise-related brain plasticity in older adults[J]. Brain Behavior and Immunity, 2012, 28(3): 90-99.

[59] MINICHIELLO L. TrkB signaling pathways in LTP and learning[J]. Nature Reviews Neuroscience, 2009, 10(12): 850-860.

[60] COHEN P. Overview of the IGF-I system[J]. Hormone Research, 2006, 65(1): 3-8.

[61] RUSSO V C, GLUCKMAN P D, FELDMAN E L, et al. The insulin-like growth factor system and its pleiotropic functions in brain[J]. Endocrine Reviews, 2006, 26(7): 916-943.

[62] TREJO J L, CARRO E, TORRES-ALEMAN I. Circulating insulin-like growth factor I mediates exercise-induced increases in the number of new neurons in the adult hippocampus[J]. Journal of Neuroscience, 2001, 21(5).

[63] ROLLERO A, MURIALDO G, FONZI S, et al. Relationship between cognitive function, growth hormone and insulin-like growth factor I plasma levels in aged subjects[J]. Neuropsychobiology, 1998, 38(2): 73-79.

[64] MAASS A, DÜZEL S, BRIGADSKI T, et al. Relationships of peripheral IGF-1, VEGF and BDNF levels to exercise-related changes in memory, hippocampal perfusion and volumes in older adults[J]. Neuroimage, 2016, 131(2): 142-154.

[65] VOSS M W, ERICKSON K I, PRAKASH R S, et al. Neurobiological markers of exercise-related brain plasticity in older adults[J]. Brain Behavior and Immunity, 2012, 28(3): 90-99.

[66] ANNENKOV A. The insulin-like growth factor (IGF) receptor type 1 (IGF1R) as an essential component of the signalling network regulating neurogenesis[J]. Molecular Neurobiology, 2009, 40(3): 195-215.

[67] 娄淑杰，刘瑾彦，陈佩杰. 运动强度对幼龄大鼠海马 VEGF 及其受体 Flk-1 mRNA 表达的影响[J]. 神经解剖学杂志，2008，24（2）：189-194.

[68] 娄淑杰，杨川川，陈佩杰. VEGF 在运动诱导大鼠海马神经发生中可能的信号转导通路[J]. 解剖科学进展，2008，14（004）：353-356.

[69] KRAUS R M. Circulating plasma VEGF response to exercise in sedentary and endurance-trained men[J]. Journal of Applied Physiology, 2004, 96(4): 1445-50.

[70] LICHT T, GOSHEN I, AVITAL A, et al. Reversible modulations of neuronal plasticity by VEGF[J]. Proceedings of the National Academy of Sciences of the United States of America, 2011, 108(12): 5081-5086.

[71] 孙孟军，董泽飞，王宏. 海马和前脑皮层 BDNF 和 VEGF 表达与慢性应激所致小鼠抑郁的相关性[J]. 中国比较医学杂志，2020，30（8）：92-97.

[72] COTMAN C W, BERCHTOLD N C, CHRISTIE L A. Exercise builds brain health: key roles of growth factor cascades and inflammation[J]. Trends in Neurosciences, 2007, 30(9): 464-472.

# 第五章　高海拔运动与人类认知

"动一动,十年少",适度的运动可以提高个体的身体健康水平,这似乎已被人们的日常经验所认可。现代科学研究有证据表明:运动能够有效改善个体的认知功能,这种改善作用在不同人群中是普遍存在的,运动可以促进儿童的认知功能发展,改善老年人的认知功能水平,降低阿尔茨海默病的患病概率[1-3]。

随着交通的便利,越来越多的人前往高海拔地区滑雪、徒步、登山、工作和训练,如士兵、天文爱好者、矿工、导游、运动员和企事业单位员工等。对于在高海拔从事各类工作的人们,通常需要在复杂的环境下,快速且准确地做出决策和反应。因此,越来越多的研究开始关注个体在面临生理压力(如运动)和环境挑战(如缺氧)的情况下,其认知表现如何。

为了全面了解运动对认知功能的影响,本章内容将简单归纳有氧运动对儿童、青少年、认知障碍人群等不同人群认知功能影响的异同,并进一步综述高海拔低氧环境和不同类型有氧运动对认知表现的交互影响及其影响因素,并尝试从生理的角度整合影响机制。

## 第一节　运动与认知功能

### 一、运动对儿童认知功能的影响

儿童相比于其他群体最显著的特点就是身体的各项机能正处于快速发育期,大脑功能不断发展,以至于儿童的各种认知功能相对容易受到外界的影响。现有对儿童认知功能的运动干预研究大都选取 6~12 岁的儿童,运动方式多为中度或轻度的有氧运动。Joseph 等人(2006)的一项研究综述了 5~13 岁儿童中运动与身体健康对儿童认知功能和学习的影响,共有

64 项研究符合纳入标准，其结果表明运动对儿童认知功能和大脑结构有着积极的影响，虽然仍需要更多的研究来确定其作用机制，但暂没有文献表明运动会对儿童认知水平产生负面的影响[4]。同样的，K. Jäger 等人（2014）的一项研究探讨了急性运动干预（认知参与）对小学幼儿执行功能的影响，104 名参与研究的儿童（6~8 岁）中有一半参加了 20 min 的运动序列，运动形式为认知参与的身体活动。另一半被分配到静息控制条件，分别在干预前、后及 40 min 后（随访）评估儿童刷新、抑制、转换行为的个体差异。结果显示，与对照组相比，实验组在抑制方面有明显更强的改善，而急性体力活动似乎对更新和转移没有特定的影响[5]。已有干预实验的结论比较一致，运动对儿童的认知功能有着积极的影响，这些有益的影响可以在不同的认知领域内观察到。在学龄前儿童中，探讨有氧运动与认知结果之间关系的研究相对较少，这可能与其群体的特殊性有关，年龄较小进行试验难度比较大。Carson 等人（2016）回顾了 7 个实验研究，其中有 6 个研究中对至少一个认知的结果产生有益影响，且其中没有研究表明运动会损坏学龄前儿童的认知能力[6]。此外，Zeng 等（2017）回顾了 5 个随机对照试验中身体运动对 4~6 岁儿童认知发展的影响，5 项研究中有 4 项观察到有氧运动在注意力、记忆、语言和学术成就方面的积极影响，而他们得出的结论是，只有初步证据支持在幼儿时期，运动对认知有积极的影响[7]。另一些研究讨论了有氧运动中有大量认知参与是否对干预结果产生影响，其中运动中的感觉运动学习被认为是连接训练和认知增强的关键机制[8]，有认知参与的运动被认为比简单的运动对儿童的执行功能有更强的影响[9]，认知参与运动（即网球）干预在不受有氧健身增益影响的情况下改善了超重儿童的抑制控制[10]，高认知投入运动（团队游戏）和低认知投入运动（简单有氧运动）对儿童个体具有同等的正向影响。然而，只有在团队游戏中发现了更大的认知灵活性，而在简单有氧运动条件下没有发现，这些发现表明较为复杂的、有认知参与的体育活动方式在促进儿童认知功能的发展方面具有更大效益[11]。总的来说，运动有利于儿童认知功能的发展。

## 二、运动对青少年认知功能的影响

青少年时期是个体差异最大的一个时期，与认知功能关系密切的身体机能正在快速发展且趋于成熟。在运动干预研究中对青少年年龄范围的界定是较为复杂的，目前国内外对青年认知功能运动干预的研究大都以高校学生为被试，其年龄普遍在 17～23 岁，本章讨论运动对青少年认知功能的影响时亦选取此类研究。如 L. Li 等人（2014）的实验研究被试为 15 名 19～22 岁的青年女性，实验分为两组，实验组以 60%～70%的最大心率（$HR_{max}$）进行 20 min 的骑行运动，对照组则静坐 20 min，在执行工作记忆任务（N-back 任务）时使用功能磁共振成像进行扫描，这两项任务都是在进行了 20 min 中等强度的急性运动和控制休息后进行的，实验最后结果发现急性运动后前额叶和枕叶皮质激活、前扣带皮层和左额叶半球失活的显著变化反映了执行控制过程的改善，这表明运动可以在宏观的神经水平上改善工作记忆[12]。对于长期运动，在另一项研究中蓝永生等人（2015）以 17 名长期（大于 1 年）进行太极拳运动的大学生为实验组，30 名久坐大学生为对照组，通过对比发现，长期太极拳运动（大于 1 年）能够提高大学生的认知功能；6 周运动周期内，每周运动 5 次比每周运动 3 次效果显著；持续 4 周（每周 5 次）太极拳运动可提高认知功能，且此正面影响具有持续性；一次性太极拳运动对被试认知功能没有显著影响[13]。以上结果表明，对于青年个体来说长期运动改善认知功能比短期更好，高频率运动干预比低频率效果更好。

在青少年中，全面系统评价认知功能的研究相对较少，最近的一项元分析综合了已有的此类实验，有两项研究关注有氧运动与认知功能之间的关系。Esteban-Cornejo 等人（2015）发现了不一样的结果，70%的研究观察到运动（广义上定义为体育教育、运动、运动参与和锻炼行为）与认知或学业成绩的正相关关系，20%观察到没有关系，10%观察到负相关关系[14]。与此类似，Ruiz-Ariza 等人（2016）的研究发现，一些健康指标与认知结果之间有着普遍有益的关系[15]。由于与此相关的实验研究数量有限，这些发现应该被认为是初步的。此外，这些实验研究的结论在一定程度上比较一致，即对处于青少年时期的个体有氧运动和认知功能之间存在着积极的联系。然而，考虑到这一年龄组的异质性，仍认为在青少年中，运动对认知的积极作用的证据有限。

## 三、运动对老年人认知功能的影响

由于老年人群体的特殊性，实验研究中较少使用认知任务测量其认知水平而大多采用量表评估，常用的量表包括简易精神状态量表（minimum mental state examination，MMSE）、蒙特利尔认知评估量表和阿尔茨海默病评估量表以及 Mattis 痴呆评定量表（Mattis dementia rating scale，Mattis DRS）等。

首先在啮齿动物模型中进行的关于运动机制的基础研究表明，运动促进了老年动物海马体的神经发生（可能是神经营养素的增加所致），并改善了海马体依赖的认知功能（如学习和记忆）[16]，这使得海马体成为运动研究最广泛的大脑区域。尽管仍不清楚啮齿动物与人类在海马神经发生之间的异同之处，但许多关于运动对人类影响的研究仍然集中在衰老过程中的海马的灰质体积上，其部分目的是探究动物模型和人类之间的相关性[17]。在以健康老年人为被试的研究中，孙福立等人（1992）的一项研究综合了 5 项认知功能测试的结果，发现气功锻炼对中老年人有提高认知速度的作用[18]。另一项功能性近红外光谱（fNIRS）研究中，16 名老年人在自行车里程表上进行了 10 min 的中等强度运动，前后进行了一项颜色词匹配的 Stroop 任务，在 Stroop 任务中使用 fNIRS 监测前额叶区域的皮质血流，结果发现运动前双侧前额叶区 Stroop 干扰激活，运动后右侧额极区（R-FPA）激活增强。在大多数参与者中，这与 Stroop 干扰结果中反映的表现改善相吻合，表明急性的中度运动改善了老年人的 Stroop 表现[19]。Ruscheweyh 等人（2011）则在一项研究中考察了不同强度下进行的身体活动是否会对记忆功能产生不同的影响，研究中对 62 名健康老年人进行了身体活动水平、有氧健身、情景记忆评分、神经营养因子和儿茶酚胺水平的评估，并对他们进行了为期 6 个月的中、低强度身体活动干预和干预后的大脑核磁共振扫描。在实验中，总体力活动的增加与记忆分数的增加呈正相关，强度组之间没有显著差异，它还与额叶前部和扣带皮层的局部灰质体积和神经营养因子（BDNF）水平的增加呈正相关（趋势），表明体力活动可能通过局部灰质体积和神经营养因子介导，独立于其强度传递对记忆功能的有益影响[20]。神经成像研究为运动对老年人的影响提供了另一种水平和类型的支持，这些结果在已有综述中进行了总结[21]。尽管各研究的结果存在异质性，但大多数实验研究和元分析报告了有氧运动对老年人认知表现有小到中等程度的影响。总之，运动对老年人的认知功能结果有很好的效果，但需要更多的研究来消除最受影响的年龄范围、性别差异、优化运动效果所需的剂量-反应参数，以及更好地理解导致认知改善的剂量效应及神经机制。

## 四、运动对认知障碍人群认知功能的影响

阿尔茨海默病（alzheimer's disease，AD）是一种多因素导致的起病隐匿、进行性发展的中枢神经系统退行性疾病，以认知功能衰退、行为异常和日常生活能力下降为主要病理表现[22]，是最常见的认知障碍疾病。目前，尚未有行之有效的医学手段治疗阿尔茨海默症，因此采用非药物方法预防或延缓 AD 的发生显得尤为重要。有氧运动作为一项健康便捷且行之有效的治疗性干预手段，在促进认知功能方面的作用受到越来越多的重视。

关于有氧运动对认知障碍人群认知功能的影响，已有研究较多且结果大都趋于正向，Sampaio 等人（2016）通过对 30 例 AD 患者进行 12 周的运动训练，发现相对于不运动的对照组，运动组的认知功能明显提高[23]。Holthoff 等人（2015）对 30 例 AD 患者实施 3 个月的运动干预，结果显示运动可有效改善 AD 患者的学习和记忆能力[24]。Hernandez 等人（2010）的一项研究也表明，身体活动对改善 AD 患者的认知功能具有积极作用[25]。同样地，在一项研究对象为 100 名轻度认知障碍（MCI）、平均年龄为 75 岁的老年人进行随机对照试验的研究中，结果发现与对照组相比，运动组表现出明显更好的精神状态和逻辑记忆得分，并减少了全脑皮质萎缩，表明运动干预有助于改善老年人的逻辑记忆、维持一般认知功能和减少全脑皮质萎缩[26]。这些研究表明，似乎不同的有氧运动方式及时间都在一定程度上改善了 AD 患者的认知功能，在各种运动干预手段的比较上，Gregory 等人（2018）在一项元分析的研究中表明，运动训练可以有效延缓 AD 风险和患者认知功能的衰退，且相比于无氧运动或无氧与有氧结合的运动来说有氧运动可能具有最有利的效果[27]。在另一项元分析中通过综合纳入 18 项随机对照试验的 802 例患者的数据，研究了体力活动干预对痴呆患者认

知功能的影响。得到了与之类似的研究结果，发现联合（即有氧和非有氧）运动干预和纯有氧运动干预对认知功能有积极影响，而非有氧运动干预没有这种影响。而在运动频率上发现高频干预和低频干预对认知功能都有着正向的效果。这项元分析表明，体育活动干预对痴呆患者的认知功能有积极影响，且这种有益的效果独立于干预的频率[28]。同样地，刘军等人的一项元分析指出，高频率运动对 AD 患者认知功能的改善优于低频率的运动，有氧与无氧结合的运动效果要好于单纯的有氧运动[29]。Panza 等人（2018）的研究表明，运动可延缓 AD 患者和 AD 风险人群认知功能的下降，且有氧运动可能是最有效的运动防治方法[30]；Zhang 等人（2018）的研究结果显示，认知参与的运动干预可缓解认知障碍患者的认知功能下降等[31]。有研究表明，脑组织的供血不足致使神经元代谢下降是导致痴呆的一个重要原因，且脑血流量降低度与痴呆的严重程度成正比。运动可增大微动脉管径，加快微动静脉血流速度，增加组织器官的血流量，从而改善痴呆患者认知功能，且这种有益效果在一定范围内与运动量呈正相关[32]。这些研究表明除 AD 外的其他认知障碍疾病也可通过有氧运动进行改善。总而言之，运动干预是改善有认知障碍老年人群体认知功能的一种行之有效的方法，且这种改善作用对运动方式的敏感度较高，对这些方面的关注将更有临床意义。

## 五、总结与展望

现有研究中运动干预对个体认知功能的作用大都是有益的，这种正向的改变在各个人群中普遍存在，且改善作用在不同人群中存在显著差异，迄今为止，最有力的研究证据集中在儿童及老年人两个群体中，他们的认知水平对运动干预的敏感度相比其他群体较大。在运动增强认知功能的机制方面，不同的人群存在着差异，且考虑到运动会影响身体的大部分器官系统，它对个体认知功能影响应该是通过多种而不是单一机制起作用的。同样重要的是，运动的各种方式、频率、强度和持续时间可能会涉及不同的途径，从而对个体认知功能产生不同的影响，这些影响在不同人群中的表现存在较大差异，要进行区别对待。

未来研究可以着重关注以下几个方面：① 在年龄分组上，目前运动对认知功能的影响的研究大量证据集中在儿童、青少年和老年人群，正常成年人及特殊人群研究较少，未来研究应该在成年人及特殊人群中设置更严格的对照试验，以确定其影响的机制及最佳干预方式。② 在干预方式上，目前运动干预的研究中，运动的剂量效应尚存在着诸多争议，如何确定得到最优效果的运动时间、运动量大小以及运动方式等问题对研究的实际应用有着很大的帮助，今后的研究可以从这方面入手，为不同人群锻炼的多样性提供依据。③ 在运动干预时间上，已有的干预研究干预的时间大都在 1~3 个月，但实际上运动干预对认知水平要产生较大影响应该在半年以上，所以今后此类研究可以考虑在干预时间设计上尽量延长，与单次或少次运动干预的结果相比较，以期达到更好的效果。最后，因为运动影响认知功能作用受各个调节变量的影响同时，个体所处的自然环境对运动和认知本身就会产生大的影响，其中影响最明显的如寒冷、高海拔等高原特殊环境，我国高原地区幅面积辽阔，约占全国总面积的 1/4，研究环境变量的影响将更具有实际意义，未来可以从这一视角出发研究特殊环境下运动对认知功能的影响是否有差异性变化。基于此，我们在第二节系统综述高海拔环境下运动对认知功能的影响。

## 第二节　高海拔运动对认知功能的影响

高海拔环境下，空气中氧气含量降低，机体血氧分压降低，出现缺氧的状况缩[33]。由于氧气是人体细胞正常运行的核心支柱，为了避免缺氧所造成的生命威胁，人体会产生一系列的适应性反应，使得充足的氧气传递到大脑的各个组织。在急性缺氧的环境下，心排量（cardic output，CO）和脑血流量（cerebral blood flow，CBF）同时增加以保证充足的氧气运输到大脑的组织中[34,35]。但也有研究结果表明，低氧环境对个体的中枢神经系统有不利影响，会导致神经功能障碍和结构性脑损伤[36]，进而导致个体认知表现下降。而有氧运动能够增加前额叶皮层血液的含氧量[37]，提升认知能力[38]。那么在有氧运动和低氧环境这一对反作用力的条件下，高海拔低氧环境下的运动对个体认知功能的影响是正向还是负向呢？这些问题有待进一步证实。尽管独立探讨有氧运动[39-42]和低氧环境[43-45]对个体认知功能的综述类研究已有很多。但目前为止，鲜有研究综述低氧环境和有氧运动对认知表现的交互影响作用。仅 Ando 等人[46]2013 年分析了实验室环境下急性缺氧和急性有氧运动对认知表现的影响，但对于不同暴露时长和其他运动类型对认知表现的影响并未涉及。

基于此，本章拟综述高海拔低氧环境和不同类型有氧运动对认知表现的交互影响及其影响因素，并尝试从生理的角度，整合影响机制。通过对上述研究进行梳理（具体见表 5-1），将有助于了解高海拔环境下各类需要认知功能参与的体育、职业和娱乐活动（如竞技体育、军事活动、徒步旅行和登山）的影响因素，进而提高各类活动的综合表现。

## 一、高海拔运动对认知表现影响的方向

### 1. 简单反应时

关于高海拔环境下，运动对简单反应任务表现影响的研究较少，且结果存在分歧。有研究发现虽然 8 h 的低氧环境暴露导致个体简单反应任务表现下降，反应时间增加，但低氧条件下连续 60 min 的中等强度的运动后，会提高任务表现，反应时间缩短[47]。而 Kammerer 等人（2018）通过 tRT（target reaction task）这一简单反应时任务发现，无论低压、低氧还是运动，都没有对个体的反应时产生影响[48]。不一致的结论可能由于两个实验所采用的运动方式、运动强度和反应时任务类型的不同所致。Aquino-Lemos 等人（2016）采用 60 min 以内的中等强度急性有氧运动进行干预，而 Kammerer 等人（2018）采用长达 2 h 的耐力运动进行干预。其次，认知任务方面，前者采用简单反应时任务，即当屏幕出现白色的圆圈时（屏幕会有白色和黑色两种不同的圆圈，连续出现 5 min），要求被试尽可能快地进行按键反应。而后者采用目标反应任务，通过平板电脑实现，要求被试将手指放在指定区域，当目标点出现时个体要尽可能快和准确地反应。因此，目前关于高原低氧运动对个体反应时的影响仍没有统一的结论，且关于哪种类型的反应时任务对运动和低氧的反应更灵敏，也有待进一步去探讨。

第五章 高海拔运动与人类认知 101

表 5-1 高海拔低氧环境和不同类型有氧运动对认知表现的交互影响文献综述

| 作者 | 被试 | 认知任务 | 海拔 | 暴露时间 | 运动的类型、强度和时间 | 主要结论 |
| --- | --- | --- | --- | --- | --- | --- |
| Ando et al, 2013 | $N=12$, 男性, 年龄 ($23\pm2$) 岁 | GNG 任务 [a] | 海平面 1300 m* 2600 m* | 30 min | 功率自行车; 60% $VO_{2peak}$; 10 min | 运动条件下, GO Trails 的反应时下降。↑ |
| Komiyama et al, 2015 | $N=16$, 男性, 年龄 ($23\pm2$) 岁 | GNG 任务 [a] SDR 任务 [b] | 海平面 2600 m* | 50 min | 功率自行车; 恒定心率 140 beats/min; 30 min | 运动条件下, GNG 任务的 GO Trails 反应时下降; SDR 任务结果不显著。↑ |
| Kim et al, 2015 | $N=8$, 男性, 年龄 ($41\pm2$) 岁 | TMT [a] | 4300 m* | 300 min | 功率自行车; 50% $VO_{2max}$; 1 h | 低氧条件下, 认知表现下降, 但运动没有加剧这一变化。≈ |
| Seo et al, 2015 | $N=16$, 男性, 年龄 ($24\pm4$) 岁 | GNG 任务 [a] RMCPT [b] | 海平面 4300 m* | 105 min | 功率自行车; 40%和 60% $VO_{2max}$; 15 min×2 次 | 低氧运动条件下, RMCPT 任务反应降低, 分数升高; GNG 任务结果不显著。↑ |
| Leffert et al, 2016 | $N=30$, 男性和女性 (15 名), 年龄 ($21\pm4$) 岁 | Memory recognition 任务 [a] Flanker 任务 [a] N-back 任务 [b] | 海平面 4300 m* | 145 min | 功率自行车; 55% $HR_{max}$; 25 min | 低氧条件下, Memory recognition 任务和 Flanker 任务的反应时增加, 但运动没有加剧这一变化。↓ |

续表

| 作者 | 被试 | 认知任务 | 海拔 | 暴露时间 | 运动的类型、强度和时间 | 主要结论 |
|---|---|---|---|---|---|---|
| Dobashi et al, 2016 | N=9, 男性, 年龄 (24±4) 岁 | CWST[a] | 海平面 3200 m | 240 min | 功率自行车; 50% $VO_{2peak}$; 30 min×4 次 | 低氧运动条件下, 1 小时后 CWST 任务的正确回答数下降。↓ |
| de Aquino-Lemos et al, 2016 | N=40, 男性, 年龄 20~30 岁 | Simple reaction time[q] (同时观测了睡眠和情绪) | 海平面 3500 m | 28 h | 跑步机; 50% $VO_{2peak}$; 60 min×2 次 | 低氧运动条件下, 简单反应时降低。↑ (睡眠质量和情绪都得到了改善) |
| Jimenez, 2016 | N=14, 男性和女性 (5 名), 年龄 18~35 岁 | Flanker 任务[a] Oddball 任务[a] Stroop 任务[a] Sternbergmemory[b] | 海平面 2400 m 3900 m | 60 min×6 次(每次间隔 48 h) | 功率自行车; 60% $VO_{2peak}$; 30 min | 低氧增加各任务的反应时, 但运动降低了 Oddball 任务、Stroop 任务反应。↑ (脑电结果也支持了行为数据) |
| Schega et al, 2016 | N=33, 男性和女性, 年龄 60~75 岁 | Stroop 任务[a] CWST[a] | 海平面 85%~90% $SpO_2$ (第 1 周) 80% $SpO_2$ (2~4 周) | 90 min×3 次/周×4 周 | 功率自行车; 65%~70% $HR_{max}$ (第 1 周) 70%~75% $HR_{max}$ (2~4 周); 30 min×3 次/周×4 周 | 相较于单纯运动, 低氧运动提高了运动后 CWST 任务的认知表现。↑ |
| Seo et al, 2017 | N=16, 女性, 年龄 (24±4) 岁 | RMCPT[b] (同时观测了情绪) | 海平面 4300 m | 105 min | 功率自行车; 40%和 60% $VO_{2max}$; 15 min×2 次 | 低氧条件下, 运动仍提高了 RMCPT 任务得分。↑ |

第五章 高海拔运动与人类认知　103

续表

| 作者 | 被试 | 认知任务 | 海拔 | 暴露时间 | 运动的类型、强度和时间 | 主要结论 |
|---|---|---|---|---|---|---|
| Shannon et al, 2017 | $N=10$, 男性, 年龄 (23±3) 岁 | AST[a] RVP[c] SST[b] | 3000 m[*] 4300 m[*] | 150 min | ① 跑步机; 30% $VO_{2max}$; 45 min; ② 跑步机; 10 kg 负重; 3 km | 运动过程中, AST 正确试次伴高海拔条件下 AST 正确试次下降和反应时增加; RVP 反应时增加; 运动结束 5 min 后, AST 反应时增加, RVP 反应时增加, 正确试次下降。↓ |
| Komiyama et al, 2017 | $N=13$, 男性, 年龄 (22±4) 岁 | GNG 任务[a] SDR 任务[b] | 海平面 3800 m[*] | 30 min | 功率自行车; 50% $VO_{2max}$; 15 min | 运动条件下, GNG 任务反应时下降。↑ |
| Stavres et al, 2017 | $N=18$, 男性 (22±3) 岁, 女性 (23±2) 岁 | Math[a] RMCPT[b] | 海平面 4300 m[*] | 105 min | 功率自行车; 60% $VO_{2max}$; 20 min | 运动和恢复过程中, Math 和 RMCPT 任务的得分上升。↑ |
| Ochi et al, 2018 | 实验① $N=14$, 男性和女性 (1 名), 年龄 (23±2) 岁 实验② $N=15$, 男性和女性 (8 名), 年龄 (21±2) 岁 | CWST[a] | 海平面 3500 m[*] | 48 min | 功率自行车; 50% $VO_{2peak}$; 10 min | 低氧条件下, CWST 干扰任务的反应时增加, 抵消了运动所导致反应时减少。↓ |

续表

| 作者 | 被试 | 认知任务 | 海拔 | 暴露时间 | 运动的类型、强度和时间 | 主要结论 |
|---|---|---|---|---|---|---|
| Bouak et al, 2018 | N=16，男性飞行员，年龄（33±11）岁 | dMTS[d]<br>N-back[b]<br>Stroop 任务[a] | 2438 m[*]<br>3038 m[*]<br>3658 m[*]<br>4267 m[*] | 62 min | 功率自行车；30 W 和 60 W；7 min×3 次 | 4267 m 和 2438 m 相比较，dMTS 任务、N-back 任务和 Stroop 任务的准确率都下降。↓ |
| Kammerer et al, 2018 | N=11，男性和女性（5 名），年龄（37±7）岁 | TMT[a]<br>tRT[e]<br>sRT[d] | 520 m<br>3883 m[*]<br>3883 m[#] | 4 h[#]<br>约 27 h[#] | 跑步机；HR=133±17；2 h | 认知任务结果之间没有显著差异。≈ |
| Sun et al, 2019 | N=20，男女，年龄（24±3）岁 | GNG 任务[a] | 海平面<br>2500 m | 30 min | 功率自行车；体重 7.5%的负重；6 min | 常氧和低氧条件下，运动后 GNG 任务的准确率下降。↓ |
| Lei et al, 2019 | N=30，女性，年龄（23±3）岁 | GNG 任务[a] | 海平面<br>4000 m[*] | 22 min | 功率自行车；45%的最大运动强度（peak power output），10 min | 常氧和低氧条件下，运动后 GNG 任务的反应时间下降。↑ 认知表现没有被影响。 |

注：a——执行控制任务；b——工作记忆任务；c——注意任务；d——短时记忆；e——简单反应任务；↓——认知表现下降；↑——认知表现提升；≈——认知表现没有影响。#——真实高海拔暴露；*——模拟高海拔暴露。

2. 记　忆

记忆是人脑对过去经验的保持和再现。相较于反应时，以往研究对记忆能力的关注更多。Komiyama 等人在 2015 年和 2017 年通过空间延迟反应任务（spatial delay response，SDR），来探讨缺氧（模拟海拔 2600 m）和中等强度运动对工作记忆的影响，结果发现缺氧和运动均没有对被试的正确率和反应时产生影响[49,50]。但是，有学者却发现了暴露于极高海拔的条件下（4300 m），运动仍能够提升记忆能力。Seo 等人（2015）通过运动记忆连续性能任务（running memory continuous performance task，RMCPT）发现，极高海拔暴露虽然降低了任务表现，但是中等强度运动能够降低任务的反应时且提高了正确率，显著改善了被试的认知表现[51]。采用同一认知任务的其他研究发现，这一对认知任务的改善并不存在性别差异，高海拔暴露下，中等强度的有氧运动也可以显著提高女性被试的认知表现[52,53]。但关于短时记忆（通过 dMTS 任务测得）和工作记忆（通过 N-back 任务测得）的研究发现极高海拔暴露（4267 m）会损伤两种记忆能力，并且较低强度的急性有氧运动无法抵消这一损伤[54]。最新的研究结果也支持了这一观点[55]。

因此，高海拔低氧环境下，运动能否提高个体记忆能力仍没有统一定论。上述研究中，虽然采用 RMCPT 任务的研究得到一致结论认为高海拔运动能够改善记忆能力，但采用其他记忆任务的研究均未得到类似的结果。除了任务类型外，各研究间实验环境的设定也存在较大差异，包括模拟海拔的高度和暴露时间等因素，可能都会导致不一样的实验结果。

3. 注　意

注意是意识对一定对象的指向和集中，它能够将有限的认知资源用于加工目标任务，是一切心理活动产生和得以进行的重要认知过程。大量的研究表明，缺氧会损伤个体的注意功能。暴露在模拟高海拔环境 8 h、24 h 和 48 h 后，会导致注意功能下降[56-58]。那么运动能否抵消低氧带来的注意功能的损伤呢？仅有的研究结果表明，在模拟 3000 m 和 4300 m 缺氧环境暴露 150 min 后，暴露于 4300 m 海拔下参与者快速视觉信息处理任务（rapid visual information processing task，RVP）的反应时显著高于暴露于 3000 m 的参与者，且运动后，注意功能进一步下降[59]。虽然上述研究结果都表明高海拔损伤了个体的注意功能，且运动无法扭转这些损伤，但我们并不能轻易下定论。首先，上述研究并未测量注意的全部成分。Posner 等人将注意分为三个子网络，即警觉（alerting）、定向（orienting）和执行控制（executive control）。Fan 等人根据 Posner 的理论设计了注意网络测试（attention network test，ANT），该测试结合线索提示任务和 flanker 任务，通过改变线索提示类型、靶刺激来检查注意网络的警觉、定向和执行控制功能[60]。Barkaszi 等人（2016）测试了南极站（3233 m）驻留 6 周的 11 名队员 ANT 任务的行为和事件相关电位（ERP），没有发现高海拔对注意功能的显著影响[61]。Zhang 等人（2018）通过 ANT 任务发现，4200 m 这一海拔时被试的执行控制功能与 2900 m 和 3700 m 的被试相比有一定的增加，但是定向功能受到损伤[62]。因此高海拔环境对注意的不同子网络有不一致的影响，那么高海拔运动对不同的子网络影响也可能不一致。其次，暴露时长可能会调节影响作用的大小和方向。有研究发现，6 周时间的高海拔暴露并不会影响个体的注意功能[63]，即使在极高海拔环境下。安心等人（2017）通过对高海拔驻留 1 周、1 个月和 2 年的大学生研究发现，注意网络中的执行控制子网络容易受海拔的影响，且随着驻留时间的推移，呈现出先下降、再恢复、再下降的变化趋势[64]。最后，上述研究仅仅考察了注意的保持功能，关于高海拔运动对注意功能不同方面影响的研究证据还不足。

### 4. 抑制控制

抑制控制是在认知过程中必要时对占主导地位的、自动的、优势反应的抑制，包括防止哪些被部分激活但与目标无关的信息的进入、阻止哪些与情境不适合的优势反应的进入、抑制不再相关的信息的激活[65]。研究中对抑制控制能力的测量主要通过 Stroop 任务、GO/NO-GO（GNG）任务、Flanker 任务和 Oddball 任务等。Ando 等人 2013 年首次通过 GNG 任务，发现在模拟低氧环境下（2600 m），中等强度的急性运动能够提高个体的抑制控制能力[66]。Komiyama 等人 2017 年再次验证了该结论，并且发现即使在更高海拔环境下（3800 m），运动仍能够改善个体的抑制控制能力[67]。Lei 等人 2019 年也发现中等强度的运动也能够提升极高海拔暴露下（4000 m）女性被试 GNG 任务的表现[68]。同样地，即使较长时间（28 h）的急性高海拔暴露的情况下，中等强度的运动也能够提高个体 GNG 任务的表现[69]。采用其他抑制控制任务，如 Oddball、Stroop 任务等，也得到了一致的结论。长期规律的有氧运动干预能够提升老年人在低氧环境下 Stroop 任务的任务表现[70]。事件相关电位的结果也支持了高海拔环境下，中等强度的运动有氧干预能够改善被试 Oddball、Stroop 任务的任务表现。

但是，也有一些研究认为，高海拔低氧环境下的运动会损伤个体的抑制控制能力，运动对执行控制的影响可能是负向的。Dobashi 等人（2016）通过 4×30 min 的急性有氧运动干预，发现中等缺氧程度下，运动 1 h 后个体 stroop 色调测验（color word stroop task，CWST）任务正确作答数下降，运动会损伤个体的抑制控制能力[71]；同样的研究结论也在单次 10 min 的急性有氧运动干预中得到了证实[72]。在严重缺氧环境下（4300 m），运动也会降低了被试在注意力切换任务（attention switch task，AST）中的表现[73]。也有学者通过经典的 GNG 范式研究发现，虽然中等程度的缺氧并没有影响个体的执行控制功能，但高强度的运动干预却同时降低了被试在常氧和低氧条件下该任务的准确率[74]。

因此低氧条件下，运动干预对个体抑制控制的影响可能是正向的也可能是负向的，但也有学者认为，低氧和运动对个体认知表现的影响效果可能相互抵消，即高海拔环境下的运动干预不会对个体执行控制功能产生影响。Kim 等人（2015）通过路径标记测试（trail marking test，TMT）任务发现，5 h 的模拟极高海拔暴露条件下，急性有氧运动并未改善被试 TMT 任务的表现[75]。Kammerer 等人（2018）也报告了相同的实验结果，并且真实高海拔环境下，急性有氧运动也未产生干预的效果[76]。

综上所述，高海拔和运动对个体的简单反应时、注意、记忆和抑制控制等认知表现会产生或多或少的影响，但对其影响的方向仍不明确。原因可能是：之前的研究大都采用不同的认知任务范式来评价个体的认知表现，这导致实验结果间很难横向比较，因此，今后的研究需要找到对高海拔和运动的影响反应灵敏的认知任务范式，方便得出一致的研究结论。同时，高原和运动对认知的影响可能受到诸多因素的调节，本书主要归纳了两类"剂量效应"：海拔剂量效应和运动剂量效应。海拔剂量效应是指不同海拔高度和高海拔的暴露时间可能会导致不同的认知表现效果；运动剂量效应是指运动的各构成要素，如运动类型（急性和长期规律运动，不同的运动项目等）、运动强度、运动频率、单次运动时间和运动总时间等会单独或交互影响认知表现。因此上述研究未得出高原和运动对认知表现影响的统一结论,可能是因为两类剂量的设定不一致。为此,本书将进一步讨论高海拔剂量和运动剂量对个体认知表现的影响。

## 二、认知表现的高海拔剂量效应

### 1. 海拔与认知表现

大量的综述研究都表明,缺氧对认知的损伤会随着海拔的升高、氧含量下降而加重[77-80],那么是否存在一个海拔对认知表现影响的临界值呢?有研究指出,当处于2500 m左右的海拔时,个体的认知功能会受到高海拔环境影响,如注意、记忆、决策以及情绪等。也有研究认为大部分人出现临床、生理、生物化学乃至解剖学上的变化是在海拔3000 m以上[81]。而其他研究者则发现,当海拔超过4000 m时,认知损伤明显且不可逆[82,83];有研究者直接提出海拔4000 m是认知损伤的阈限,高于4000 m时行为成绩显著降低,低于4000 m时行为成绩则很少受影响[84]。近期的一项元分析发现,动脉血氧分压60 mmHg是认知功能损伤的临界点[85]。综上,海拔的高度和高海拔低氧环境对个体认知表现的影响存在直接关联,且大多数研究认为4000 m的海拔可能是认知损伤的海拔阈值,其中的原因可能是4000 m以上海拔超出了大脑对缺氧的适应范围[86],但也没有形成统一定论,且不同认知功能可能对应不同的海拔阈值。同样地,关于不同海拔对同一认知功能的影响和同一海拔对不同认知功能的影响尚未得到系统的研究。

### 2. 高海拔暴露时长与认知表现

高海拔对身心的影响随着高海拔暴露时间的改变而发生动态变化。在海拔固定的前提下,暴露时间长短是最重要变量[87]。根据以往文献,随着驻留时间的增加,高海拔的生理适应过程分为三个阶段:第一阶段为急性适应期(从进入高海拔地区起的3 d内),在此阶段会产生急性高原病;第二阶段为亚急性适应期(7 d),会发生亚急性高原病;第三阶段为完全适应期,发生慢性高原病。以往研究多集中急性适应期内高海拔对其认知表现的影响,在急性适应期内,高海拔暴露对认知表现的影响一般是可逆的,如有研究报道由高海拔登山所致的记忆下降在回到低海拔地区数周后仍然存在，但一年后跟踪调查表明被试已完全恢复[88]。处于完全适应期内的个体，如关于高海拔地区的移居者和世居者的研究发现其认知能力与低海拔个体相比并无显著差异[89]，但 Evans 和 Witt 在 1966 年采用韦克斯勒成人智力量表（Wechsler intelligence scales）对海拔 4200 m 的居民进行了数字符号测验，发现其注意容量受损，这一结果在 Berry 等人 1989 年的研究中也得到了验证[90]。近期有研究采用事件相关电位技术调查了长期居住在高海拔地区的平原人的视觉搜索能力，发现与平原对照组相比，高海拔组明显降低[91]。此外，安心等人 2017 年通过对高海拔驻留 1 周、1 个月和 2 年的大学生研究发现，被试的执行控制容易受海拔的影响，且随着驻留时间的推移，呈现出先下降、再恢复、再下降的变化趋势。因此，高海拔对认知表现的影响跟个体高海拔暴露时间密切相关，这可能是因为不同的暴露时间伴随着不同的适应机制，进而导致不同的认知改变。

## 三、认知表现的运动剂量效应

大量的研究结果表明，运动能够改善个体的认知表现。关于急性（短时）有氧运动的综述研究认为，其对认知表现的影响主要取决于运动强度和运动时长[92]。

### 1. 运动强度与认知表现

中等强度的急性有氧运动干预被认为对认知改善最有效[93]。一项元分析结果表明，低强度的急性有氧运动也能够改善个体的认知表现，虽然效应量比较小。但高强度的急性有氧运动和力竭运动对认知功能的影响却并没有得到一致的研究结论，有研究者认为该类运动会导致认知功能的损伤[94]，但也有研究者认为，高强度的急性有氧运动会提升个体认知任务的表现，原因在于运动增加了 BDNF 的浓度[95]。此外，有研究认为不同强度的急性有氧运动可能影响不同的认知功能子功能，例如执行功能包含的三个子功能，它们分别是抑制（Inhibition）、刷新（Updating）和转换（Shifting/Switching）[96,97]，而中、高强度的短时有氧运动能够显著改善个体的抑制功能，低、中、高强度的短时有氧运动都能够显著提高个体的刷新功能，且效果不存在差异，低、中、高强度的短时有氧运动都能够显著提升个体的转换功能，其中，低强度效果最好[98]。

2. 运动时长与认知表现

关于急性有氧运动运动时长方面的研究中，一项元分析表明，运动时长大于 20 min 的急性有氧运动才能够提高个体的认知表现[99]，但是随着运动时长进一步增加，这种提升的表现可能会消失，有研究通过对 8 名受过良好运动的男性被试分析发现，当急性有氧运动持续时间大于 120 min 后，被试的认知成绩会下降[100]。

但是，另外一种运动类型，长期规律性运动（chronic exercise），对认知功能的影响机制不同于急性有氧运动，急性有氧运动不能显著地改善个体的健康水平，但长期规律性运动可以，并且可以进一步改善个体的新陈代谢功能、炎症反应和心理功能，例如心理健康水平和自尊水平等[101-103]。一项关于老年人的 10 周的有氧运动干预研究发现，与控制组相比，实验组的被试在视听辨别任务中表现更好[104]。同时，近期一项长达 12 周针对中度认知损伤的老年人的有氧训练干预也得到了类似的结论[105]。但长期有氧运动训练对认知表现的影响可能受到诸多因素的干扰，如年龄、教育水平、健康状况、干预措施等。幸运的是多项元分析结果表明，运动训练对个体的各项认知功能都有显著的提升效果[106,107]。但也有学者通过元回归分析发现，运动训练和认知表现之间不存在关联[108]，这可能是由于不同研究采用不同干预方案，进而导致了不同的影响效果。如一项关于青少年群体（12～14 岁）长期规律运动干预的研究发现，和低频次（2 次×55 min/周）低强度、高频次（4 次×55 min/周）低强度相比，高频次高强度的长期运动干预对青少年被试认知功能和学业成绩的提升效果最明显[109]。也有学者针对老年人群体（55～80 岁），综述了不同持续总时间和单次训练时间的长期规律运动的相关研究，发现持续总时间为 4～6 个月的有氧干预对被试的认知表现影响最小，而 1～3 个月和 6 个月以上的干预效果最好；对单次训练时长来说，短时训练（小于 30 min）对被试的认知改善效果最差，31～45 min 效果最好，45～60 min 次之[110]。基于此，有研究提出了应该关注长期有氧训练的剂量效应[111]，相比对急性有氧运动剂量效应的研究，该方面的研究还相对缺乏。

上述两类剂量效应的研究均基于常氧环境，但在高海拔环境下，个体的有氧运动能力下降,当海拔上升到 4300 m 左右时,个体最大摄氧量相比海平面会下降25%之多[112],两类剂量效应可能会因为有氧能力的下降而改变。因此,未来的研究应该关注高海拔运动条件下两类剂量效应,这有助于更全面、更准确地分析高海拔环境下,有氧运动对认知功能的影响作用。

## 四、高海拔运动对认知表现影响的神经生理机制

### 1. 脑氧合说

无论个体处于何种环境,其认知功能都依赖于脑血管供应充足的氧气到大脑的各个组织。当脑部唤醒水平增加时,脑血流量必须增加以平衡神经元或代谢对氧气的需要,这一过程也被称为神经血管耦合(neurovascular coupling,NVC)[113],NVC 被证明对个体的认知表现起着决定性作用[114],充分的氧气供应是保证最佳 NVC 水平的前提。因此,高海拔低氧环境会导致个体认知表现的下降,大量的研究结果也支持了这一点[115-117]。此外,运动可能会进一步降低血氧饱和度,加剧低氧对个体脑氧合(cerebral oxygenation)程度的威胁[118,119],进而影响个体的认知表现。有关低氧和运动对认知表现的研究发现,低氧条件下运动所导致的脑氧合程度的下降明显高于常氧条件下中等强度运动所导致脑氧合程度的下降,可能因为低氧条件下,该过程导致了更多的携氧血红蛋白数量减少而脱氧血红蛋白数量增加[120-123]。同样地,Kim 等人(2015)也发现,低氧环境下的运动会比仅仅暴露于低氧环境导致更严重的脑氧合程度下降,并且左右脑区没有显著差异。但上述研究均发现,虽然低氧运动条件下大脑氧合程度下降,但是个体的认知表现并没有受到影响,这表明运动并不会进一步加剧低氧对认知所造成的损伤。但也有研究发现了不同的结果,低氧条件下的中等强度运动导致了脑氧合程度下降,进而可能引起认知表现的下降[124]。Ochi 等人(2018)通过 CWST 任务和功能性近红外技术(fNIRS)发现,低氧条件下运动会导致个体执行功能的损伤,这可能是因为低氧运动使得左侧背外侧前额叶皮层(left dorsolateral prefrontal cortex,DLPFC)活性降低所引起的。因此,低氧运动对认知的影响跟个体脑部氧合程度有关,具体可能表现在脑部 DLPFC 区域,但这种脑氧合程度的降低并不一定会导致认知表现的下降,除了因为实验条件设计不同外(如暴露时长、认知功能的类型和任务

难度等因素），高海拔运动对认知功能的影响可能受到多种不同神经生理机制的协同作用，这有待进一步证明。

2. 神经营养因子说

BDNF 是一种直接参与神经元和突出生长的神经性营养因子。有研究表明运动能够诱发 BDNF 的浓度变化[125]，这跟个体的认知功能提升存在显著相关[126]。关于缺氧和 BDNF 的研究发现，72 h 的高海拔（约 3353 m）暴露导致个体 BDNF 水平增加[127]。上述研究可以帮助解释为什么高海拔运动导致个体脑氧合程度下降，但并没有导致部分认知表现的下降，BDNF 浓度水平增加可能是重要的影响因素之一。但仅有的关于高海拔运动对认知和 BDNF 影响研究未能支持这一结论，该研究发现低氧条件下的长期规律有氧运动（3 次/周×4 周）干预虽然提升了老年人的个体认知表现，但并没有改变血清中 BDNF 浓度水平，当然这可能因为该研究的低氧暴露时长不足，仅 90 min[128]，而之前研究发现的 BDNF 浓度变化发生在 72 h 的高海拔暴露条件下。因此，还有待更多的研究进一步揭示高海拔运动与 BDNF 的关系。

3. 免疫系统说

低氧环境和免疫系统息息相关。大量的研究发现，急性高海拔暴露会导致机体免疫系统的变化，主要表现在 T 淋巴细胞的数目、功能及其产生的细胞因子（如白细胞介素、肿瘤坏死因子等）的变化，造成免疫功能的下降[129,130]。但中等强度的运动可以增加机体免疫系统反应[131]。因此，高海拔运动可能使得机体的免疫系统产生更强烈的适应性反应。Hagobia 等人（2006）发现暴露于 4300 m 海拔下 3 周后的中等强度急性有氧运动相比海平面同等强度的运动会产生更多白细胞介素 6（IL-6）[132]。在更高海拔环境下（5070 m）中等强度的有氧运动和海平面相比，机体产生更多 NK 细胞[133]。女性被试在急性和适应高海拔暴露后进行的有氧运动也会导致机体相比海平面产生更多的 IL-6[134]。也有研究发现，由于低氧对机体免疫系统的影响，会导致机体出现炎症反应，进而产生糟糕的生理反应。但运动会引发机体出现抗炎症反应，阻滞低氧所造成的生理的损伤，同时，也可能部分改善高海拔所引起的认知表现、睡眠质量的下降等现象[135]。因此，高海拔环境下，运动可能防止了人体的免疫系统功能下降，进而影响认知表现。

## 五、总结与展望

本章系统回顾了以往关于高海拔运动对认知表现影响的研究，探讨了高海拔低氧环境下，运动对个体各项认知功能：反应时间、注意、记忆和抑制控制影响的方向和机制。

1. 高海拔运动对认知表现影响的方向

有氧运动能够改善个体的认知功能，相反高海拔低氧环境会降低个体的认知表现，因此两者结合后对认知表现的影响取决于两个影响效果的交互作用。本书综述了诸多将低氧和运动结合在一起的研究，但并没有得到统一的结论，因为该影响受到多种因素的调节，这就导致高海拔运动对认知表现的影响可能是正向、负向或者无显著影响。一项综述研究也认为大约 105 min 的低氧暴露对认知功能的损伤效果小于有氧运动对认知表现的提升效果[66]，该条件下，低氧运动对认知表现的影响是正向的。因此我们提出了低氧运动对认知表现的影响的两个剂量效应：海拔剂量效应和运动剂量效应。当然，关于两类效应如何决定低氧运动对认知表现的影响还有待进一步的研究，尤其是关于不同有氧运动方案对不同海拔和暴露时间的移居者和世居者认知表现的影响。

虽然目前我们无法准确估计两类剂量效应对高海拔运动和认知功能的调节作用，但在目前的已有研究的基础上，可以大概推测出他们的相互关系（图 5-1）。首先，海拔处于一定范围内，运动对认知产生正向影响，超出该范围，运动将无法逆转缺氧所造成的认知下降。Bouak 等人和 Shannon 等人都发现，严重程度缺氧的环境下，运动会造成认知功能的损伤，但中等程度缺氧的环境下则不会有影响[136,137]。高海拔环境暴露时长方面，随着暴露时间延长，个体的认知表现出先下降，再恢复，再下降的变化[138]，运动对认知的改善效果可能会随之改变。运动强度方面，大多数研究证实了其和认知表现存在倒 U 形的曲线关系，即中等强度对认知功能最有利[139]。因此，在既定的海拔和暴露时长下，该曲线关系应该也成立。运动时长与认知表现的关系暂未形成统一定论，根据上文，单次有氧运动时长应该在 20 ~ 120 min。

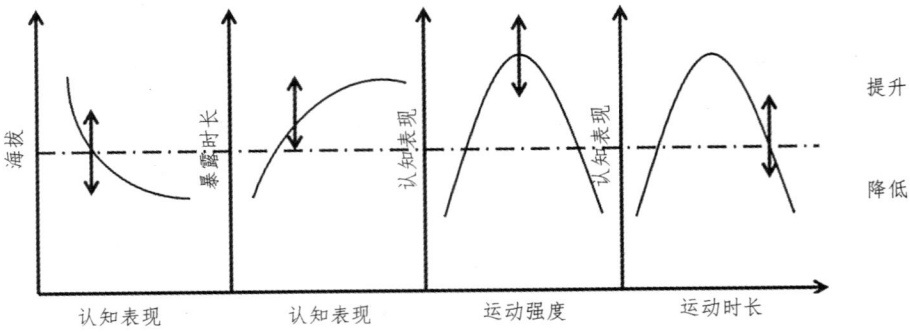

横向虚线代表了常氧条件下认知的基线水平，曲线代表横纵坐标之间的关系，垂直的双向箭头代表低氧运动条件下认知表现的变化范围，箭头在虚线以上表示认知表现提升，在虚线以下表示认知表现下降。

图 5-1 两类剂量效应对有氧运动和认知表现的调节作用

**2. 高海拔运动对认知表现影响的机制**

前文总结了高海拔运动对认知表现影响的三类机制：脑氧合说、神经营养因子说和免疫系统说。三者结合可以解释为什么低氧条件下运动对认知功能产生了不同方向（正向、负向和无显著影响）的影响。但运动所导致的其他生理和神经的变化并未在低氧条件得到验证。如已有研究发现，急性有氧运动可以通过激活三个单胺能系统以提高个体的认知表现，分别为5-羟色胺能系统、去甲肾上腺素能系统和多巴胺能系统[140]。5-羟色胺能系统源自中缝核的细胞体，广泛分布于大脑和脊髓，通过调节儿茶酚胺活动的激活效应，进而加强对行为抑制的控制[141]。去甲肾上腺素能系统源自蓝斑，主要在前脑进行表达，可调节警觉过程，维持高应激条件下的刺激辨别该系统活动增加可提高神经活动信噪比[142]，提升记忆效果[143]。多巴胺能系统源自位于黑质致密部和中脑腹侧被盖区的细胞体，作用于纹状体、边缘系统和前额叶皮层，这些通路共同作用激活行为输出[144]。此外，脑氧合水平和BDNF 浓度水平在低氧对认知表现的影响中起着部分中介的作用，并非低氧影响认知表现的唯一路径。低氧运动所造成的神经递质（neurotransmitters）的变化可能也会直接影响认知表现。缺氧条件下，氧气稳态的干扰可能会通过改变神经递质的合成来影响神经系统的激活[145]，导致认知表现的下降，但相反中等强度的运动能够改善大脑回路，其中包括增加神经递质[146]，因此，低氧运动可能通过神经递质来影响认知表现。

### 3. 未来的研究议题

综上所述，已有研究关于低氧条件下，运动对个体认知功能的影响做了初步的探讨，仍存在诸多争议性问题、矛盾性结论和未被研究的议题，这有待未来的研究从以下几个方面去探索：

（1）探讨真实高海拔环境下，运动对个体认知表现的影响。当前关于高海拔运动研究在真实高海拔环境下的较少[147,148]，多是在模拟高海拔环境下展开的，这很难对在高海拔环境下进行一些需要认知参与工作的人们产生指导意义。因为真实高海拔的低压低氧环境和模拟高海拔的常压低氧环境可能引起不一致的生理反应[149]，大气压下降会导致动脉血氧分压降低，进而导致认知表现下降。所以，在已有模拟高海拔环境研究结果的基础上，分析真实高海拔环境下，运动对个体认知功能的影响更具有现实意义。

（2）进一步分析不同类型运动对认知表现的影响作用，为高海拔环境提供"运动处方"。以往研究多关注单次急性有氧运动对个体认知的影响，忽略了长期规律运动对认知表现的影响，而两者的影响效果和作用机制完全不同。急性有氧运动通过改变 CBF、$SaO_2$、BDNF 等对个体认知功能产生积极影响，但这种影响的持续时间可能是很短暂的，如 Loprinzi 等人（2013）发现运动所导致的 BDNF 浓度增加仅能维持 10～60 min[150]。而长期规律运动促进脑血管新生、神经发生等神经生物学变化促进个体的认知表现，进而可能会产生相对持久的认知改变[151]，但也有元分析发现长期运动并不能引起认知功能的改变[152]。因此，面对上述分歧，探讨高海拔环境下长期规律运动对认知功能的影响更具价值。

（3）分析高海拔有氧运动对处于高海拔适应期的移居者和世居者的影响作用和机制。目前关于高海拔运动对认知表现的影响都是针对生活在低海拔的人群展开的，主要采用模拟暴露或者短时间的急性暴露的手段。目前为止，我们并没有发现有研究对长期生活在高海拔地区的个体进行运动干预并分析其对认知功能的影响。因为个体长期暴露在高海拔环境下，会出现更多的适应机制，因此，这类研究对在高海拔地区生活和工作的人更具指导意义。

（4）使用更多的科学手段探讨高海拔有氧运动对认知功能的联合机制。现有研究对采用 NIRS 和 fNIRS 分析低氧运动条件下个体的生理神经指标的变化。但NIRS和fNIRS仅能观测到大脑皮层的表层部分,并且当前研究对该影响机制的探讨仅仅处于初期阶段,已有的脑氧合说和神经营养因子说仍需进一步实验证据去支持。未来研究应采用功能性磁共振(fMRI)、脑电(ERP)等技术手段,综合医学和神经科学,从分子层面、细胞层面、认知神经层面和身心健康层面来联合解释高海拔运动为什么会对认知功能产生影响。

## 参考文献

[1] COLCOMBE S J, ERICKSON K I, SCALF P E, et al. Aerobic exercise training increases brain volume in aging humans[J]. The Journals of Gerontology. Series A, Biological Sciences and Medical Sciences, 2006, 61(11): 1166-1170.

[2] HILLMAN C H, ERICKSON K I, KRAMER A F. Be smart, exercise your heart: exercise effects on brain and cognition[J]. Nature Reviews Neuroscience, 2008, 9(S1): 58-65.

[3] WILSON R S, DE LEON C F M, BARNES L, et al. Participation in cognitively stimulating activities and risk of incident alzheimer disease[J]. JAMA: The Journal of the American Medical Association, 2002, 287(6): 742-748.

[4] DONNELLY J E, HILLMAN C, CASTELLI D, et al. Physical activity, fitness, cognitive function, and academic achievement in children: a systematic review[J]. Medicine & Science in Sports & Exercise, 2016, 48(6): 1223-1224.

[5] JÄGER K, SCHMIDT M, CONZELMANN A, et al. Cognitive and physiological effects of an acute physical activity intervention in elementary school children[J]. Frontiers in psychology, 2014, 5: 1473.

[6] CARSON V, KUZIK N, HUNTER S, et al. Systematic review of physical activity and cognitive development in early childhood[J]. Journal of Science and Medicine in Sport, 2016, 19(7): 573-578.

[7] ZENG N, AYYUB M, SUN H, et al. Effects of Physical Activity on Motor

Skills and Cognitive Development in Early Childhood: A Systematic Review[J]. BioMed Research International, 2017(1): 1-13.

[ 8 ] MOREAU D, Conway A R A. Cognitive enhancement: a comparative review of computerized and athletic training programs[J]. International Review of Sport and Exercise Psychology, 2013, 6(1): 155-183.

[ 9 ] DIAMOND A. Effects of physical exercise on executive functions: going beyond simply moving to moving with thought[J]. Annals of Sports Medicine and Research, 2015, 2(1): 1011.

[10] CROVA C, STRUZZOLINO I, MARCHETTI R, et al. Cognitively challenging physical activity benefits executive function in overweight children[J]. Journal of Sports Sciences, 2014, 32(3): 201-211.

[11] SCHMIDT M, JÄGER K, EGGER F, et al. Cognitively engaging chronic physical activity, but not aerobic exercise, affects executive functions in primary school children: a group-randomized controlled trial[J]. Journal of Sport and Exercise Psychology, 2015, 37(6): 575-591.

[12] Li L, MEN W W, CHANG Y K, et al. Acute aerobic exercise increases cortical activity during working memory: a functional MRI study in female college students[J]. PLoS One, 2014, 9(6): e99222.

[13] 蓝永生, 赵敬国, 蒋艳杰. 太极拳运动提高大学生认知功能的研究——来自P(300)的证据[J]. 中国体育科技, 2015, 51(04): 93-96+133.

[14] ESTEBAN-CORNEJO I, TEJERO-GONZALEZ, C M, SALLIS J F, et al. Physical activity and cognition in adolescents: a systematic review[J]. Journal of Science and Medicine in Sport, 2015, 18(5): 534-539.

[15] ARIZA A R, et al. Influence of physical fitness on cognitive and academic performance in adolescents: a systematic review from 2005—2015[J]. International Review of Sport and Exercise Psychology, 2016, 10(1): 108-133.

[16] VAN PRAAG H. Neurogenesis and exercise: past and future directions[J]. NeuroMolecular Medicine, 2008, 10(2): 128-140.

[17] FIRTH J, STUBBS B, VANCAMPFORT D, et al. Effect of aerobic exercise on hippocampal volume in humans: a systematic review and meta-analysis[J].

NeuroImage, 2018, 166: 230-238.
[18] 孙福立，严亦蔼，李贵云，等. 气功锻炼对中老年人认知作业速度的影响[J]. 老年学杂志，1992（04）：227-229.
[19] HYODO K, DAN I, SUWABE K, et al. Acute moderate exercise enhances compensatory brain activation in older adults[J]. Neurobiology of Aging, 2012, 33(11): 2621-2632.
[20] RUSCHEWEYH R, WILLEMER C, KRÜGER K, et al. Physical activity and memory functions: an interventional study[J]. Neurobiology of aging, 2011, 32(7): 1304-19.
[21] ERICKSON K I, HILLMAN C H, KRAMER A F. Physical activity, brain, and cognition[J]. Current Opinion in Behavioral Sciences, 2015, 4: 27-32.
[22] 刘军，刘仁仪，叶星. 运动对阿尔茨海默病患者认知功能干预效果的 meta 分析[J]. 上海体育学院学报，2020，44（10）：58-67.
[23] SAMPAIO A, MARQUES E A, MOTA J, et al. Effects of a multicomponent exercise program in institutionalized elders with Alzheimer's disease[J]. Dementia, 2019, 18(2): 417-431.
[24] HOLTHOFF V A, MARSCHNER K, SCHARF M, et al. Effects of physical activity training in patients with Alzheimer's dementia: results of a pilot RCT study[J]. PLoS One, 2015, 10(4): e0121478.
[25] HERNANDEZ S, COELHO F, GOBBI S, et al. Effects of physical activity on cognitive functions, balance and risk of falls in elderly patients with Alzheimer's dementia[J]. Revista Brasileira De Fisioterapia, 2010, 14(1): 68.
[26] SUZUKI T, SHIMADA H, MAKIZAKO H, et al. A randomized controlled trial of multicomponent exercise in older adults with mild cognitive impairment[J]. PLoS ONE, 2013, 8(4): e61483.
[27] PANZA G A, TAYLOR B A, MACDONALD H V, et al. Can exercise improve cognitive symptoms of Alzheimer's disease? [J]. Journal of the American Geriatrics Society, 2018, 66(3): 487-495.
[28] GROOT C, HOOGHIEMSTRA A M, RAIJMAKERS P G H, et al. The effect of physical activity on cognitive function in patients with dementia:

a meta-analysis of randomized control trials[J]. Ageing Research Reviews, 2016, 25:13-23.

[29] 刘军，刘仁仪，叶星. 运动对阿尔茨海默病患者认知功能干预效果的 meta 分析[J]. 上海体育学院学报，2020，44（10）：58-67.

[30] PANZA G A, TAYLOR B A, MACDONALD H V, et al. Can exercise improve cognitive symptoms of Alzheimer's Disease? [J]. Journal of the American Geriatrics Society, 2018, 66(3): 487-495.

[31] ZHEN D, LI Y, LI J, et al. Physical activity can improve cognition in patients with Alzheimer's disease: a systematic review and meta-analysis of randomized controlled trials[J]. Clinical Interventions in Aging, 2018, 13: 1593-1603.

[32] 贾健民，贾健平，贾丽，等. 老年鼠海马自由基与学习记忆关系的研究[J]. 中华医学杂志，2003，83（9）：96-98.

[33] CONNETT R J, HONING C R, GAYESKI T, et al. Defining hypoxia: a systems view of $VO_2$, glycolysis, energetics, and intracellular $PO_2$[J]. Journal of applied physiology, 1990, 68(3): 833-842.

[34] CHRISTOPH S, CARSTEN L. Regulation of cardiac output in hypoxia[J]. Scandinavian Journal of Medicine & Science in Sports, 2015, 25(S4): 53-59.

[35] BRUGNIAUX G V, HODGES A N H, HANLY P J, et al. Cerebrovascular responses to altitude[J]. Respiratory Physiology & Neurobiology, 2007, 158(2): 212-223.

[36] WILSON M H, NEWMAN A, IMRAY C H. The cerebral effects of ascent to high altitudes[J]. Lancet Neurology, 2009, 8(2): 175-191.

[37] ENDO K, MATSUKAWA K, LIANG N, et al. Dynamic exercise improves cognitive function in association with increased prefrontal oxygenation[J]. The Journal of Physiological Sciences, 2013, 63(4): 287-298.

[38] MCMORRIS T, APROULE J, TURNER A, et al. Acute, intermediate intensity exercise, and speed and accuracy in working memory tasks: a meta-analytical comparison of effects[J]. Physiology & behavior, 2011, 102(3-4): 421-428.

[39] LAMBOURNE K, TOMPOROWSKI P. The effect of exercise-induced arousal on cognitive task performance: a meta-regression analysis[J]. Brain Research, 2010, 1341: 12-24.

[40] CHANG Y K, LABBAN J D, GAPIN J I, et al. The effects of acute exercise on cognitive performance: a meta-analysis[J]. Brain Research, 2012, 1453: 87-101.

[41] 陈爱国, 殷恒婵, 颜军, 等. 不同强度短时有氧运动对执行功能的影响[J]. 心理学报, 2011, 43（09）: 1055-1062.

[42] 张斌, 刘莹. 急性有氧运动对认知表现的影响[J]. 心理科学进展, 2019, 27（06）: 058-1071.

[43] MCMORRIS T, HALE B, BARWOOD M, et al. Effect of acute hypoxia on cognition: a systematic review and meta-regression analysis[J]. Neuroscience and Biobehavioral Reviews, 2017, 74: 225-232.

[44] TAYLOR L, WATKINS S L, MARSHALL H, et al. The impact of different environmental conditions on cognitive function: a focused review[J]. Frontiers in physiology, 2015, 6: 372.

[45] VIRUÉS-ORTEGA J, BUELA-CASAL G, GARRIDO E, et al. Neuropsychological functioning associated with high-altitude exposure[J]. Neuropsychology Review, 2004, 14(4): 197-224.

[46] ANDO S, HATAMOTO Y, SUDO M, et al. The effects of exercise under hypoxia on cognitive function[J]. PLoS One, 2013, 8(5).

[47] DE AQUINO-LEMOS V, SANTO R V T D, ANTUNES H K M, et al. Acute physical exercise under hypoxia improves sleep, mood and reaction time[J]. Physiology & Behavior, 2016, 154: 90-99.

[48] KAMMERER T, et al. Changes of hemodynamic and cerebral oxygenation after exercise in normobaric and hypobaric hypoxia: associations with acute mountain sickness[J]. Annals of Occupational and Environmental Medicine, 2018, 30(1): 1-7.

[49] KOMIYAMA T, SUDO M, HIGAKI Y, et al. Does moderate hypoxia alter working memory and executive function during prolonged exercise? [J]. Physiology & Behavior, 2015, 139: 290-296.

[50] KOMIYAMA T, et al. Cognitive function during exercise under severe hypoxia[J]. Scientific Reports, 2017, 7(1): 3129-3132.

[51] YONGSUK S, et al. The Influence of exercise on cognitive performance in normobaric hypoxia[J]. High Altitude Medicine & Biology, 2015, 16(4): 298-305.

[52] YONGSUK S, et al. Normobaric hypoxia and submaximal exercise effects on running memory and mood state in women[J]. Aerospace Medicine and Human Performance, 2017, 88(7): 627-632.

[53] STAVRES J, et al. Cerebral hemodynamics and executive function during exercise and recovery in normobaric hypoxia[J]. Aerospace Medicine and Human Performance, 2017, 88(10): 911-917.

[54] FETHI B, et al. Acute mild hypoxic hypoxia effects on cognitive and simulated aircraft pilot performance[J]. Aerospace Medicine and Human Performance, 2018, 89(6): 526-535.

[55] WALSH J J, et al. Acute aerobic exercise impairs aspects of cognitive function at high altitude[J]. Physiology & Behavior, 2020, 223: 112979.

[56] EVANS W O, WITT N F. The interaction of high altitude and psychotropic drug action[J]. Psychopharmacologia, 1966, 10(2): 184-188.

[57] STIVALET P, et al. Positive expiratory pressure as a method for preventing the impairment of attentional processes by hypoxia[J]. Ergonomics, 2000, 43(4): 474-485.

[58] Lemos V D A, Antunes H K M, Santos R V T D, et al. High altitude exposure impairs sleep patterns, mood, and cognitive functions[J]. Psychophysiology, 2012, 49(9): 1298-1306.

[59] SHANNON O M et al. Effects of dietary nitrate supplementation on physiological responses, cognitive function, and exercise performance at moderate and very-high simulated altitude[J]. Frontiers in Physiology, 2017, 8: 401.

[60] FAN J, et al. Testing the efficiency and independence of attentional networks[J]. Journal of Cognitive Neuroscience, 2002, 14(3): 340-347.

[61] IRÉN B, et al. Extreme environment effects on cognitive functions: a

longitudinal study in high altitude in antarctica[J]. Frontiers in Human Neuroscience, 2016, 10: 331.

[62] ZHANG D L, et al. Competition among the attentional networks due to resource reduction in Tibetan indigenous residents: evidence from event-related potentials[J]. Scientific Reports, 2018, 8(1): 610.

[63] IRÉN B, et al. Extreme environment effects on cognitive functions: a longitudinal study in high altitude in antarctica[J]. Frontiers in Human Neuroscience, 2016, 10: 331.

[64] 安心, 马海林, 韩布新, 等. 高海拔驻留时间对注意网络的影响[J]. 中国临床心理学杂志, 2017, 25 (03): 502-506.

[65] 陈爱国, 殷恒婵, 颜军, 等. 不同强度短时有氧运动对执行功能的影响[J]. 心理学报, 2011, 43 (09): 1055-1062.

[66] ANDO S, et al. The effects of exercise under hypoxia on cognitive function[J]. PLoS One, 2013, 8(5): 1-8.

[67] KOMIYAMA T, et al. Cognitive function during exercise under severe hypoxia[J]. Scientific Reports, 2017, 7(1): 3129-3132.

[68] ON-KEI L, et al. Severe hypoxia does not offset the benefits of exercise on cognitive function in sedentary young women[J]. International Journal of Environmental Research and Public Health, 2019, 16(6): 1-11.

[69] DE AQUINO-LEMOS V, et al. Acute physical exercise under hypoxia improves sleep, mood and reaction time[J]. Physiology & Behavior, 2016, 154: 90-99.

[70] SCHEGA L, et al. Effect of intermittent normobaric hypoxia on aerobic capacity and cognitive function in older people[J]. Journal of Science and Medicine in Sport, 2016, 19(11): 941-945.

[71] SHOHEI D, et al. Cognitive function and cerebral oxygenation during prolonged exercise under hypoxia in healthy young males[J]. High altitude medicine & biology, 2016, 17(3): 214-221.

[72] GENTA O, et al. Neural basis for reduced executive performance with hypoxic exercise[J]. NeuroImage, 2018, 171: 75-83.

[73] SHANNON O M et al. Effects of dietary nitrate supplementation on

physiological responses, cognitive function, and exercise performance at moderate and very-high simulated altitude[J]. Frontiers in Physiology, 2017, 8: 401.

[74] SUN S Y, et al. The Effects of high-intensity interval exercise and hypoxia on cognition in sedentary young adults[J]. Medicina, 2019, 55(2).

[75] CHUL-HO K, et al. Low intensity exercise does not impact cognitive function during exposure to normobaric hypoxia[J]. Physiology & Behavior, 2015, 151: 24-28.

[76] KAMMERER T, et al. Changes of hemodynamic and cerebral oxygenation after exercise in normobaric and hypobaric hypoxia: associations with acute mountain sickness[J]. Annals of Occupational and Environmental Medicine, 2018, 30(1): 1-7.

[77] VIRUÉS-ORTEGA J, et al. Neuropsychological functioning associated with high-altitude exposure[J]. Neuropsychology Review, 2004, 14(4): 197-224.

[78] WILSON M H, NEWMAN S, IMRAY C H. The cerebral effects of ascent to high altitudes[J]. Lancet Neurology, 2009, 8(2): 175-191.

[79] YAN X D. Cognitive impairments at high altitudes and adaptation[J]. High Altitude Medicine & Biology, 2014, 15(2): 141-145.

[80] TAYLOR L, et al. The impact of different environmental conditions on cognitive function: a focused review[J]. Frontiers in Physiology, 2016, 372(6): 1-12.

[81] GIPPENREITER E, WEST J B. High altitude medicine and physiology in the former Soviet Union[J]. Aviation, Space, And Environmental Medicine, 1996, 67(6): 576-84.

[82] CROW T J, KELMAN G R. Effect of mild acute hypoxia on human short-term memory[J]. British Journal of Anaesthesia, 1971, 43(6): 548-52.

[83] PELAMATTI G, PASCOTTO M, SEMENZA C. Verbal free recall in high altitude: proper names vs common names[J]. Cortex, 2003, 39(1): 97-103.

[84] DOMINIKA D, et al. The effects of high altitude on choice reaction time

mean and intra-individual variability: results of the Edinburgh Altitude Research Expedition of 2008[J]. Neuropsychology, 2010, 24(3): 391-401.

[85] MCMORRIS T, et al. Effect of acute hypoxia on cognition: a systematic review and meta-regression analysis[J]. Neuroscience and Biobehavioral Reviews, 2017, 74(Pt A): 225-232.

[86] GERARD J F A, et al. Role of the altitude level on cerebral autoregulation in residents at high altitude[J]. Journal of Applied Physiology, 2007, 103(2): 518-523.

[87] ZUBIETA-CALLEJA G R, et al. Altitude adaptation through hematocrit changes[J]. Journal of Physiology and Pharmacology, 2007, 58(S5)(Pt2): 811-818.

[88] VIRUÉS-ORTEGA J, et al. Neuropsychological functioning associated with high-altitude exposure[J]. Neuropsychology Review, 2004, 14(4): 197-224.

[89] RICHARDSON C, et al. Neurophysiological evidence for cognitive and brain functional adaptation in adolescents living at high altitude[J]. Clinical Neurophysiology, 2011, 122(9): 1726-1734.

[90] BERRY D T R, et al. Isocapnic hypoxemia and neuropsychological functioning[J]. Journal of Clinical and Experimental Neuropsychology, 1989, 11(2): 241-251.

[91] ZHANG D L, et al. Exploring the impact of chronic high-altitude exposure on visual spatial attention using the ERP approach[J]. Brain and Behavior, 2018, 8(5): e00944.

[92] JEANICK B, MAYA C, ARCELIN R. Effects of acute physical exercise characteristics on cognitive performance[J]. Sports medicine, 2002, 32(9): 555-566.

[93] MCMORRIS T, TURNER A, HALE B J, et al. Beyond the catecholamines hypothesis for an acute exercise-cognition interaction[J]. Exercise-Cognition Interaction, 2016: 65-103.

[94] LABELLE V, et al. Decline in executive control during acute bouts of exercise as a function of exercise intensity and fitness level[J]. Brain and

Cognition, 2013, 81(1): 10-17.

[95] GRIFFIN É W, et al. Aerobic exercise improves hippocampal function and increases BDNF in the serum of young adult males[J]. Physiology & Behavior, 2011, 104(5): 934-941.

[96] MIYAKE A, et al. The unity and diversity of executive functions and their contributions to complex "Frontal Lobe" tasks: a latent variable analysis[J]. Cognitive Psychology, 2000, 41(1): 49-100.

[97] 陈天勇，李德明．执行功能可分离性及与年龄关系的潜变量分析[J]．心理学报，2005（02）：210-217.

[98] 陈爱国，殷恒婵，颜军，等．不同强度短时有氧运动对执行功能的影响[J]．心理学报，2011，43（09）：1055-1062.

[99] CHANG Y K, et al. The effects of acute exercise on cognitive performance: a meta-analysis[J]. Brain Research, 2012, 1453: 87-101.

[100] GREGO F, et al. Influence of exercise duration and hydration status on cognitive function during prolonged cycling exercise[J]. Int J Sports Med, 2005, 26(1): 27-33.

[101] MCAULEY E, MIHALKO S L, BANE S M. Exercise and self-esteem in middle-aged adults: multidimensional relationships and physical fitness and self-efficacy influences[J]. Journal of Behavioral Medicine, 1997, 20(1): 67-83.

[102] EWING G C, et al. American College of Sports Medicine position stand. Quantity and quality of exercise for developing and maintaining cardiorespiratory, musculoskeletal, and neuromotor fitness in apparently healthy adults: guidance for prescribing exercise[J]. Medicine and Science in Sports and Exercise, 2011, 43(7): 1334-1359.

[103] KRISTIAN K, KLARLUND P B. Exercise and type 2 diabetes: focus on metabolism and inflammation[J]. Immunology and Cell Biology, 2016, 94(2): 146-150.

[104] HAWKINS H L, KRAMER A F, CAPALDI D. Aging, exercise, and attention[J]. Psychology and Aging, 1992, 7(4): 643-653.

[105] HONG S G, KIM J H, JUN T W. Effects of 12-week resistance exercise

on electroencephalogram patterns and cognitive function in the elderly with mild cognitive impairment: a randomized controlled trial[J]. Clinical Journal of Sport Medicine, 2017, 28(6): 1-9.

[106] COLCOMBE S, KRAMER A F. Fitness effects on the cognitive function of older adults: a meta-analytic study[J]. Psychological Science, 2003, 14(2): 125-130.

[107] HEYN P, ABREU B C, OTTENBACHER K J. The effects of exercise training on elderly persons with cognitive impairment and dementia: a meta-analysis[J]. Archives of Physical Medicine and Rehabilitation, 2004, 85(10): 1694-704.

[108] ETNIER J L, et al. A meta-regression to examine the relationship between aerobic fitness and cognitive performance[J]. Brain Research Reviews, 2006, 52(1): 119-130.

[109] ARDOY D N, et al. A physical education trial improves adolescents' cognitive performance and academic achievement: the EDUFIT study[J]. Scandinavian Journal of Medicine & Science in Sports, 2014, 24(1): e52-e61.

[110] COLCOMBE S, KRAMER A F. Fitness effects on the cognitive function of older adults: a meta-analytic study[J]. Psychological Science, 2003, 14(2): 125-130.

[111] ETNIER J L, et al. A meta-regression to examine the relationship between aerobic fitness and cognitive performance[J]. Brain Research Reviews, 2006, 52(1): 119-130.

[112] MAZZEO R S. Physiological responses to exercise at altitude[J]. Sports Medicine, 2008, 38(1): 1-8.

[113] DAVID A, et al. Glial and neuronal control of brain blood flow[J]. Nature, 2010, 468(7321): 232-43.

[114] SOROND F A, et al. Neurovascular coupling, cerebral white matter integrity, and response to cocoa in older people[J]. Neurology, 2013, 81(10): 904-909.

[115] VIRUÉS-ORTEGA J, et al. Neuropsychological functioning associated

with high-altitude exposure[J]. Neuropsychology Review, 2004, 14(4): 197-224.
[116] WILSON M H, NEWMAN S, IMRAY C H. The cerebral effects of ascent to high altitudes[J]. Lancet Neurology, 2009, 8(2): 175-191.
[117] YAN X D. Cognitive impairments at high altitudes and adaptation[J]. High Altitude Medicine & Biology, 2014, 15(2): 141-145.
[118] SUBUDHI A W, DIMMEN A, ROACH R C. Effects of acute hypoxia on cerebral and muscle oxygenation during incremental exercise[J]. Journal of Applied Physiology, 2007, 103(1): 177-83.
[119] PELTONEN J E, et al. Cerebral and muscle deoxygenation, hypoxic ventilatory chemosensitivity and cerebrovascular responsiveness during incremental exercise[J]. Respiratory Physiology & Neurobiology, 2009, 169(1): 24-35.
[120] ANDO S, et al. The effects of exercise under hypoxia on cognitive function[J]. PLoS One, 2013, 8(5).
[121] KOMIYAMA T, et al. Does moderate hypoxia alter working memory and executive function during prolonged exercise? [J]. Physiology & Behavior, 2015, 139: 290-296.
[122] KOMIYAMA T, et al. Cognitive function during exercise under severe hypoxia[J]. Scientific Reports, 2017, 7(1): 3129-3132.
[123] KAMMERER T, et al. Changes of hemodynamic and cerebral oxygenation after exercise in normobaric and hypobaric hypoxia: associations with acute mountain sickness[J]. Annals of Occupational and Environmental Medicine, 2018, 30(1): 1-7.
[124] SHOHEI D, et al. Cognitive function and cerebral oxygenation during prolonged exercise under hypoxia in healthy young males[J]. High Altitude Medicine & Biology, 2016, 17(3): 214-221.
[125] BHERER L, et al. A review of the effects of physical activity and exercise on cognitive and brain functions in older adults[J]. Journal of Aging Research, 2013.
[126] HUANG T, LARSEN K T, RIED‐LARSEN M, et al. The effects of

physical activity and exercise on brain‐derived neurotrophic factor in healthy humans: a review[J]. Scandinavian Journal of Medicine & Science in Sports, 2014, 24.

[127] MARTIN H, et al. BDNF secretion by human pulmonary artery endothelial cells in response to hypoxia[J]. Journal of Molecular and Cellular Cardiology, 2014, 68: 89-97.

[128] SCHEGA L, et al. Effect of intermittent normobaric hypoxia on aerobic capacity and cognitive function in older people[J]. Journal of Science and Medicine in Sport, 2016, 19(11): 941-945.

[129] HARTMANN G, et al. High altitude increases circulating interleukin-6, interleukin-1 receptor antagonist and c-reactive protein[J]. Cytokine, 2000, 12(3): 246-252.

[130] OLIVER S J, et al. High altitude impairs in vivo immunity in humans[J]. High Altitude Medicine & Biology, 2013, 14(2): 144-149.

[131] CARIS A V, YSIS W, DE AQUINO-LEMOS V, et al. Nutrition and exercise can attenuate inflammatory and psychobiological changes in hypoxia? [J].Asian Pacific Journal of Tropical Biomedicine, 2017, 7(01): 86-90.

[132] HAGOBIAN T A, et al. Cytokine responses at high altitude: effects of exercise and antioxidants at 4300 m[J]. Medicine & Science in Sports & Exercise, 2006, 38(2): 276-285.

[133] MCNAMEE E N, et al. Hypoxia and hypoxia-inducible factors as regulators of T cell development, differentiation, and function[J]. Immunologic Research, 2013, 55(1-3): 58-70.

[134] MAZZEO R S, DONOVAN D, FLESHNER M, et al. Interleukin-6 response to exercise and high-altitude exposure: influence of alpha-adrenergic blockade[J]. Journal of Applied Physiology, 2001, 91(5): 2143-2149.

[135] DE AQUINO-LEMOS V, et al. Acute physical exercise under hypoxia improves sleep, mood and reaction time[J]. Physiology & Behavior, 2016, 154: 90-99.

[136] FETHI B, et al. Acute mild hypoxic hypoxia effects on cognitive and simulated aircraft pilot performance[J]. Aerospace Medicine and Human Performance, 2018, 89(6): 526-535.

[137] SHANNON O M, et al. Effects of dietary nitrate supplementation on physiological responses, cognitive function, and exercise performance at moderate and very-high simulated altitude[J]. Frontiers in Physiology, 2017, 8: 401.

[138] 安心，马海林，韩布新，等. 高海拔驻留时间对注意网络的影响[J]. 中国临床心理学杂志，2017，25（03）：502-506.

[139] 张斌，刘莹. 急性有氧运动对认知表现的影响[J]. 心理科学进展，2019，27（06）：1058-1071.

[140] MEEUSEN R, DE MEIRLEIR K. Exercise and brain neurotransmission[J]. Sports medicine, 1995, 20(3): 160-88.

[141] ROMAIN M, et al. Central fatigue: the serotonin hypothesis and beyond[J]. Sports medicine, 2006, 36(10): 881-909.

[142] MOXON K A, et al. Influence of norepinephrine on somatosensory neuronal responses in the rat thalamus: a combined modeling and in vivo multi-channel, multi-neuron recording study[J]. Brain Research, 2007, 1147: 105-123.

[143] SEGAL S K, COTMAN C W, CAHILL L F. Exercise-induced noradrenergic activation enhances memory consolidation in both normal aging and patients with amnestic mild cognitive impairment[J]. Journal of Alzheimer's Disease, 2012, 32(4): 1011-1018.

[144] ROBBINS T W, EVERITT B J. A role for mesencephalic dopamine in activation: commentary on Berridge (2006)[J]. Psychopharmacology, 2007, 191(3): 433-437.

[145] KUMAR G K. Hypoxia. 3. Hypoxia and neurotransmitter synthesis[J]. American Journal of Physiology Cell Physiology, 2011, 300(4): C743-51.

[146] MCMORRIS T, TURNER A, HALE B J, et al. Beyond the catecholamines hypothesis for an acute exercise-cognition interaction[J]. Exercise-Cognition

Interaction, 2016: 65-103.

[147] KAMMERER T, et al. Changes of hemodynamic and cerebral oxygenation after exercise in normobaric and hypobaric hypoxia: associations with acute mountain sickness[J]. Annals of Occupational and Environmental Medicine, 2018, 30(1): 1-7.

[148] WALSH J J, et al. Acute aerobic exercise impairs aspects of cognitive function at high altitude[J]. Physiology & Behavior, 2020, 223.

[149] MOUNIER R, BRUGNIAUX J V. Counterpoint: hypobaric hypoxia does not induce different responses from normobaric hypoxia[J]. Journal of Applied Physiology, 2012, 112(10): 1784-1786.

[150] LOPRINZI P D, et al. Physical activity and the brain: a review of this dynamic, bi-directional relationship[J]. Brain Research, 2013, 1539: 95-104.

[151] SCHEGA L, et al. Effect of intermittent normobaric hypoxia on aerobic capacity and cognitive function in older people[J]. Journal of Science and Medicine in Sport, 2016, 19(11): 941-945.

[152] LOT V, et al. Physical exercise and executive functions in preadolescent children, adolescents and young adults: a meta-analysis[J]. British journal of sports medicine, 2014, 48(12): 973-9.

# 第六章 青藏高原传统运动
## ——锅庄舞

魏峨瑰丽的青藏高原汇聚了长江流域文明、黄河流域文明、游牧文明和东南亚农业文明，呈现出绚丽多彩的特征。藏族蕴含着极具民族特色的文化，历史悠久。根据史册记载，藏族文明长达1400多年，典籍数量之多、内容之丰富，令人叹为观止。藏族的民族舞蹈也有自己的表演方式和风格特征，藏族舞蹈"锅庄"有着深厚的民族文化内涵，尤其是其涵盖着的藏民族多元文化特征。藏族民间歌舞在经济、历史、地理和社会因素的影响下产生了独属于藏民族的历史文化传袭。在这片高天厚土的高原上，经过漫长的历史演变，在雅砻河谷形成了藏民族歌舞的特色，源远流长。锅庄舞具有自娱自乐的性质，是凝聚人心的纽带，是沟通思想感情的桥梁，是展示不同地域少数民族居民内心世界的重要窗口，是认识藏民族历史、传承藏族文化的重要途径。

青藏高原环境恶劣、生活环境艰苦，但是高原人民在这种匮乏的条件下，从未停止创造精神瑰宝。正是由于自然条件的贫乏和生活的艰苦，高原居民更加懂得人类在自然面前的渺小，更加注重族群之间相互协作，关注调节自己的情绪状态，追求和谐欢乐的精神生活。从物质自然和自然景观来看，青藏高原是地球上独一无二之地，这里的民族具有无限创造文化的天赋和激情。在高原，社会文化活动很容易得到各阶层男女老少的热情参与，部落的祭祀、寺院的法会、某个家庭的婚礼都可以成为人们展现自己文艺才能的场合。与大自然充分融合，依傍着雪山蓝天，高原居民深刻感受到自然的生动与恢宏。在各种自然社会背景之下，催生了农牧文化型民间歌舞。

## 第一节　锅庄舞的缘起

锅庄舞作为藏族文化的重要组成部分，历史久远。锅庄一词有其特殊来历，而且，这个来历又鲜为人知。张康林先生对锅庄舞名称的来历进行了详细考释，就学术界对锅庄一词的释义进行了批判性介绍，提出"由于历史原因，锅庄得以与民间舞蹈产生联系"，但由于研究藏民族舞蹈的学者们误解，"而使之暂时地成为藏民族舞蹈品种中的一个舞种名称"。至于"跳锅庄"这种转译，它是民间早已熟悉的习惯性叫法[1]。安珠多吉总结了学术界对"锅庄"的诸多叫法，他指出"锅庄"是音译，源于藏语"古咤"，是贵族的意思。是"藏语的一个专有名词"，宗教、政治和商业与锅庄的起源密切相关[2]。藏族将锅庄舞叫作"歌庄""卓"或"果卓"，意思是圆圈形式的舞蹈。锅庄舞是藏族同胞喜爱的舞蹈形式，在藏地历史悠久，广泛传播。锅庄舞源于藏族同胞的生产生活、宗教信仰、军事活动以及宗教仪式。典籍《西藏王臣记》记载："上部阿里部分是大象和野兽区；中部卫藏部分是野兽和猿猴区；下部多康部分是猿猴和罗刹区。"图腾具有人神合一，我中有你，你中有我的思想渊源，常模仿飞禽走兽动作而舞蹈。锅庄舞的舞姿有许多模拟图腾的拟兽动作，不仅跳出了直接模拟原始社会的生产劳动情形，而且极具创造力，丰富了社会生活。藏传佛教的发展加速了锅庄舞的传播。锅庄舞依托寺庙，产生了舞蹈的新平台。传闻桑耶寺修建之时，人们白天建好的围墙，晚上会被妖魔鬼怪摧毁。为了顺利修建寺庙，莲花生大师请来工布地区的卓巴（跳卓的人），每到夜晚就唱歌跳舞，美妙的歌声和精妙的舞姿会将前来摧毁围墙的鬼怪迷惑，人们就趁机建成了寺庙。这个传闻很快就在西藏地区传播开来，并载入史册。由赤松德赞的大臣巴色著的《巴协》中记录了人们在桑耶寺落成典礼上跳"卓舞"。从那之后，寓意吉祥的"卓"在西藏地区广泛传播，除了在寺庙中跳"卓舞"，也在民间广泛流传。

根据《清史稿·乐志》《卫藏通志》等文献和史料的记载，早在公元 7 世纪之前就有关于"锅庄舞"的记载，最初的锅庄舞和西藏农奴社会的盟誓活动联系密切，伴随时代发展、社会进步，锅庄舞从仪式中脱离了出来，渐渐地发展成为民间歌舞,其形式是歌伴舞、有舞蹈一定有歌的圆圈歌舞,围着支锅石桩来舞蹈[3]。据《西藏舞蹈概说》中描述,康定当地有一种商行叫作"锅庄",这种商业组织设立客栈,并且运输贩卖特产,夜幕降临之后,藏族商贾在户外垒石支锅,煮茶吃糌粑,酒足饭饱之后,围着火堆唱歌跳舞,以舒展筋骨,锻炼体魄。另外,从考古学的视角,也发现了锅庄舞起源的证据[4]。在西藏纳木湖的扎西岛岩画中,摹绘了妇女围着火堆舞蹈的情形。无独有偶,在青海省海南藏族自治州宗日遗址中,发现了画有集体舞蹈的彩陶盆,很像现代锅庄舞的舞蹈形式。因此,随着藏族同胞的生活生产以及文化发展,"锅庄舞"逐渐变成广大人民喜爱的活动,集宗教、盟誓、舞蹈的作用于一身,发展为藏族舞蹈的一部分。

《中国少数民族文化大辞典》认为锅庄是羌族的灶膛,设在火塘上,一般在地上挖一个火坑,坑内立三块石,石根部埋于地下,石上架锅,火坑烧木柴,用以做饭及取暖,也是家人、亲友围坐、活动的场所[5]。《四川百科全书》将"锅庄"称为彝族的烹饪灶台,是亲朋好友围坐在一起社交的地方。锅庄舞在羌族地区和藏族地区非常流行。在跳锅庄舞时有领舞者,人们手拉手围成一个圆圈,一半男性一半女性,没有音乐伴奏,男女对唱,反复一问一答,锅庄舞的节奏逐渐由慢变快,跳舞时腿部有"跨腿踏步""趋步辗转"和"悠颤跨腿"等形式,手臂甩、撩、晃进行变换,围成的圆圈大小任意变换。锅庄舞由三个部分组成:首先是序舞,人们排好站位,舞步节奏缓慢,序舞结束后紧接着是慢板卓舞;慢板卓舞的舞步平缓,注重舞姿造型,速度逐渐变快,过渡到快板卓舞;快板卓舞舞姿奔放粗犷,圆圈有时紧凑有时扩散,舞姿放荡不羁,尽显力量之美。卓舞的动作要稳重,不要矫揉造作;要准确,不要大起大落;要刚柔相济,不要漂浮柔媚;要健壮有力,不要无精打采[6]。锅庄的基本动作由于各个地区的地理、方言、风俗不同形成了不同风格的锅庄舞。

根据舞蹈发展史,最初舞蹈是在祭祀仪式上表演的艺术形式,统称为"卓"。而后舞蹈发展为各种不同的风格,分化出不同的类型,现在演变为"舞蹈"这一名称。锅庄舞在藏族人眼中是最为古老的民间歌舞形式。现如今,锅庄舞成为藏族人民的生活中必不可少的部分。锅庄舞展现了藏族人民的热情、奔放和淳朴,是藏族人民主要的舞蹈形式,具有藏族民族风格,并且由于西藏各地区的位置和民俗的不同而各具特色。锅庄舞被列入国家非物质文化遗产。例如，西藏自治区的昌都锅庄舞、云南省迪庆藏族自治州的迪庆锅庄舞、青海省玉树藏族自治州的玉树卓舞。经国务院批准，于 2006 年 5 月 20 日，锅庄舞被列入第一批国家级非物质文化遗产名录。四川省甘孜藏族自治州的甘孜锅庄——真达锅庄、木雅锅庄、新龙锅庄、德格锅庄，青海省称多县的称多白龙卓舞，四川省阿坝藏族羌族自治州金川县的马奈锅庄，青海省囊谦县的囊谦卓干玛经国务院批准，于 2008 年 6 月 7 日，被列入第一批国家级非物质文化遗产扩展名录。

# 第二节　锅庄舞的分类

## 一、昌都锅庄舞

昌都地处西藏自治区的东部，是川、藏、滇三地的交汇处，是康巴文化的中心，也是锅庄舞的发源地，这里素有"藏东明珠"的美称，2001 年，西藏自治区政府把昌都命名为"锅庄艺术之乡"。分析昌都锅庄舞的民间传说和唱词，可见吐蕃时期昌都锅庄就广泛流传。每逢佳节和婚礼，人们会围成圈跳起锅庄，载歌载舞。首先是男性带头唱歌，然后是女性唱，边唱边转圈跳舞。唱完每段歌词的间隙，舞者齐喊"呀"，同时舞蹈速度加快，手臂张开同时挥动衣袖，男性动作幅度比女性大，舞姿活泼轻快。昌都锅庄舞有很多如"雄鹰盘旋""孔雀开屏"等模拟动物的动作，注重舞姿的形态和情绪变化的表达。

## 二、青海玉树锅庄舞

玉树位于青海省的西南部，与四川、西藏相邻，这里素有"歌舞的海洋"之称，其中玉树锅庄舞在青海民间歌舞中独树一帜，其内容多为对家乡、自然风光的歌颂。玉树锅庄舞分为"求卓"和"俗卓"两类。其中"俗卓"是世俗、群众的意思，无时间地点限制，男女老少皆宜，舞姿优雅轻盈。"求卓"的"求"字是佛法的意思，时间和地点受宗教限制，以宣传佛教为主。"求卓"的舞者仅为男性，分为两组，各组围成圆圈，顺时针舞蹈。

每组的带头人称为"卓巴",意为"卓"的专家。

## 三、白龙卓舞

在青海省玉树藏族自治州称多县白龙村,白龙卓舞广为流行。白龙卓舞仅有男性舞者,且在古代,白龙卓舞仅在祭祀仪式和寺庙中表演。白龙卓舞一般分为慢板和快板。主要在迎宾、祭祀时演出,以示祈愿祝福,然后舞者分成两半圈,围成一个不闭合的圆,由领舞者带领先重复对唱、合唱一段无伴奏的散板式唱腔,舞者逐渐拉开队形[483],徐徐起舞。

## 四、云南迪庆锅庄舞

迪庆位于云南省西北部,地处云南、四川、西藏三地结合地带,这里也是云南省唯一的藏族自治州。起初迪庆锅庄是祭祀仪式,是一种崇拜原始图腾的歌舞,发展为如今的锅庄舞。其中,德钦奔子栏锅庄和香格里拉锅庄是最具代表性的两种锅庄形式。而香格里拉锅庄由新锅庄和古旧锅庄组成。古旧锅庄,当地藏族称之为"擦尼",相传是很早以前流传下来的古老歌舞,其内容较多反映奴隶制社会和原始宗教形态的舞蹈,带有浓厚的祭祀性质,跳这种舞蹈时,只能跳专门的动作和唱专用的歌词,动作庄重、缓慢、古朴,多为宗教人士和老人比较喜欢;新锅庄,当地藏族称之为"擦司",是新编的歌舞,紧跟时代步伐,具有浓郁的时代气息,动作和歌词可以灵活运用,歌词可以即兴创作,不受任何限制,具有清新、活泼的特点,多受年轻人的喜欢[7]。在藏族的庆典仪式和宗教活动中,多跳奔子栏锅庄。德钦奔子栏锅庄舞的舞者由男女组成,围着被哈达装饰的、放有鲜花宝瓶的藏式花雕桌,围成圆圈舞蹈。其舞姿舒展,动作多样且幅度较大。

## 五、四川阿坝马奈锅庄舞

马奈锅庄被称为"天下第一锅庄",是流行于四川省阿坝藏族羌族自治州金川县马奈乡的一种舞蹈,其中嘉绒藏族的"嘉绒锅庄"是当地最具代表性的舞蹈,嘉绒锅庄以前被称为四土锅庄。锅庄舞在嘉绒藏族中被称为

"达尔艰",由"达尔仁"与"达尔杂底"构成。"达尔仁"的意思是大锅庄,其舞姿富有气势,氛围严肃且庄重。在节日中或在迎接高僧及高官时跳"达尔仁",其歌词表达了赞颂之意;"达尔杂底"意为小锅庄,无时间、场地限制,是人民自发的舞蹈活动,气氛轻快活泼,歌词多为生产生活。这两种锅庄舞各具风格。马奈锅庄在表演前,首先请高僧诵经,然后再跳舞。除了严肃的大锅庄外,马奈锅庄还具有多种多样的形式,如受年轻人追捧的欢快歌曲。马奈锅庄与其他锅庄形式上最大的不同之处是,男领舞者和女领舞者并列进行且不碰面。锅庄舞开始时,男队单独列成一排,女领舞者排在男队末尾;跳锅庄舞时,男女领舞者分别带领各自队伍跟随对方队伍最末尾舞者,男女队伍朝着相反方向前进,队形复杂多变。马奈锅庄开始前,要进行交帕子或献哈达仪式[8]。

## 六、四川甘孜锅庄舞

### 1. 真达锅庄舞

真达锅庄舞是四川省甘孜藏族自治州石渠县的代表性舞蹈,也是石渠县县舞。真达锅庄是上百人舞蹈的大型锅庄舞。跳舞时,称作卓本的领舞者排在队伍的前面,舞蹈节奏开始较慢,随后逐渐变快。真达锅庄最早是农忙后人们庆丰收、祈福的舞蹈形式,现如今已成为活动庆典的重要表演。

### 2. 木雅锅庄舞

在四川省甘孜藏族自治州雅江县,木雅锅庄舞广泛流传。木雅锅庄舞蹈时男女成对起舞,脚部相互触碰且身体前后旋转。木雅锅庄与其他藏族锅庄相比,节奏较慢且情绪较为压抑。

### 3. 新龙锅庄舞

在四川省甘孜藏族自治州新龙县,新龙锅庄舞广为流行。在民间素有"知巴塘弦子者,皆晓新龙锅庄"的说法,它也是康巴文化的典范。新龙锅庄可分为下瞻锅庄、中瞻锅庄和上瞻锅庄三种。下瞻锅庄保持了较早时期新龙锅庄的风貌,中瞻锅庄融合了藏族踢踏舞的元素,上瞻锅庄融合了西藏锅庄舞的元素[9]。有时锅庄舞作为赛舞项目,用来考验舞者的舞技,藏语称为"卓则"。新龙锅庄由开头、中间以及结束三个部分组成。在开头部分,舞姿较慢，舞步简单，主要歌唱对神佛的赞颂，具有祈福和祭祀的色彩。新龙锅庄最主要的部分是中间部分，舞者自由表演，歌词内容多样，如歌颂爱情、自然和生产生活等内容。在结束部分，新龙锅庄用于表达吉祥如意的美好愿望。

4. 德格锅庄舞

在四川省甘孜藏族自治州德格县，德格锅庄舞被称为"卓""卓且"或者"德格卓且"，广为流行。其形式可以分为三种：一是郭卓，这是古时德格土司在场时，由土司的大臣及头人们所跳的舞；二是域卓，这是大臣和头人们欣赏的舞蹈，由各宗行政区所跳的舞；三是特卓，此为没有官员在场，各地民众聚会时所跳的舞[10]。德格锅庄有多种类型，可以分为中间舞、敬祭舞、开幕舞、惜别舞和吉祥舞。舞蹈时男女分别有一位领舞者，男女两队共同围成一个圆圈或者分别围成圆圈。跳舞前，男女两队首先唱一曲"引子"，然后再以顺时针进行跳舞。舞蹈时男女两队手拉手跳舞或者不拉手，且一队边跳边唱时另一队只跳不唱。舞蹈的节奏逐渐变快，且结束时舞蹈节奏快。锅庄舞的唱词、舞曲依照习俗具有固定的程式，不能随意变动，一个锅庄需唱跳数个歌曲。

## 第三节 锅庄舞的动作形式

### 一、锅庄舞的代表性动作

任何一种艺术都源于生活、反映生活，但是又高于生活。舞蹈也是如此。正如人类学家所说，人类存在伊始就产生了舞蹈。舞蹈是通过人的肢体动作表达审美，反映生活的艺术形式。通过对生产生活、自然风貌以及情绪情感的理解与模仿，人们组织、凝练和美化肢体动作，发挥动作潜力，创造出舞蹈。民俗、地区不同，舞蹈通过差异化的舞姿表现出各种不同风格的舞蹈类型。藏族舞蹈具有独特的风格和共同元素，展现了藏族舞蹈特别的美感。总体来说，藏族舞蹈的特点为上半身向前倾斜，并且，藏族舞蹈的五大元素被总结为颤、顺、左、开、绕。此外，藏族舞蹈的脚步动作可分为拖步、踏步、点步、刨步、碾步、瞭步、踢步、掖腿、跨腿、吸腿，手部动作有拉、甩、绕、悠、扬等。藏族舞蹈的不同风格是配上不同的音乐类型之后，在藏族舞蹈的脚步动作和手部动作的基础上发展出来的。其中，锅庄舞属于藏族舞蹈的一种类型。锅庄舞的主要动作有踏步聘身、双脚跳进、单脚后撤、趋步碾转、晃袖、悠颤跨腿、石差步转体、俯身舒袖、勾腿躲脚、跨腿踏步等。锅庄舞具有腿部动作多变有力，而上肢动作少的特点。这是由藏族的服装特点、生产生活和所处自然环境造成的。锅庄舞的腿部动作十分丰富，有踏瞭腿踏步、端腿、躲步、跨腿、擦腿等形式，这是由于藏族人民穿着厚重的藏袍以抵御高原的严酷天气，且常进行跺脚来暖身。此外，锅庄舞的腿部动作常为膝关节的屈伸和颤动，这是因为藏族服饰的长靴便于做出腿部动作时膝关节的运动。而上半身的动作较少，跳舞时上半身随着腿部动作而舞动，上身动作有身体后仰、胸前绕手、手臂弯曲向上摆动等。锅庄舞也体现了舞蹈技术，在锅庄舞快板时，舞蹈技巧将锅庄舞推入高潮，舞者气氛高涨，动作奔放热烈。

　　锅庄舞主要的舞蹈形式是舞者围成圆圈起舞，但是跳舞的过程中，舞者也会变换队形为弧线或者直线形式，甚至呈现"龙摆尾"队形。这种队形的多变体现了民族特色的审美。当锅庄舞呈圆圈队形时，舞者顺时针舞动，寓意着佛教中以顺时针转经筒，体现了藏族同胞的宗教信仰。锅庄舞许多动作来源于藏族人民对美好生活的希冀。例如，锅庄舞中有对雄鹰盘旋、展翅的动作和孔雀饮水的动作的模拟。在藏族人民心中，雄鹰是神鸟，而孔雀象征着吉祥如意。锅庄舞中的另一些动作来源于生产生活。例如，锅庄舞中有喂牦牛、薅羊毛和打青稞的动作。锅庄舞在藏族舞蹈中具有自己独特的审美特色，其节奏有力，快慢相间，动作豪放舒展，融合了柔美与磅礴之美，是藏族舞蹈中一颗璀璨的明珠。

## 二、动作与地理环境

　　青藏高原，有"世界屋脊"之称，地处我国西南部，平均海拔超过 4000 m，是世界上平均海拔最高的高原，占据我国国土面积的 1/4。青藏高原具有独特的气候特点和环境特点，如含氧量低、紫外线强、温差大等。虽然所处环境艰苦，但藏族同胞世世代代在青藏高原劳作生活，用双手开创自己的美好生活。由于在高海拔缺氧环境中长期劳作,藏族同胞产生了上半身前倾的身体姿态,因此,藏族舞蹈的一个重要因素是上半身前倾。由于高原气候严寒,藏族的鞋子多为靴式,且为了取暖经常跺脚,这也是藏族舞蹈腿部动作多样,膝关节灵活多变的原因。

## 第四节 锅庄舞对身心健康的作用

### 一、锅庄舞与身体健康

从生理角度分析,锅庄舞能使人与自然环境相适应,提高身体各部位的协调性,增加呼吸频率,促进血液循环,提高单位时间内人的氧摄入量,对大脑及肢体正常发育有良好作用。锅庄舞的健身对象分布在各种人群,不同的职业和不同的年龄段。为了测试其健身的有效性,按照青海省的人群情况及人体心理学、生理学的基本特征,对青海地区的人群进行了以下分类:"儿童青少年学生(7~20岁)、成年人(21~59岁)、老年(60岁以上)"[11]。经过对青海大学100名学生(男生50人、女生50人)、中心广场成年人和老年人各30名健身者进行现场测试。采用时长约为 5 min 的锅庄舞来进行测试。首先在舞蹈前测量被试的静息脉搏,并测量被试在舞蹈开始时、运动高峰时和结束时的心率。心率结果显示锅庄舞的运动强度为中等强度。已有研究表明,高强度运动对身体有害,而低强度运动、中等强度运动以及间歇运动都有利于机体健康。锅庄舞属于中等强度运动,对人们的身体健康起着促进作用。同时,锅庄舞可以起到减轻体重、提高体能、缓解机体疲劳和放松身心的作用。

### 二、锅庄舞与运动系统

人体内由骨、关节、肌肉共同组成的系统,专门完成人体的各种运动,就是我们所谓的运动系统。

锅庄舞可促进机体运动系统的机能。锅庄舞可以加快骨骼的代谢率,增加骨密度,提高关节稳定性,促进钙的吸收。锅庄舞可以增加肌肉纤维质量并促进供应给肌肉的血液。锅庄舞的组合动作简单而重复,节奏由慢到快循序渐进,快的节奏可持续 10 min 以上,锻炼时间随健身者自己调控,可长可短,一套动作时间一般为 2~5 min,一般为中速(10 s 在 20~22 拍),也有较快速的踢踏舞(10 s 在 26~30 拍),运动负荷较小,遵循了现代"轻体育"的健身规律。运动强度较低、节奏轻快的锅庄舞是高原居民有氧锻炼的好方法。锅庄舞促进了高原居民的心血管系统健康,提高动作的协调性和关节灵活性,提高心肺功能,从而促进高原居民的身体健康。

## 三、锅庄舞与呼吸系统

肺活量是指最大吸气后,尽力所能呼出的最大气量。肺活量有较大的个体差异,与年龄、性别、体表面积、体位、呼吸肌力量的强弱有关。正常成人男性约为 3 500 mL,女性 2 500 mL[12],少年和老年人的肺活量较小。锅庄舞可以提高高原居民的机体协调能力,提高呼吸系统的机能,增强心肺功能。"反复的新鲜空气的刺激可以提高呼吸系统对疾病的抵抗力"[13]。因此锅庄舞健身可以预防和治疗呼吸系统的疾病。

## 四、锅庄舞与心理健康

从心理学角度探视身体,人的身体是可以产生愉快、兴趣、高兴、烦恼、悲伤、压抑等心理感受的物体。身体的健康直接关系到心理健康,心理的健康也直接关系到身体的健康。因此,"身体不健康有时是心理引起的"[14]。进行锅庄舞时,人们可以得到极大的身心满足。锅庄舞多为集体的形式,并多为户外运动,可以呼吸新鲜空气,缓解紧张的情绪。

# 第五节 高海拔地区锅庄舞的研究展望

西藏处于被称为"世界屋脊"的青藏高原上,具有独特的自然风貌和环境特点。高海拔、低压、低氧、紫外线强、空气稀薄、气候干燥的地理条件,对高原居民身体机能产生了影响。生活在这里的人们易患多种高原病。因此，如何进行科学的体育锻炼来促进身体健康，对高原居民的生活质量和身体素质十分重要。在众多的运动方式中，锅庄舞以其特殊的历史渊源、文化属性和普及程度，深受藏族同胞喜爱。锅庄舞不仅具有体育锻炼的功能，而且蕴含着极高的艺术价值，对锅庄舞进行科学的指导不仅可以强身健体，而且可以陶冶情操，有助于提高高原居民的身心健康。

## 参考文献

[1] 张康林."锅庄"舞种名称考释[J].西藏艺术研究，1990（03）：47-50.

[2] 安珠多吉.对康定"锅庄"一词之我见[J].西藏研究，1990（1）：104-106.

[3] 岳家斌，李先敏.藏羌锅庄的历史渊源与时代传承[J].兰台世界，2015（34）：123-125.

[4] 乔德平，毕研洁.藏族锅庄舞的跨文化教育价值及方式[J].甘肃社会科学，2013（01）：243-246.

[5] 林正秋.中国饮食大辞典[M].杭州：浙江大学出版社，1991.

[6] 杨飞.安多地区民间体育舞蹈艺术特色研究[D].石家庄：河北师范大学，2013.

[7] 李志农.奔子栏藏族锅庄歌舞[M].昆明：云南人民出版社，2009.

[8] 马成富.大九寨国际旅游区嘉绒锅庄源流及故里探秘[J].西藏艺术研究，2004（04）：9-17.

[9] 李志农.奔子栏藏族锅庄歌舞[M].昆明：云南人民出版社，2009.

[10] 着尕措毛.论玉树藏族卓舞及其文化价值[D].北京：中央民族大学，2009.

[11] 刘生.简论田径运动与全民健身计划的实施[J].青海师范大学学报（自然科学版），1999（03）：60-64.

[12] 邓树勋.运动生理学[M].北京：高等教育出版社，1999.

[13] 李树怡.美丽年轮——女性健身与健美[M].北京：人民体育大学出版社，2001.

[14] 陈智勇.现代大学体育教程[M].北京：北京体育大学出版社，2004.

# 第七章 高原环境运动能力影响肾功能的实证研究

## 第一节 概 述

无论是急性暴露于高原环境，还是在适应高原一段时间后，个体的运动能力都会下降[1,2]。在高原环境下空气中的氧分压会随着海拔高度增加而递减，导致肺泡氧分压（alveolar pressure of oxygen，$PAO_2$）、动脉氧分压（arterial pressure of oxygen，$PaO_2$）和动脉血氧饱和度（arterialbloodoxygen saturation，$SaO_2$）下降，造成人体组织供氧不足[3]。这会限制氧气在肺泡-毛细血管膜上的扩散，降低最大摄氧量（$VO_{2max}$）和运动能力[4]。因此，在全身氧气输送量一定的条件下，心输出量会产生代偿性增加[5]。此外，在适应高海拔后，$VO_{2max}$仍然大幅降低，尽管动脉血氧含量（$CaO_2$）的下降会被动脉血红蛋白浓度（Hb）的增加而抵消[1]。恢复$CaO_2$的主要机制是Hb的增加，这源于血浆总量的减少，也可能源于红细胞数量（RBC）和红细胞体积（RCV）的增加[6]。因此，人们普遍认为Hb和RCV对高原运动能力有重要影响。然而，尽管在高海拔地区血液反应的适应性调节现象被已有研究所证明，但仍没有被完全理解。

研究发现，在高原世居居民中，低Hb与他们运动能力的增强有关，在低Hb条件下，血液也能将足够的氧气运送到身体组织[6]。然而，对于高原移居者来说，Hb和运动能力之间的关系还存在争议。平原居民到达高原环境后，Hb和RBC会显著增加[7]，且Hb的增加与移居者的运动能力有关。然而，在高原移居人群中，低Hb也被发现与增加运动能力有关[8]。研究结果不一致的原因可能是样本量小、适应程度差异大、参与者运动能力的差异比较小。

同时，缺氧和运动都会对肾功能产生显著影响。两项研究系统地回顾了高海拔环境对健康肾脏模型和慢性肾脏疾病患者的肾功能的影响[9,10]。急性或长期暴露在高海拔环境下，肾小球过滤能力（血清肌酐清除率）降低[11,12]。海平面条件下，血清胱抑素 C（cystatin C）浓度升高与冠心病患者运动能力差几乎呈线性相关[13]。此外，剧烈和次最大强度运动可以增加健康被试血清中肌酐（CREA）的浓度[14,15]。然而，低氧和运动条件与肾功能的相关性可能存在个体差异，最近的一项研究发现，没有证据表明长时间的剧烈运动会导致肾脏损伤[10]。因此，目前还不清楚肾功能是否以及如何会影响高海拔地区的运动能力。

有研究提出，将 Hb 作为高原适应的生理靶点，这忽视了肾作为"调节器"的重要性[16,17]。主要原因是，在长时间暴露于高海拔环境中，肾脏中会产生大量的促红细胞生成素（一种酸性糖蛋白激素，可提高红细胞质量、血氧携带能力，进而提高组织氧水平）。肾脏通过促红细胞生成素调节红细胞体积，通过盐和水排泄调节血浆体积，使血细胞比容（Hct）处于 45% 的正常值，这是组织氧气输送的最大值[18]。因此，我们假设肾功能在适应高海拔的低地人的红细胞参数和运动能力之间存在正相关关系。基于此，本研究旨在探讨长期暴露于高海拔环境下，机体对低氧的生理反应与运动能力之间的关系。本研究使用 CREA、尿素和尿酸参数评估肾功能是否与运动表现有关，以及肾功能和红细胞参数的协同作用如何影响低运动量者的运动能力。

## 第二节　研究方法

### 一、研究对象

从西藏警察学院招募 33 名被试（女 7 名，男 26 名）作为实验组，即高运动能力组（HEC）。HEC 组定期进行有氧训练，每天进行速度跑或长跑（自我报告运动时间≈3.63 h/周）。3 名被试被排除，其中 2 名被试来自 1500 m 以上的海拔，1 名参与者缺少常规血液生化数据。从西藏大学招募了 34 名

（女 10 名，男 24 名）的对照组，即低运动能力组（LEC），他们的专业不要求定期进行有氧运动（自我报告的运动时间≈2.60 h/周）。4 名参与者被剔除，其中 2 人因自我报告的运动时间超过 6 h，另 2 人有脑损伤史。所有 67 名被试在高海拔（西藏拉萨 3680 m，出生地海拔<1000 m），居住 2 年以上，且每年在低海拔居住<2.5 个月，在进入高海拔之前都没有经历过专业运动训练。测试时间为最近一次到达高海拔 3 个月以后。对最终纳入分析的 60 名被试（14 名女性）的数据进行分析。所有被试自我报告（健康史问卷）没有吸烟/酗酒/吸毒成瘾、慢性高原病、神经和精神疾病。本研究遵循《赫尔辛基宣言》的原则，并得到西藏大学伦理委员会的批准。

## 二、实验设计

所有受试者在相同的实验环境下进行了心肺功能运动试验（CPET）。最开始让他们在功率自行车（EC3000e，Ergoline GmbH，Bitz，Germany）上进行练习，熟悉运动。在此过程中，通过渐进递增的运动方案来确定他们各自的运动能力。受试者在测试过程中会休息 5 min，与此同时对他们进行休息时的测量。自行车上的运动刚开始有 2 min 30 W 的热身期，之后每 2 min 增加 30 W 的负荷（以 60 转/分钟的速度），一直运动到被试感知到力竭。力竭后，有一个 5 min 的 30 W 的恢复期。在测试过程中，实验主试会口头鼓励受试者骑自行车直到筋疲力尽。在运动前后会使用便携式血乳酸分析仪（lactate Scout，SensLab GmbH，Leipzig，Germany）直接采集血液，测定血浆乳酸浓度。前测和后测之间的差异表明，受试者达到了较高的努力水平。虽然所有受试者在运动期间都能耐受低氧，但为了最大限度地降低低血压和意识丧失的风险，在运动期间持续监测了他们的心电图（cardio 100，Customed，Leipzig，Germany）和动脉血氧饱和度（$SaO_2$）（3230 oximeter，Non-Medical，Plymouth，MN，USA）。

所有受试者的血样都是在 CEPT 前采集的。血样采集前禁食 10 h 以上，于上午 8 时 30 分到西藏阜康体检中心采血。在采血一周内，被要求不进行剧烈的体育锻炼和饮酒。所有受试者在进食 2 h 后进行了约 20 min 的 CPET 测试。在研究期间，他们必须保持正常的饮食（图 7-1）。

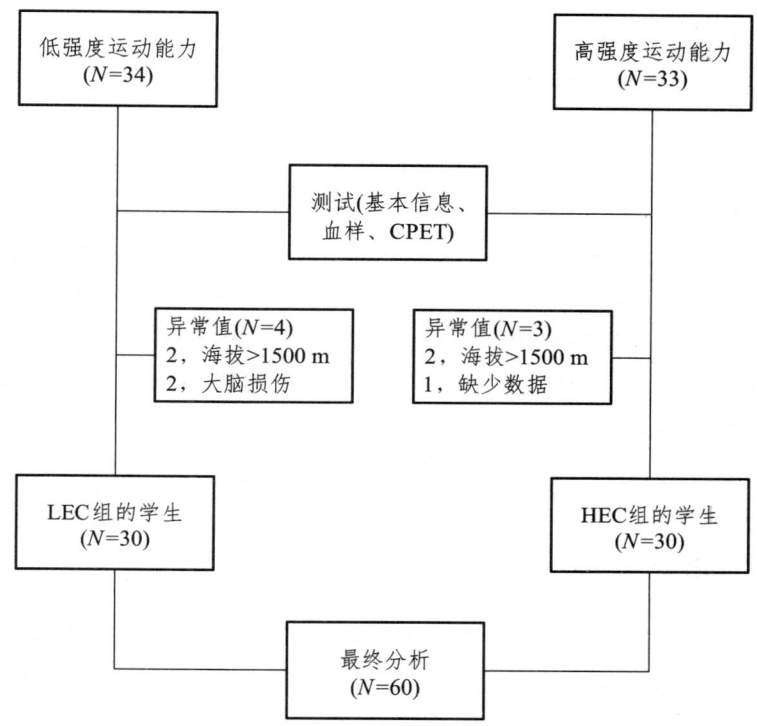

CPET—心肺运动测试；LEC—低运动能力组；HEC—高运动能力组。

图 7-1　实验对象和实验流程

## 三、测试方法

1. 运动能力

本研究持续从每隔 30 s 采集的呼出空气样本中测量氧摄取量（$VO_2$），直到达到 $VO_2$ 最大值或由于症状限制和/或意志力衰竭而达到试验终止前。通过使用气体分析仪（Metalyzer 3B, Cortex Biophysic GmbH, Leipzig, Germany）来测量呼出气体，从而计算分钟通气量（VE）和 $VO_{2max}$。当满足以下 4 个标准中的 3 个时，即为达到 $VO_{2max}$：① 两个或多个工作负载之间的 $VO_2$ 峰值平台；② 呼吸交换率（RER）>1.10；③ 心率接近其预测最大年龄（220-年龄）；④ 受试者报告说已经精疲力竭，无法继续进行。

2. 血常规生化

采集常规血样进行血液分析，使用迈瑞 BC-5390 自动血液分析仪（BC-5390，Mindray，Shenzhen，China）分析了红细胞（RBC）、血红蛋白（Hb）、血细胞比容（Hct）、平均红细胞体积（MCV）、平均红细胞血红蛋白（MCH）、平均红细胞血红蛋白浓度（MCHC）、红细胞体积分布宽度（RDW）、血小板计数（PLT）、血小板压积（PCT）、平均血小板体积（MPV），使用迈瑞 BC-5390 全自动血液分析仪（深圳迈瑞 BC-5390）测定血小板分布宽度（PDW）、白细胞计数（WBC）、中性粒细胞计数（NE）、淋巴细胞计数（LY）和单核细胞计数（MO），使用迈瑞 SAL-9000 自动生化分析仪（SAL-9000，Mindray）分析肾功能的临床化学（尿素、CREA 和尿酸）。血样分析是在阜康医疗中心的标准化环境下进行的。

## 四、统计分析

采用平均值±标准差来描述 CPET 各项生理指标进行描述统计。采用独立样本 $t$ 检验对两组之间的变量进行差异比较，包括运动能力、血液学指标和肾功能。采用线性回归分析计算最大摄氧量与血液生化指标的关系。采用结构方程模型，以研究肾功能和红细胞参数对运动能力的协同效应。所有假设检验均采用双侧假设进行。所有试验的显著性假设为 $p<0.05$ 或 95%引导置信区间不包括零。使用 SPSS 20.0（IBM, New York, USA）和 Mplus 7 进行统计分析。图形使用 R3.1 和 GraphPad Prism8.02 创建的。

# 第三节　实验结果

## 一、被试基本信息差异性分析

所有 60 名受试者均顺利完成运动和 CPET 测试。年龄、身高、体重和体重指数在组间没有差异（表 7-1）。与 CPET 测试前相比，LEC 组（$t=9.87$，$p<0.001$）和 HEC 组（$t=11.15$，$p<0.001$）测试后的 $SaO_2$ 显著降低。LEC 组（$t=-5.09$，$p<0.001$）和 HEC 组（$t=-10.33$，$p<0.001$）的被试在 CPET

测试后乳酸浓度均显著升高。但两组分别在测试前和测试后的乳酸浓度无差异。HEC 组的最大摄氧量 $VO_{2max}$（$t=3.27$，$p=0.002$）、$VO_{2max}/kg$（$t=4.07$，$p<0.001$）、$WL_{max}$（$t=4.42$，$p<0.001$）、$VE_{max}$（$t=3.58$，$p=0.001$）明显高于 LEC 组，但 $HR_{max}$、$BF_{max}$、RER 无明显差异（$p>0.05$）（表 7-1）。

表 7-1 受试者的人口统计学和心肺运动测试特征

| 特征 | 合计 | LEC | HEC |
|---|---|---|---|
| 样本大小 | 60 | 30 | 30 |
| 性别/%（女性） | 23.3 | 23.3 | 23.3 |
| 年龄/岁 | 22.72(1.01) | 22.60(1.07) | 22.83(0.95) |
| 身高/cm | 173.52(7.66) | 172.63(8.63) | 174.40(7.05) |
| 体重/kg | 60.24(10.49) | 63.32(12.45) | 65.15(8.20) |
| $BMI/kg \cdot m^{-2}$ | 21.35(3.33) | 21.29(4.26) | 21.42(2.11) |
| $Pre\text{-}SaO_2/\%$ | 92.03(2.09) | 91.43(2.05) | 92.63(1.99) |
| $Pre\text{-}Lactate/mmol \cdot L^{-1}$ | 3.39(3.27) | 3.77(3.72) | 3.02(2.77) |
| $Post\text{-}SaO_2/\%$ | 85.53(3.24) | 85.70(3.09)### | 85.37(3.44)### |
| $Post\text{-}Lactate/mmol \cdot L^{-1}$ | 9.42(3.79) | 8.90(3.99)### | 9.94(3.57)### |
| $VO_{2max}/L \cdot min^{-1}$ | 2.02(0.54) | 1.81(0.46) | 2.23(0.53)** |
| $VO_{2max}/kg /mL \cdot min^{-1} \cdot kg^{-1}$ | 30.98(6.75) | 27.83(6.01) | 34.13(5.99)*** |
| $WL_{max}/W$ | 158.00(36.16) | 140(29.83) | 176(33.18)*** |
| $VE_{max}/L \cdot min^{-1}$ | 96.17(30.53) | 83.29(27.00) | 109.04(28.69)** |
| $HR_{max}/bpm$ | 170.27(15.43) | 166.63(15.83) | 173.90(14.37) |
| $BF_{max}/bpm$ | 48.65(9.64) | 48.00(11.30) | 49.30(7.78) |
| RER | 1.23(0.08) | 1.22(0.08) | 1.25(0.08) |

注：BMI—身体质量指数；$SaO_2$—氧饱和度；$VO_{2max}$—最大耗氧量；WL—工作负荷；VE—通气量；HR—心率；BF—呼吸频率；RER—呼吸交换比；LEC—低运动能力组；HEC—高运动能力组。
以平均值（标准偏差）表示。*$p<0.001$ 与前测相比，**$p<0.01$ 与 LEC 相比，***$p<0.001$ 与 LEC 相比。

## 二、血气分析

比较了各组间所有红细胞参数发现，各组间 RBC、Hb、MCV、MCH、MCHC、PLT、PCT、MPV、PDW、WBC、NE、LY、MO 无差异（$p>0.08$）。但与 LEC 组相比，HEC 组 Hct 明显升高，这表明血浆体积比升高（$t=2.58$，$p=0.01$）（图 7-2）。HEC 组 RDW 较 LEC 组显著降低（变异系数 $t=-3.70$，$p<0.001$，标准差 $t=-3.12$，$p=0.003$），这可能表明 HEC 组红细胞大小和形状更加均匀。在肾功能参数方面，HEC 组 CREA 值明显高于 LEC 组（$t=2.90$，$p=0.005$）。

为了检验运动能力是否与红细胞和肾功能参数相关，在 $VO_{2max}$ 和这些参数之间进行了线性回归。在两组中运动能力与 CREA 和 Hb 都显著相关。同时，在 HEC 组也发现了 $VO_{2max}$、RCV 和 Hct 之间的显著正相关（图 7-3）。

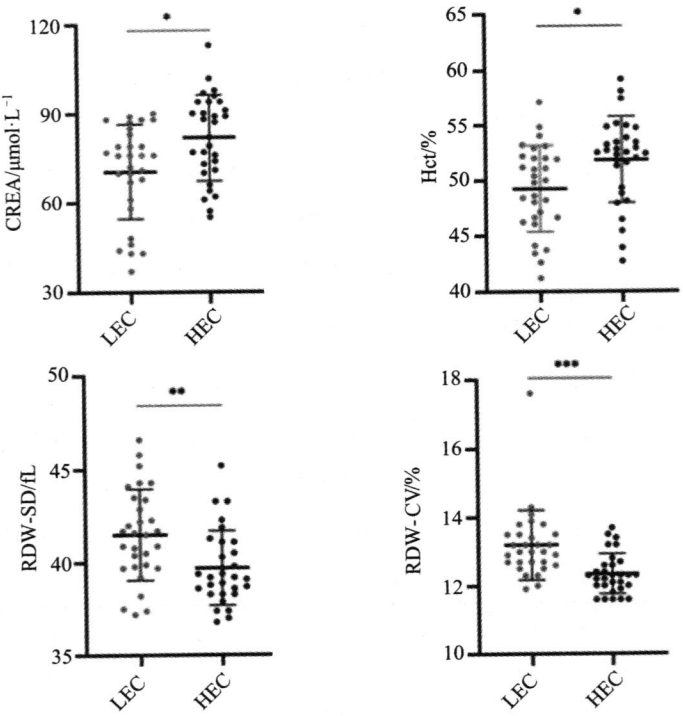

图 7-2 血液学变量显示组间差异

注：*$p<0.05$，**$p<0.01$，***$p<0.001$，LEC 对比 HEC。

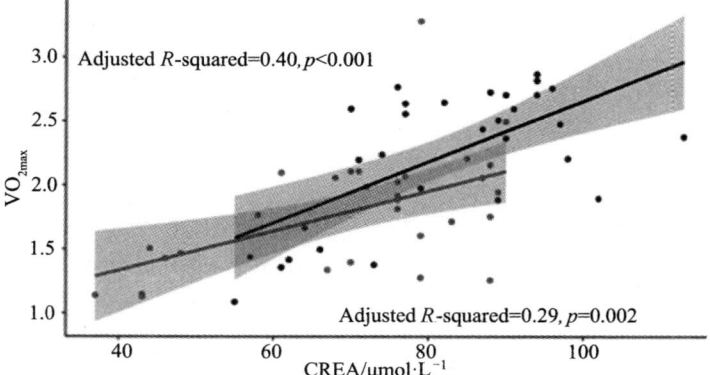

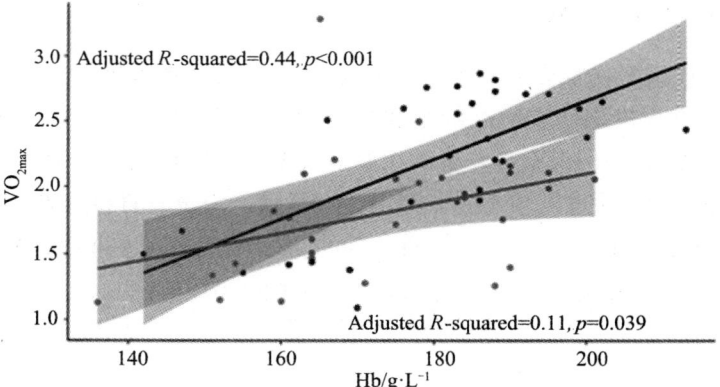

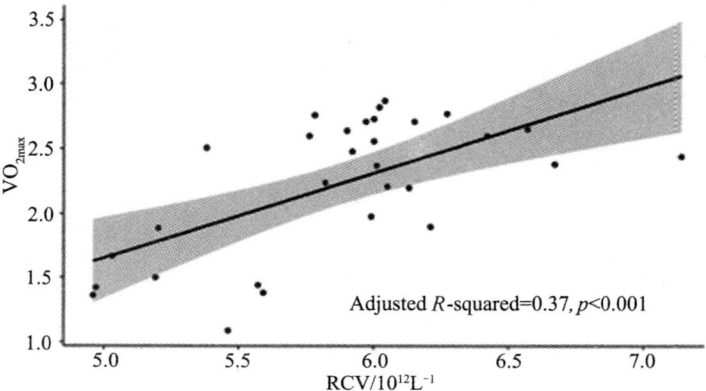

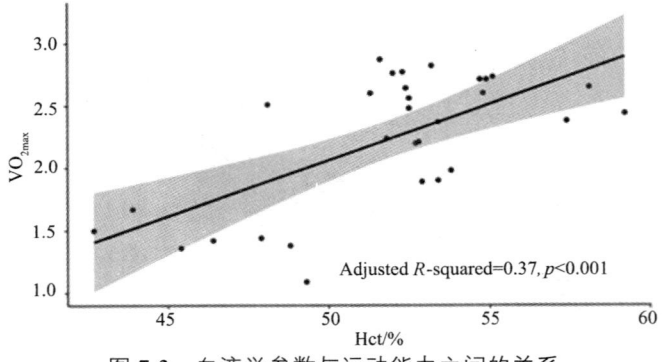

图 7-3 血液学参数与运动能力之间的关系

## 三、中介模型

为了探究肾功能是否在红细胞参数和运动能力之间起中介作用,我们采用结构方程模型研究了红细胞和肾功能参数对 $VO_{2max}$ 的直接和间接影响。所有参数估计如图 7-4 所示。调节模型显示肾功能在红细胞与运动能力的关系中存在完全中介效应。红细胞对运动能力没有直接影响($\beta=-0.24$,CI95[-0.05,0.51]),肾功能对 $VO_{2max}$ 的间接影响显著($\beta=0.34$,CI95[0.18,0.51]),说明红细胞对运动能力的影响与 CREA 浓度有关。

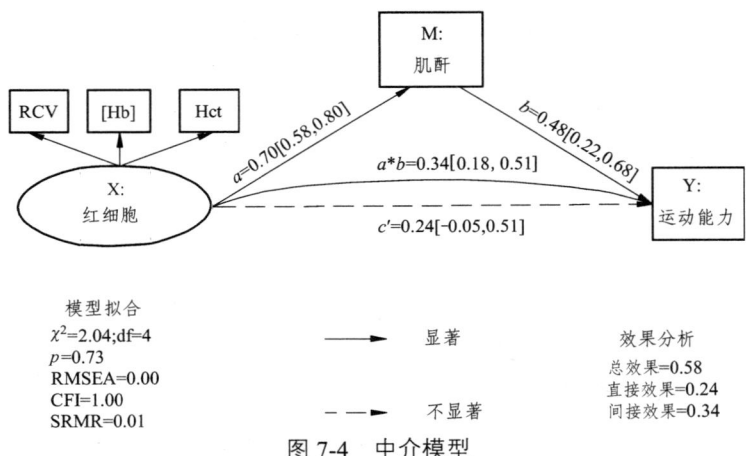

图 7-4 中介模型

注:肌酐是红细胞对运动能力影响的中介变量,使用 bootstrap 方法对所有路径进行显著性检验(bootstrap=1000)。

## 第四节 讨论与结论

### 一、讨 论

#### （一）本研究的主要发现

本研究提供了高海拔（3680 m）习服的移居者红细胞相关指标和肾功能之间关系的新证据，首次发现了这些变量与运动能力之间的关系。本研究的主要发现：① 在不同 $VO_{2max}$ 条件下，CREA、Hb 和 RDW 也不同；② Hb 和 CREA 是低压低氧环境下运动表现的显著预测因子；③ 在长期暴露于高海拔环境下，红细胞数量仅通过 CREA 间接影响移居者的运动能力。

#### （二）运动能力

大量的研究关注了急性条件下，模拟高海拔环境[19,20]或真正的高海拔暴露下个体[20,21]，以及高原世居居民[17]或长期暴露在高海拔环境下的移居者的运动能力[1,22]。在这些研究中，急性和慢性缺氧都导致了个体最大摄氧量和有氧能力降低。研究发现，在同等海拔高度条件下，急性缺氧时最大摄氧量降低了近 12%[21]，长期适应后最大摄氧量降低了 29%[23]。在本研究中，我们发现，尽管 HEC 组的最大摄氧量大于 LEC，但两组的运动能力和有氧能力的下降都低于海平面条件下的类似人群（海平面 ~ 3.6 L/min）。最大摄氧量的降低可能与能承受的最大工作负荷（158 W）和最大心率（170.26 次/分钟）的降低有关。一项横断研究支持了这一观点，该研究以 3800~4600 m 进行了 31 个月的慢性间歇性缺氧暴露的矿工为研究对象，观察到较低的最大运动负荷（175 W）和最大心率（接近 176 次/分钟），运动强度降低了 12.3%，同时最大心率降低 6.8%[24]。这一发现与我们的一致；然而，并不是所有的研究都得到了一致的结论。另一项研究表明，在 3800 m 的慢性间歇性缺氧环境下，矿工的最大摄氧量下降，但最大运动负荷（250 W）保持不变[23]。

移居者运动能力下降的原因尚不完全清楚。既往研究发现，全身氧气输送量减少可能是主要原因。全身氧气输送依赖于动脉含氧量和心输出量，也与心率、每搏输出量、肌肉血流和 Hb 有关[22,25,26]。另一个原因是最大绝对氧气提取量的降低，该原因在对处于 4559 m 高海拔的受试者进行的一系列研究中得到了确认[27]。

### （三）红细胞与运动能力

已有关于移居者红细胞和运动能力关系的研究表明，Hb 与运动能力无关[17]，或与运动能力呈负相关关系[8]。然而，本研究发现，对于长期暴露在 3680 m 的移居者，Hb 与运动能力呈正相关关系。这在一定程度上也得到了之前的一项研究的支持，在该项研究中，10 名移居者运动员在 2500 m 的环境中暴露 24 d（每天 18 h），Hb 增加 5.3%，红细胞数量增加 5%[28]。然而，对于西藏世居居民来说，低 Hb 被认为是成功适应高海拔的标志，因为过高的 Hb 与慢性高原病有关[29]。通过一系列生理适应，如心输出量变化、通气和肌肉中的 $O_2$ 扩散，低 Hb 的西藏世居者比其他高原当地人表现出更强的运动能力[8]。然而，移居者相对世居居民表现出不同的生理反应。在暴露于高海拔时，动脉含氧量随着海拔的升高而降低，因此心输出量对于确保适当的氧气输送更为关键[1]。随着对海拔的适应，Hb 增加，这足以抵消动脉血氧饱和度的降低，从而使动脉血氧浓度恢复到甚至高于海平面[19]。

因此，Hb 升高被认为是高原旅居者对缺氧的基本生理反应，它增加全身氧气输送，以抵消心输出量和心负荷的增加。虽然 Hb 和 Hct 的显著增加可能导致红细胞增多，但有必要考虑 Hct 的正常增加发生在高海拔地区有利于 $O_2$ 的运输。此前对健康的海平面居民和高海拔地区居民的研究表明，当 Hb 达到 21 g/dl 时，$CaO_2$ 达到最大值，即使 Hb 值非常高，$O_2$ 的输送也会随着 Hb 的增加而增加[30]。在本研究中，我们发现 Hb 的增加处于正常范围（LEC=17.4 g/dl，HEC=18.1 g/dl，海平面≈14.7 g/dl）。当需要更大的运动能力时，这种增加可能有利于氧气输送。

### （四）肾功与运动能力

在低氧条件下，肾脏通过刺激缺氧诱导因子增加红细胞生成素的产生[31]，从而增加血细胞比容，血液携氧能力，进而提高组织氧水平。因此，肾脏作为一个"调节器"，通过促红细胞生成素调节红细胞数量和体积，通过盐和水的排泄调节血浆容量，从而优化 Hct[16]。犬体内组织氧气输送的最佳 Hct 值为 45%，这是因为在该条件下，血液黏稠度和血液氧气含量之间处于平衡的状态[18]。因此，肾功能在调节全身氧气输送以支持移居者的运动能力方面起着重要作用。我们发现 CREA 与运动能力之间的正相关关系。同样，HEC 组的 CREA 和 Hct 都更高。此外，我们的数据显示，CREA 介导了红细胞（由 RCV、Hb 和 Hct 提示）对运动能力的影响，这进一步表明，肾脏可能在一定程度上调节氧气输送系统，以支持长期暴露于低压低氧的健康移居者的运动表现。

## 二、结　论

据我们所知，这是首次研究长期暴露在高海拔的健康移居者肾功能和运动能力之间关系的研究。我们的研究结果表明，有必要考虑 CREA 水平，以提高运动表现，并调节和平衡氧气输送系统，以适应高海拔。本研究为提供了高原移居者 $VO_{2max}$、RCV、Hb、Hct 和 CREA 的参考值，有助于区分 Hb 的运动相关性和海拔相关性升高。进一步研究还需要比较西藏世居居民和移居者的 CREA 水平，以探索高原适应机制。

## 参考文献

[ 1 ] CALBET J A, BOUSHEL R, RADEGRAN G, et al. Why is $VO_{2max}$ after altitude acclimatization still reduced despite normalization of arterial $O_2$ content?[J]. American Journal of Physiology Regulatory Integrative & Comparative Physiology, 2003, 284(2): R304.

[ 2 ] IMRAY C H E, MYERS S D, PATTINSON K T S, et al. Effect of exercise on cerebral perfusion in humans at high altitude[J]. Journal of Applied Physiology, 2005, 99(2): 699-706.

[ 3 ] VIRUES-ORTEGA J, GARRIDO E, JAVIERRE C, et al. Human behavior and development under high-altitude conditions[J]. Developmental Science, 2006, 9(4): 400-410.

[ 4 ] WAGNER P D. Operation everest II[J]. High Altitude Medicine &

Biology, 2010, 11(2): 111-119.

[5] VARGAS P E, SPIELVOGEL H. Chronic mountain sickness, optimal hemoglobin, and heart disease[J]. High Altitude Medicine & Biology, 2006, 7(2): 138-149.

[6] SIMONSON T S, YANG Y, HUFF C D, et al. Genetic evidence for high-altitude adaptation in Tibet[J]. Science, 2010, 329(5987): 72-75.

[7] WU T, WANG X, WEI C, et al. Hemoglobin levels in Qinghai-Tibet: different effects of gender for Tibetans vs. Han[J]. Journal of Applied Physiology, 2005, 98(2): 598-604.

[8] SIMONSON T S, WEI G, WAGNER H E, et al. Low haemoglobin concentration in Tibetan males is associated with greater high-altitude exercise capacity[J]. The Journal of Physiology, 2015, 593(14): 3207-3218.

[9] LUKS A M, JOHNSON R J, SWENSON E R. Chronic kidney disease at high altitude[J]. Journal of the American Society of Nephrology, 2008, 19(12): 2262-2271.

[10] POUSSEL M, TOUZÉ C, ALLADO E, et al. Ultramarathon and renal function: does exercise-induced acute kidney injury really exist in common conditions?[J]. Frontiers in Sports and Active Living, 2020, 71(1): 1-7.

[11] BESTLE M H, OLSEN N V, POULSEN T D, et al. Prolonged hypobaric hypoxemia attenuates vasopressin secretion and renal response to osmostimulation in men[J]. Journal of Applied Physiology, 2002, 92(5): 1911-1922.

[12] HADITSCH B, ROESSLER A, KRISPER P, et al. Volume regulation and renal function at high altitude across gender[J]. PLoS One, 2015, 10(3): e0118730.

[13] MCMANUS D, SHLIPAK M, IX J H, et al. Association of cystatin C with poor exercise capacity and heart rate recovery: data from the heart and soul study[J]. American Journal of Kidney Diseases, 2007, 49(3): 365-372.

[14] REFSUM H E, STRÖMME S B. Urea and creatinine production and excretion in urine during and after prolonged heavy exercise[J]. Scandinavian

Journal of Clinical and Laboratory Investigation, 1974, 33(3): 247-254.

[15] KAYACAN Y, KAYA Y, MAKARACI Y. Excretion of creatinine, uric acid and microproteins by general body massage applied after exercise[J]. European Journal of Physical Education and Sport Science, 2017, 3(6): 36-47.

[16] DONNELLY S. Why is erythropoietin made in the kidney? The kidney functions as a critmeter[J]. American Journal of Kidney Diseases, 2001, 38(2): 415-425.

[17] STEMBRIDGE M, WILLIAMS A M, GASHO C, et al. The overlooked significance of plasma volume for successful adaptation to high altitude in Sherpa and Andean natives[J]. Proceedings of the National Academy of Sciences, 2019, 116(33): 16177-16179.

[18] FAN F C, CHEN R Y, SCHUESSLER G B, et al. Effects of hematocrit variations on regional hemodynamics and oxygen transport in the dog[J]. American Journal of Physiology-Heart and Circulatory Physiology, 1980, 238(4): H545-H522.

[19] LUNDBY C, CALBET J A L, VAN HALL G, et al. Pulmonary gas exchange at maximal exercise in Danish lowlanders during 8 wk of acclimatization to 4,100 m and in high-altitude Aymara natives[J]. American Journal of Physiology-Regulatory, Integrative and Comparative Physiology, 2004, 287(5): R1202-R1208.

[20] NAEIJE R, HUEZ S, LAMOTTE M, et al. Pulmonary artery pressure limits exercise capacity at high altitude[J]. European Respiratory Journal, 2010, 36(5): 1049-1055.

[21] IMRAY C H E, MYERS S D, PATTINSON K T S, et al. Effect of exercise on cerebral perfusion in humans at high altitude[J]. Journal of Applied Physiology, 2005, 99(2): 699-706.

[22] CALBET J A L, RÅDEGRAN G, BOUSHEL R, et al. On the mechanisms that limit oxygen uptake during exercise in acute and chronic hypoxia: role of muscle mass[J]. The Journal of Physiology, 2009, 587(2): 477-490.

[23] MORAGA F A, OSORIO J, JIMÉNEZ D, et al. Aerobic capacity, lactate concentration, and work assessment during maximum exercise at sea level and high altitude in miners exposed to chronic intermittent hypobaric hypoxia (3,800 m)[J]. Frontiers in Physiology, 2019, 1149(10): 1-9.

[24] NETO J M R, TEBEXRENI A S, ALVES A N F, et al. Cardiorespiratory fitness data from 18,189 participants who underwent treadmill cardiopulmonary exercise testing in a Brazilian population[J]. PLoS One, 2019, 14(1): e0209897.

[25] BOGAARD H J, HOPKINS S R, YAMAYA Y, et al. Role of the autonomic nervous system in the reduced maximal cardiac output at altitude[J]. Journal of Applied Physiology, 2002, 93(1): 271-279.

[26] HOPKINS S R, BOGAARD H J, NIIZEKI K, et al. β-Adrenergic or parasympathetic inhibition, heart rate and cardiac output during normoxic and acute hypoxic exercise in humans[J]. The Journal of Physiology, 2003, 550(2): 605-616.

[27] MARTIN D S, COBB A, MEALE P, et al. Systemic oxygen extraction during exercise at high altitude[J]. British Journal of Anaesthesia, 2015, 114(4): 677-682.

[28] WEHRLIN J P, ZUEST P, HALLÉN J, et al. Live high-train low for 24 days increases hemoglobin mass and red cell volume in elite endurance athletes[J]. Journal of Applied Physiology, 2006, 100(6): 1938-1945.

[29] VOGEL J A, HARRIS C W. Cardiopulmonary responses of resting man during early exposure to high altitude[J]. Journal of Applied Physiology, 1967, 22(6): 1124-1128.

[30] VILLAFUERTE F C, CÁRDENAS R, MONGE-C C. Optimal hemoglobin concentration and high altitude: a theoretical approach for Andean men at rest[J]. Journal of Applied Physiology, 2004, 96(5): 1581-1588.

[31] HAASE V H. Hypoxic regulation of erythropoiesis and iron metabolism [J]. American Journal of Physiology-Renal Physiology, 2010, 299(1): 118-126.

# 第八章 高原环境心肺功能影响注意网络的实证研究

## 第一节 文献综述

### 一、心肺健康水平

心肺健康水平（cardiorespiratory fitness，CRF），指氧气由人体循环系统通过肺部呼吸和心脏活动输送到机体全身，从而满足人体各种生命活动和物质与能量代谢的生理过程，同时还包括机体肌肉、各组织器官对氧气的利用能力[1]。CRF已被证明是一个独立、有效的预测指标，可以预测人体疾病发生率和预期寿命。心肺健康水平与人体多个生理系统密切相关，影响人体正常的生理活动，也会影响人体的认知功能[2]。个体心肺健康水平越高，机体也就有了更大的运输氧、利用氧的能力，大脑也有了更充足的氧气供应。持续充足的氧气供应是大脑保持生理结构和功能，正常完成认知任务的前提保证，因为有氧代谢是大脑供能的主要途径[3]。

研究表明，遗传、年龄、性别、心脏功能、肺功能、血管运送氧的能力、饮食习惯、体力活动、海拔等均对心肺健康水平产生影响。心肺健康水平受遗传影响比较大，遗传度在 0.69~0.93[4,5]。不同年龄阶段心肺健康水平存在差异，高心肺健康水平对整个人生不同阶段的影响收益也有所不同。机体在20多岁到达一定的高峰后，最大摄氧量会随着年龄的增长以每10年10%左右的速度递减。同时进入青春期后，随着年龄增长，由于红细胞和血红蛋白数量的增长存在性别差异，男性增加的数量较高，男性的携氧能力也会强于同年龄组女性，最大心输出量、性激素水平等也导致心肺健康水平存在性别差异[6]。心脏的泵血功能越强，肺功能越好，血液运输氧的能力和肺部血液氧气交换的能力也越高，心肺健康水平也越好[7]。饮食方面，不合理膳食容易导致个体体重和体脂率过大，机体对氧的需求量随之增加，而血管运输氧的能力减弱，进而影响心肺健康水平[8]。此外，不合理膳食导致的体重增加还会减少个体日常体力活动水平，进一步影响心肺健康。已知，体育运动对提高心肺健康水平效果显著，规律性的体育活动不仅可以增大个体心输出量，并可进一步增强肌肉组织利用氧气的能力[9]。随着海拔升高，空气中含氧量降低，血液黏滞性受到影响，氧的运输量降低，影响个体心肺健康[10]。

关于心肺功能的测量方法，国内外已有较多研究，其中最大摄氧量被公认为评估心肺功能最有效的指标。最大摄氧量（$VO_{2max}$）是指人体在进行有大量肌肉群参加的长时间剧烈运动中，当心肺功能和肌肉利用氧的能力达到本人极限水平时，单位时间内[绝对值单位表示为 L/min，相对值单位表示为 mL/（kg/min）]所能摄取的氧量，是反映和评定人体在极量负荷时心肺功能水平高低的一个主要指标，也是评定人体有氧能力的黄金指标[11]。

最大摄氧量的判定和计算方面目前主要使用两种方法：直接测试法和间接测试法。直接测试法指在实验室环境下使用功率自行车等器械进行极限竭性递增负荷运动，并通过气体代谢分析仪直接测量耗氧量的一种测评方法。在测试中需要对运动负荷、运动过程、结束过程进行严格的控制。以下 5 项出现 4 项，则判定为达到最大摄氧量测试标准[12]：① 心率大于 180 次/分；② 呼吸商大于 1.10，青少年大于 1.00；③ 吸氧量不再增加而出现平台，差值小于 150 mL/min 或 2 mL/（kg/min）或者下降；④ 运动后最高血乳酸大于 8.0 mmol/L；⑤ 受试者力竭。最大摄氧量的计算公式为：$VO_2=CO\times C(a-v)O_2$，$CO=HR\times SV$（CO：心排量，HR：心率，SV：每搏输出量，$C(a-v)O_2$：动脉与混合静脉的含氧量差）。间接测试法包括 20 m 往返跑、台阶实验、跑台测试、12 min 跑、1 mi（英里，1 mi=1.6 km）跑、6 min 步行试验等项目。

## 二、影响个体心肺健康水平的生理因素

个体心肺健康水平会受到血液中红细胞含量和其他因素的影响。从氧气在人体内运行的过程来看，心肺功能主要反映了氧气经由呼吸系统进入

体内，在肺泡的毛细血管中和血液进行气体交换，其中少部分氧气直接溶解于血液，绝大部分氧气与血红蛋白结合形成氧合血红蛋白，再通过心脏泵血功能进入全身的血液循环，供机体氧化利用。因此，影响有氧能力的因素包括：肺的通气与换气能力；血容量、血红蛋白总量、血红蛋白浓度、血细胞比容、红细胞分布宽度标准等指标；血红蛋白结合氧气的能力与释放氧气的能力；心脏的泵血功能以及心脏将血液运送到外周组织的能力；组织毛细血管的密度，即由心脏泵出的血液实际到达外周组织进行物质交换的能力；氧气供应到组织后的氧化利用环节，相关有氧代谢酶的浓度和活性以及线粒体的数量和大小等[13]。

红细胞直接影响机体携氧能力，正常成年男子血液中红细胞含量在$(4.0\sim5.5)\times10^{12}/L$，女子在$(3.5\sim5.0)\times10^{12}/L$。其中的功能物质为血红蛋白（Hb），血红蛋白的生理功能主要是运输氧和二氧化碳，并对酸性物质起缓冲作用，参与体内的酸碱平衡。人体内除了溶解于血液的极少部分氧气外，绝大部分氧气是以与血红蛋白结合成氧合血红蛋白的方式在体内转运。红细胞和血红蛋白与携氧能力密切相关，通过提高血液循环中氧气转运效率，进而影响心肺健康水平[14,15]。W. Schmidt等人选取了分别长期居住在平原和海拔为2600 m高原的48名未经训练（UT）和自行车专项（C）运动员，收集血液指标和最大摄氧量$VO_{2max}$指标数据，探究高海拔地区心肺健康的生理基础。研究发现：自行车组与未经训练组相比$VO_{2max}$具有显著性差异，不同海拔的UT和C受试者血量（BV）均存在显著性差异。他认为高海拔耐力运动员长期暴露于缺氧环境以及耐力训练导致血红蛋白含量和血细胞比容较高，因此血液携氧能力更好，心肺健康水平更高[16]。一项对年轻运动员的研究表明，在低氧条件下训练可以增加其心肺健康水平，并对血液生化指标有着显著的积极影响[17]。对健康老年人的一项研究显示，在缺氧条件下进行训练可以增加其血液中红细胞和血红蛋白含量，心肺健康水平的特定方面也得到增强[18]。

同时需要注意的是，红细胞和免疫细胞之间存在一定的交互作用，红细胞不仅用于氧气运输，同时还可以维持免疫稳态。人体健康红细胞释放的蛋白因子具有维持T细胞活性和抑制T细胞凋亡的能力。在非炎症条件下，健康红细胞可能促进向抗炎M2巨噬细胞通路的转变。因此，健康红细胞可能发挥免疫调节活性，维持抗炎机制。在氧化应激或储存条件下，红细胞获得氧化/衰老表型，导致表面抗原修饰或细胞外囊泡的释放。红细胞上的氧化损伤可能代表先天和适应性免疫细胞的危险信号[19]。在炎症和局部免疫反应过程中，毛细血管直径和血流增加。这可能导致红细胞和活化的 T 细胞渗出到炎症部位。在考虑心肺健康水平对红细胞的影响的同时，也需要考虑对免疫细胞的影响。

## 三、心肺健康水平对个体注意功能的影响

氧气与大脑的结构和功能密切相关，心肺健康水平反映了人体运输氧和利用氧的能力，心肺健康水平不同的个体，认知功能表现也存在差异。

Luque-Casado 等人的研究表明高心肺健康水平被试在心理运动警觉任务中反应时更短[20]。Peiling 等人根据最大摄氧量水平，将儿童分为高、低心肺健康水平组，平均年龄为 11 岁，采用修改版的 Flanker 任务测试被试的执行功能。研究发现：与一致条件相比，两组被试在不一致条件下的反应时更长，反应的正确率降低，高心肺健康水平儿童的反应时更短，正确率更高，说明心肺健康水平越好的儿童执行功能越好；并且 3 年之后较高心肺健康水平儿童依旧保持更好的认知任务表现[21]。

相关 ERP 研究表明，心肺健康水平高的个体 P3b 波幅更大，潜伏期更短，可能是在认知操作过程中，高心肺健康水平被试注意力资源分配更大，从而处理速度更快[22]。一项针对青春期前儿童认知功能的研究表明，低心肺健康水平组儿童在不一致反应条件下行为反应准确率下降，P3 成分平均波幅降低，P3 潜伏期延长[23]。Stroth 等人研究了 35 名 13～14 岁的心肺健康水平不同的青少年在侧抑制任务上的行为和电生理表现，结果表明，高心肺健康水平个体的 CNV 波幅更大，任务准备过程得到增强；N2 波幅降低，执行控制功能效率更高，P3 成分平均波幅没有受到心肺健康水平的影响[24]。总之，心肺健康水平会影响个体执行功能，在行为上主要体现为反应时的减少和正确率的提高，神经生理方面可能会影响 P3 成分平均波幅，但未得到一致结论。

心肺健康水平不仅会影响个体与认知表现，也会影响大脑结构和功能[25]。心肺健康水平较高的个体其大脑灰质体积更大，前额叶、顶叶区域皮层表面积也更大[26,27]，并且这些结构、功能的改善与更好的认知表现相关[28]。

研究表明，心肺健康水平和双任务加工测验中多个脑区激活有关，包括前扣带回（ACC）、辅助运动皮层（SMA）、丘脑、基底神经节、右侧运动/体感皮层、额中回，这些脑区的激活表明心肺健康水平可能通过促进大脑对执行功能核心区域的激活而支持认知功能[29]。高心肺健康水平被试相对于低心肺健康水平被试，任务反应时更短，右侧额下叶脑氧化程度更高[30,31]。心肺健康水平更高的老年人任务表现更好，他们的背外侧前额叶皮质、右额下回、中央前回的灰质含量更多[32]。此结果在另一项针对55名55～79岁健康老年人的MRI研究中得到证实，研究发现在大脑额叶、顶叶和颞叶皮层，所有健康老年人都呈现出明显的增龄性脑组织密度减少。但是，心肺健康水平更好的被试在这些区域组织密度减少的程度明显减缓[33]。

## 第二节 问题提出与研究方案

### 一、问题提出

注意是心理活动对一定事物的指向和集中，是保证其他认知心理活动正常进行的根本。对注意的研究是认知功能研究的基础。有关高原缺氧环境对认知功能影响的研究中，注意网络的改变备受研究者关注。以往研究表明，高海拔缺氧环境不仅会影响个体的注意网络并且对警觉、定向、执行控制三个子网络的影响不同[34]。课题组之前采用ANT范式对不同海拔世居者的研究发现，4200 m世居者相较于2900 m和3700 m被试其执行控制功能增强，但是定向功能受到影响。表明高海拔环境不仅会影响个体的注意网络功能，其不同子网络所受到的影响也有所差异。长期暴露于高海拔环境的移居者相较于从未到过高海拔地区的配对群体，其警觉和执行控制功能下降，定向功能在行为学数据中未体现出明显差异，但ERP结果显示高海拔移居者出现N1、P1波幅的改变即定向能力的下降。高海拔移居者在警觉阶段需要调用更多的注意资源[35]。安心等人2017年通过对高海拔驻留1周、1个月和2年的大学生研究发现，注意网络中的执行控制子网络容易受海拔的影响，且随着驻留时间的推移，呈现出先下降、再恢复、再下降的变化趋势[36]。

高海拔缺氧环境会影响个体的认知功能。而心肺健康被证明可以保护和增强大脑认知能力。个体心肺健康水平越高，机体也就有了更大的运输氧、利用氧的能力，大脑也有了更充足的氧气供应。持续充足的氧气供应是大脑保持生理结构和功能，正常完成认知任务的前提保证。研究表明，心肺健康水平较高的个体，大脑灰质体积更大，前额叶、顶叶区域皮层表面积更大[37]，并且这些结构、功能的改善和更好的认知表现相关[38]。心肺健康水平不仅和脑结构相关，同时较好的心肺健康水平与更好的认知表现有关，心肺健康水平越高个体任务中需要的反应时更少，正确率越高。研究表明，心肺健康可通过提高执行功能关键脑区的激活程度，改善个体注意功能的认知表现。

心肺健康水平对认知功能的影响存在着一定的生理机制。这一生理机制在高海拔特殊环境下主要体现在红细胞相关指标和应激免疫两个方面。人体到高海拔环境中发生的首要，也是最重要的生理变化就是携氧能力的变化。随着海拔的不断上升，氧分压降低，空气中氧气含量也随之下降。随着个体高海拔地区驻留时间增加，会出现红细胞数量、血红蛋白浓度的增加，红血细胞增多，进而增加血球容积，通过这个过程提高动脉的氧摄入量[39]。高海拔环境下，机体为了提高组织供氧，红细胞生成量会增加。

人体在高海拔环境中不仅通过红细胞、血红蛋白等调节氧气运输，同时通过免疫系统维持体内内环境稳定。缺氧可引起中性粒细胞和淋巴细胞、细胞增殖和自然杀伤细胞（NK）等免疫参数的显著变化。红细胞和氧化应激密不可分，通过氧化应激反应，影响人体的免疫系统。人类健康的红细胞释放的蛋白因子具有维持T细胞生存和抑制活化诱导的T细胞凋亡的能力[40]。

同时，需要注意的是，性别和年龄会对个体的心肺健康水平产生影响。具体表现为：不同性别心肺健康水平存在差异，男性的携氧能力会强于同年龄组女性，最大心输出量、性激素水平会使心肺健康水平呈现性别差异[41]。不同年龄阶段心肺健康水平受肌肉，运动能力等方面的影响存在差异。目前心肺健康水平影响认知功能的研究主要集中在老年人，退行性脑疾病患者和儿童。对健康成年人的研究相对较少，而成年期高心肺健康水平对生命全程的健康收益最大。

长期高海拔暴露会影响个体的认知功能，而心肺健康水平与认知能力显著相关,那么长期生活在高海拔缺氧环境下心肺健康水平不同的个体其注意网络功能会呈现出怎样的具体表现呢?以及他们背后的神经生理机制又是什么?为探讨以上问题,本研究采用心肺运动测验(cardiopulmonary exercise testing,CPET)采集被试最大摄氧量的数据,实时监测在不同负荷条件下机体氧耗量和二氧化碳排出量的动态变化,从而客观、定量地评价心肺功能。根据最大摄氧量($VO_{2max}$)将移居高海拔地区两年以上的成年男性被试分为高心肺健康水平组和低心肺健康水平组。通过比较两组被试注意网络测验的结果,探讨在高海拔环境下心肺健康水平对个体认知功能的影响,并通过事件相关电位分析(ERP)、时频分析(TFR)和磁共振成像数据,系统考察不同心肺健康水平高海拔移居者注意网络的神经机制差异,根据血液生化指标结合中介模型探讨高海拔环境下个体心肺健康水平影响注意网络的神经和生理机制。

## 二、研究框架(图 8-1)

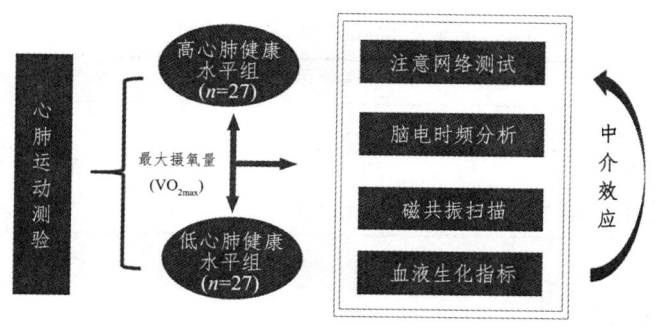

图 8-1 研究框架

## 三、研究意义

本研究通过探讨移居到高海拔地区个体心肺健康水平对注意网络的影响及神经生理机制,打通了高海拔地区心肺健康水平和认知功能的联系。研究表明心肺健康水平是高海拔适应的有效指标,高心肺健康水平个体在高海拔环境中认知表现更好。一方面丰富了高海拔环境影响个体认知功能的相关研究,同时也为提高高海拔环境居民的健康水平和适应提供理论支撑，并为国家制定相应的援藏政策和退休政策提供合理的依据。

## 第三节　研究对象与方法

### 一、研究对象

本研究招募了出生和成长在低海拔地区，移居高海拔地区（拉萨，3700 m）2年以上的被试共54名，均为男性。根据被试的最大摄氧量（$VO_{2max}$）分为高心肺健康水平组和低心肺健康水平组，两组部分人口学资料见表8-1。所有被试受教育年限相同，均为右利手，视力正常或矫正视力正常，非色障，无精神病史，无创伤性脑损伤、高血压、心脏病等重大疾病。本研究经西藏大学地方伦理委员会批准，按照有关准则和规定进行。所有被试均自愿参加本实验，在实验之前均签署了知情同意书，并于实验结束后得到一定报酬。

表 8-1　研究对象人口学资料表（M±SD）

|  | 低心肺健康组 | 高心肺健康组 |
| --- | --- | --- |
| 人数 | 27 | 27 |
| 年龄 | 20.9±0.9 | 20.9±1.0 |
| BMI | 20.6±3.3 | 21.7±2.0 |

### 二、实验设计

为探究高海拔地区心肺健康水平不同个体注意网络的神经和生理机制，本实验内容包括：心肺功能测试、生理指标采集、注意网络测试行为、脑电时频数据分析、磁共振数据采集、中介分析，共5部分。

心肺功能测试：采用心肺运动测验（cardiopulmonary exercise testing，CPET）进行心肺功能数据的采集与分析，根据被试的最大摄氧量（$VO_{2max}$）分为高心肺健康水平组和低心肺健康水平组。

生理指标采集：于拉萨市阜康医院通过静脉血采样方式，收集被试血常规、肝功能、肾功能相关指标数据。

注意网络神经机制：采用注意网络测试任务（attentional network test，ANT），对行为数据的采集主要使用 E-Prime 2.0 软件，对行为数据的分析主要使用 SPSS 20.0 软件，主要分析指标为反应时与正确率。为进一步探究高海拔地区心肺健康水平不同个体注意网络的神经机制，同步采集了被试的 ERPs 数据，使用 MATLAB 软件的 eeglab、letswave 和 fieldtrip 插件进行脑电和时频数据的处理分析，主要分析警觉、定向、执行控制三个子网络的激活脑区和平均波幅，并进一步进行对应时域、频域的频谱分析。

磁共振数据：在西藏自治区武警总队医院的 MRI 在 3.0T 扫描仪上收集了被试的 MRI 数据，使用标准化的 MPRAGE：矢状面，获得三维 T1-MRI 的快速梯度回波图像。主要分析指标为：灰质体积、皮层表面积、皮层厚度。

中介分析：使用 AMOS 软件采用偏差校正后的百分位"Bootstrap"法。心肺健康水平均为自变量（X），采用最大似然（ML）估计模型，采用比较拟合指数（CFI）-0.98 进行模型拟合。近似的均方根误差（RMSEA）-0.14，和标准化的残差平方（SRMR）-0.02。这表明该模型被认为具有可接受的适应性。

## 三、心肺功能数据的采集与分析

本研究采用心肺运动功能测试系统进行心肺功能数据的采集与分析。该系统包括心肺运动功能测试仪和功率自行车两部分。通过测试被试在静息和运动状态（递增负荷蹬功率自行车）下的氧气、二氧化碳、呼吸通气量的数据来评估个体的心肺健康能力。在测试过程中，受试者需要佩戴血氧仪、心率遥测表和呼吸面罩，采用每口气测试法（breath by breath）所测指标通过心肺功能测试仪（德国 Cortex）检测与记录，并同步显示和保存在与之相连接的计算机上，计算机根据标准 Wasserman 公式进行相关指标计算。具体方案见表 8-2。

表 8-2 心肺功能数据采集方案

| 阶段 | 方案 |
| --- | --- |
| 准备阶段 | 被试静坐 5 min |
| 正式阶段 | 被试以 30 W 为第一级，往后每 2 min 增加 30 W，一直运动到力竭 |
| 恢复阶段 | 终止原运动负荷，改为 30 W 放松蹬骑 |

## 四、生理指标的检测与分析

采用静脉采血法在拉萨市阜康医院采集被试空腹状态下血常规、肝功能、肾功能指标数据。其中血常规指标包括：红细胞数、血细胞比容、平均红细胞体积、红细胞分布宽度标准、红细胞分布宽度变异系数、平均血红蛋白含量、平均血红蛋白浓度；白细胞数、淋巴细胞数、淋巴细胞百分比、单核细胞数、单核细胞百分比、中性粒细胞计数、中性粒细胞百分比、嗜酸性粒细胞计数、嗜酸细胞百分比、嗜碱性细胞计数、嗜碱性粒细胞百分比；血小板计数、血小板压积、平均血小板体积、血小板分布宽度、大血小板比率。肝功能指标包括：总蛋白、白蛋白、球蛋白、白球比、总胆红素、直接胆红素、间接胆红素。肾功能指标包括：尿素、肌酐、尿酸。生理指标数据全部采用 SPSS 21.0 进行独立样本 $t$ 检验。$p$ 值统一采用<0.05。

## 五、注意网络行为数据的采集与分析

Ponser 等人于 1990 年提出注意网络理论，将注意分为警觉（alerting）、定向（orienting）和执行控制（conflict）三个子网络。警觉指维持一定的觉醒状态来处理外部的刺激信息。定向指选择目标信息，将注意力定位到所关注的事件之上。执行控制则是通过抑制干扰和解决冲突来完成目标任务。范津等人以 Posner 的注意网络理论为基础，结合线索提示和 Flanker 任务，设计了注意网络测试来测量大脑注意网络功能的效率。

本研究采用的程序来自目前范津等人的研究（A，B，B，C，& D 2005；Fan et al.，2002）。包含 3 个线索条件（无线索、中心线索和空间线索）和 2 个刺激条件（一致刺激和不一致刺激），在一致刺激的条件下，5 个箭头指向相同的朝向，在不一致刺激的条件下，中间的箭头和两边的箭头朝向相反。线索在目标刺激呈现之前出现，所有的刺激均为黑色，背景为白色，每个小箭头视角为 0.58°，相邻箭头之间的距离视角为 0.06°，整个刺激即 5 个箭头的视角为 3.27°，箭头有两种朝向朝左或朝右，离中心注视点 1.06°，在中心注视点的下方或上方。所有试次的设计采用模块化设计，每个模块的 6 种条件出现的概率相同，实验中共 6 个 block，每个 block 108 个 trials，被试的任务是判断目标刺激中间箭头的朝向，当中间的箭头朝左按"F"键，中间的箭头朝右按"J"键;在正式实验之前有练习模块,程序的编制采用 E-Prime2.0。实验流程详见图 8-2。

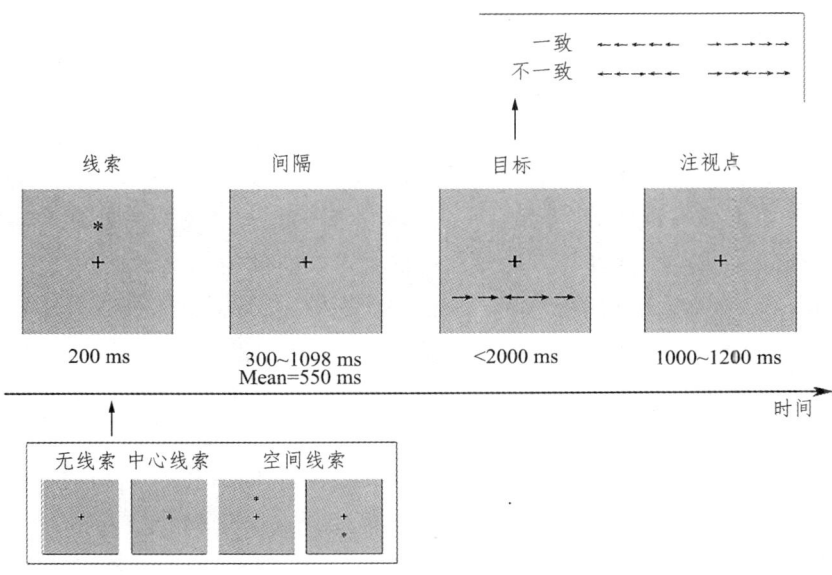

图 8-2　ANT 任务实验流程图

三个注意网络功能的操作定义为实验条件与适当的参考条件对比的行为数据,相应的反应时间和正确率为评估注意网络的指标。三个注意网络的效率计算如下:警觉网络效率=无线索提示 RT-有线索提示 RT,有线索提示比无线索提示增加了警觉提醒,两差值越大表明警觉网络效率越高;警觉网络准确率=无线索提示 ACC-有线索提示 ACC,插值绝对值越小,警觉准确率越高。定向网络效率=中心线索提示 RT-空间线索提示 RT,在具备警醒状态的前提下,空间提示提供有效的定位信息,其差值越大,证明定向网络效率越高;定向网络准确率=中心线索提示 ACC-空间线索提示 ACC,插值绝对值越小,定向准确率越高。执行控制网络效率=冲突条件靶刺激 RT-一致条件靶刺激 RT,冲突条件比一致条件增加了冲突过程,因此该数值越大提示执行控制网络效率越低,处理冲突需要的时间越长,执行控制的能力越差;执行控制网络效率=不一致条件靶刺激 ACC-一致条件靶刺激 ACC,插值绝对值越小,执行控制准确率越高。

## 六、注意网络脑电数据的采集与分析

脑电数据是采用 ANT 国际 10-20 系统扩展的 64 导电极帽（https://www.ant-neuro.com）来记录的脑电活动（EEG），离线参考为 CPZ。电极处的头皮电阻保持在 5 kΩ 以下，滤波带通为 0.05～100 Hz，采样率为 500 Hz。

EEG 数据使用 Matlab 软件，eeglab 工具包（http://www.fieldtriptoolbox.org）进行离线预处理。对 EEG 数据进行 30 Hz 的低通滤波，0.1 Hz 的高通滤波。全程分析只采用正确的试次，剔除错误试次，时间窗的分割根据线索和刺激出现的时程进行，线索和目标刺激的时间窗均选择从刺激出现的前 200 ms 和刺激出现的后 700 ms。在试次分析中去除眼电和错误反应试次。以先于刺激的时间间隔（-200～0 ms）为基线矫正数据。去除波幅超过 ±75 μV 的伪迹，眨眼、眼动伪迹以及肌电等用独立成分分析（independent component analysis，ICA）算法去除。

使用 Letswave toolbox（http://www.nocions.org/letswave）进行成分处理。P1 成分计算的时间窗是 80～150 ms，对该成分在顶叶（P3，Pz，P4）电极，枕叶（O1，Oz，O2）电极和枕-颞叶电极（PO7，PO8）进行叠加平均，分析警觉和定向功能。N1 成分计算的时间窗 150～250 ms，对该成分在顶叶（P3，Pz，P4）电极，枕叶（O1，Oz，O2）电极和枕-颞叶电极（PO7，PO8）进行叠加平均，分析警觉和定向功能。P3 成分分析一致和不一致条件下刺激，计算的时间窗 480～580 ms，对该成分在中线（Fz，FCz，Cz，Pz）的电极进行叠加平均，分析执行控制功能。

## 七、注意网络时频数据的采集与分析

时频分析使用 FieldTrip toolbox（http://www.fieldtriptoolbox.org）进行分析处理。计算时间窗为-200～700 ms。采用短时傅里叶的汉宁窗分析方法，频率范围为 1～30 Hz，步长为 1 Hz。对被试时频数据进行短时傅里叶变换并平均，反映诱发的脑电图活动，即对刺激同时锁相和非锁相的振荡活动,使用分贝（db）变换将其归一化为基线间隔的平均功率(-200～0 ms)。在进行基线校正后，频谱分析基线的能量值不存在差异。

基于 EEG 数据分析，警觉、定向功能分析的电极点为顶叶（P3，Pz，

P4）电极、枕叶（O1，Oz，O2）电极和枕-颞叶（PO7，PO8）电极，时间窗为 80~250 ms。执行控制功能分析的电极点为中线（Fz，FCz，Cz，Pz）电极，时间窗为 480~580 ms。

## 八、注意网络磁共振数据的采集与分析

在西藏自治区武警总队医院的 MRI 3.0 T 扫描仪上收集了被试的 MRI 数据，使用标准化的 MPRAGE：矢状面，获得三维 T1-MRI 的快速梯度回波图像。本研究使用的成像参数为：TR=1900 ms；TE=2.41 ms；翻转角度：9°；FOV=256×256；成像矩阵为 256×256；扫描层数 192 层，连续扫描，层厚 1 mm，体素=1 mm×1 mm×1 mm。

磁共振数据处理分析是在 Linux Ubuntu 系统中，使用 MRI cron 将结构磁共振 T1 加权项的 DICOM 格式数据转化为 NIFIT 格式。使用 FreeSurfer 稳定版 6.0（http://surfer.nmr.mgh.harvard.edu/）进行处理和分析。基于之前的研究方法（Xiao et al.，2006）本研究首先将切片重新采样为 1 mm 各向相同体素的三维图像，进行非均匀强度归一化，并将图像配准到（MNI）空间。然后使用算法进行归一化，其中控制点被自动识别并归一化到一个标准的强度值，通过一个自动的颅骨剥离程序，将大脑大体解剖划分为皮层和皮层下标记。最后使用 QDEC 进行差异和相关分析（蒙特卡罗校正 $p<0.05$，且团块>150，判定为结果显著）。

## 九、中介分析

中介变量（mediator）是指在独立变量与因变量之间起中介作用的变量，简单来说就是自变量通过中介变量对因变量产生影响。对中介变量的研究有利于探究关系背后的作用机制，本研究使用中介分析探究红细胞相关指标与心肺健康水平和注意网络执行控制功能之间的关系。使用 AMOS 软件采用偏差校正后的百分位"Bootstrap"法，即在原始的数据内进行多次有放回的抽样，从而构建一个中介效应置信区间，如果置信区间不包括 0，说明中介效应存在；若置信区间包括 0，则说明中介效应不存在，这种检验方式具有较高的统计功效[42]。红细胞数量相关指标包括：红细胞数（RBC），

血红蛋白（HGB），血细胞比容（Hct）；红细胞质量相关指标为红细胞分布宽度变异系数（RDW-CV）和红细胞分布宽度标准（RDW-SD）。

本研究的所有中介模型中，心肺健康水平均为自变量（X），采用最大似然（ML）估计模型，采用比较拟合指数（CFI）-0.98进行模型拟合。近似的均方根误差（RMSEA）-0.14。和标准化的残差平方（SRMR）-0.02。这表明该模型被认为具有可接受的适应性[43]。

## 第四节　实验结果

本研究根据心肺功能测试结果（图 8-3），以最大摄氧量 $VO_{2max}$[mL/(kg/min)]为指标将被试分为高心肺健康水平组和低心肺健康水平组。高/低心肺健康水平组最大摄氧量差异显著[$t$(1，52)=-10.94，$p$<0.001]，高心肺健康水平组[2.18±0.16 mL/(kg/min)]最大摄氧量显著大于低心肺健康水平组[1.64±0.20 mL/(kg/min)]。

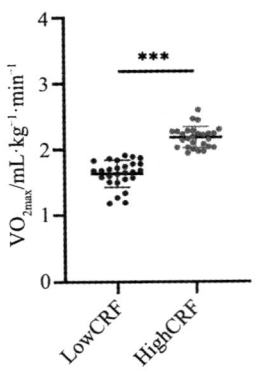

图 8-3　高低心肺健康水平组最大摄氧量差异

## 一、生理结果

高低心肺健康水平组被试 BMI 指数不存在显著差异[$t$(1，52)=-1.62，$p$>0.05]。血常规、肝功能、肾功能相关指标数据的描述统计结果如表 8-3 所示。

表 8-3　高低心肺健康水平组生理指标描述统计表

| | 低心肺健康组 | | 高心肺健康组 | |
|---|---|---|---|---|
| | $M$ | SD | $M$ | SD |
| BMI/kg·m$^{-2}$ | 20.56 | 3.25 | 21.74 | 1.99 |
| 丙氨酸氨基转移酶/U·L$^{-1}$ | 17.97 | 13.03 | 20.31 | 11.77 |
| 总蛋白/g·L$^{-1}$ | 70.55 | 6.75 | 74.89 | 4.53 |
| 白蛋白/g·L$^{-1}$ | 47.21 | 2.44 | 47.56 | 1.40 |
| 球蛋白/g·L$^{-1}$ | 24.56 | 3.52 | 27.37 | 4.19 |
| 白球比/% | 1.97 | 0.34 | 1.78 | 0.28 |
| 总胆红素/μmol·L$^{-1}$ | 17.95 | 8.11 | 20.52 | 8.79 |
| 直接胆红素/μmol·L$^{-1}$ | 5.44 | 2.37 | 6.12 | 2.58 |
| 间接胆红素/μmol·L$^{-1}$ | 12.80 | 5.91 | 14.40 | 6.50 |
| 尿素/μmol·L$^{-1}$ | 5.05 | 1.43 | 5.09 | 1.34 |
| 肌酐/μmol·L$^{-1}$ | 68.78 | 19.64 | 75.22 | 13.99 |
| 尿酸/μmol·L$^{-1}$ | 396.96 | 90.21 | 407.63 | 84.62 |
| 白细胞数/10$^9$·L$^{-1}$ | 5.93 | 0.79 | 8.54 | 9.17 |
| 中性粒细胞数/10$^9$·L$^{-1}$ | 3.21 | 1.35 | 3.42 | 1.06 |
| 中性粒细胞百分比/% | 49.82 | 9.81 | 49.80 | 7.57 |
| 淋巴细胞数/10$^9$·L$^{-1}$ | 2.34 | 0.56 | 2.61 | 0.45 |
| 淋巴细胞百分比/% | 39.22 | 9.29 | 39.63 | 6.68 |
| 单核细胞数/10$^9$·L$^{-1}$ | 0.50 | 0.11 | 0.53 | 0.11 |
| 单核细胞百分比/% | 8.56 | 1.96 | 8.01 | 1.67 |
| 嗜酸性粒细胞计数/10$^9$·L$^{-1}$ | 0.09 | 0.07 | 0.16 | 0.27 |
| 嗜酸性粒细胞百分比/% | 1.48 | 1.11 | 2.35 | 3.21 |
| 嗜碱性粒细胞计数/10$^9$·L$^{-1}$ | 0.01 | 0.01 | 0.02 | 0.01 |
| 嗜碱性粒细胞百分比/% | 0.23 | 0.20 | 0.25 | 0.19 |
| 红细胞/10$^{12}$·L$^{-1}$ | 5.46 | 0.58 | 5.76 | 0.51 |
| 血红蛋白/g·L$^{-1}$ | 167.00 | 20.28 | 178.11 | 15.52 |
| 血细胞比容/% | 47.80 | 5.17 | 50.80 | 3.90 |
| 平均红细胞体积/fL | 87.73 | 5.23 | 88.41 | 4.06 |
| 平均血红蛋白含量/pg | 30.64 | 2.23 | 30.96 | 1.28 |
| 平均血红蛋白浓度/g·L$^{-1}$ | 348.89 | 11.13 | 350.37 | 8.43 |

续表

| | 低心肺健康组 | | 高心肺健康组 | |
| --- | --- | --- | --- | --- |
| | $M$ | SD | $M$ | SD |
| 红细胞分布宽度标准/% | 42.06 | 3.29 | 40.49 | 2.56 |
| 红细胞分布宽度变异系数/% | 13.32 | 1.73 | 12.58 | 0.76 |
| 血小板计数/$10^9 \cdot L^{-1}$ | 252.56 | 61.53 | 267.96 | 65.34 |
| 血小板压积/% | 0.27 | 0.03 | 0.27 | 0.05 |
| 平均血小板体积/fL | 10.31 | 0.80 | 10.36 | 0.93 |
| 血小板分布宽度/fL | 11.98 | 1.63 | 17.94 | 29.86 |
| 大血小板比率/% | 0.28 | 0.06 | 0.28 | 0.07 |

对高低心肺健康组的生理数据进行独立样本 $t$ 检验，如图 8-4 所示：低心肺健康水平组与高心肺健康水平组血浆中总蛋白含量差异显著[$t(1, 52)=-2.77, p<0.01$]，低心肺健康水平组少于高心肺健康水平组。两组血浆中球蛋白含量差异显著[$t(1, 52)=-2.67, p<0.01$]，低心肺健康水平组少于高心肺健康水平组。白蛋白含量差异不显著，白球比差异显著[$t(1, 52)=2.22, p<0.05$]，低心肺健康水平组高于高心肺健康水平组。两组淋巴细胞数边缘显著[$t(1, 52)=-1.93, p=0.059$]，低心肺健康水平组小于高心肺健康水平组。红细胞[$t(1, 52)=-2.02, p<0.05$]，血红蛋白[$t(1, 52)=-2.26, p<0.05$]，血细胞比容[$t(1, 52)=-2.41, p<0.05$]差异显著，低心肺健康水平组均显著低于高心肺健康水平组。红细胞分布宽度标准[$t(1, 52)=1.96, p=0.056$]边缘显著，红细胞分布宽度变异系数[$t(1, 52)=2.04, p<0.05$]差异显著，低心肺健康水平组都显著高于高心肺健康水平组。

为进一步探究心肺健康水平和各血液生理指标的关系，做了皮尔逊相关检验，结果如图 8-5 所示，表示心肺健康水平的指标：最大摄氧量与 BMI 指数之间存在显著正相关（$r=0.319, p=0.042$），最大摄氧量越大，被试 BMI 指数数值越大。血液生理指标方面，最大摄氧量与免疫指标：总蛋白（$r=0.390, p=0.004$），球蛋白（$r=0.288, p=0.035$）存在显著的正相关，也就是说，最大摄氧量越大，被试血液免疫蛋白越多。最大摄氧量与红细胞（$r=0.357, p=0.008$），血红蛋白（$r=0.433, p<0.001$），血细胞比容（$r=0.441, p=0.001$）存在显著正相关，与红细胞分布宽度变异系数（$r=0.390, p=0.004$）存在显著的负相关。

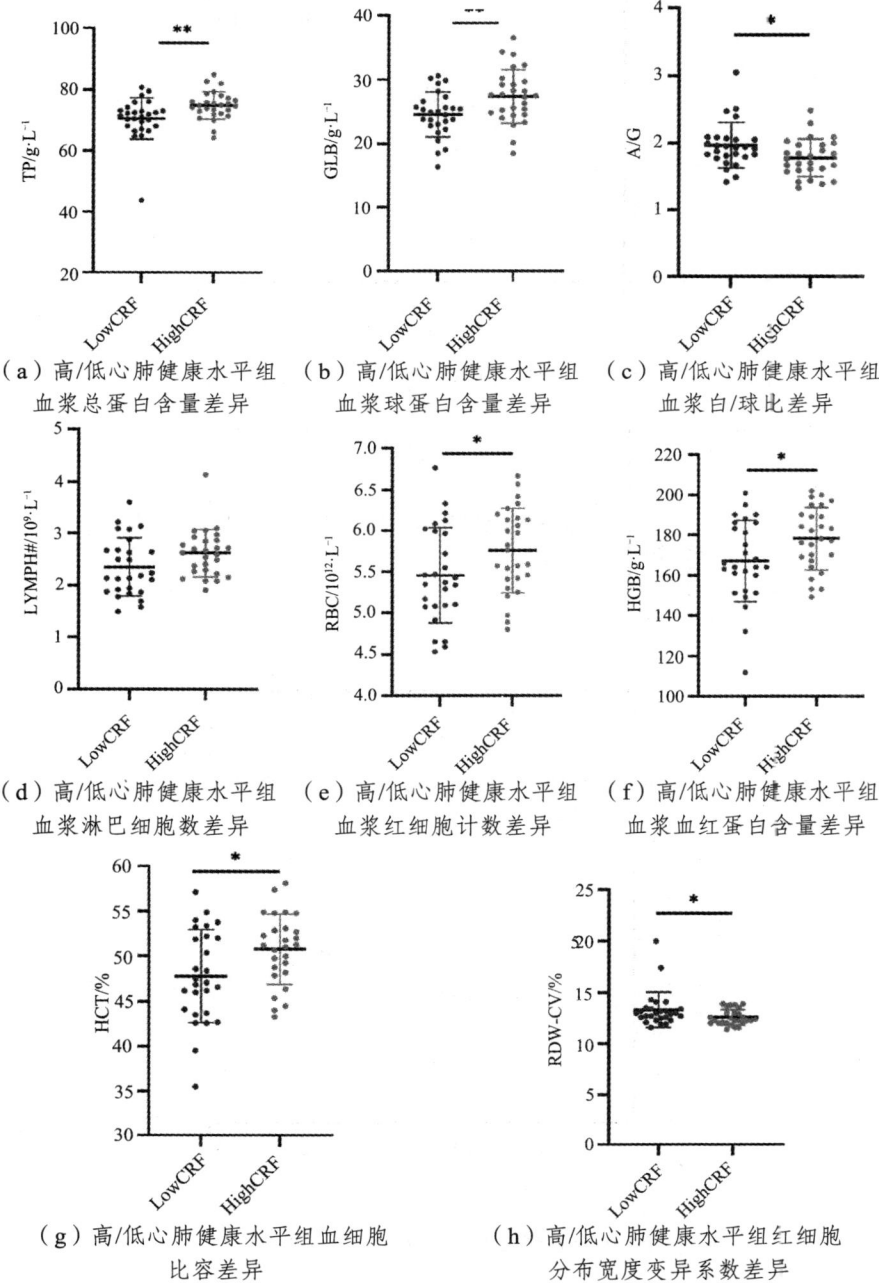

图 8-4 高低心肺健康水平组血液生理指标差异

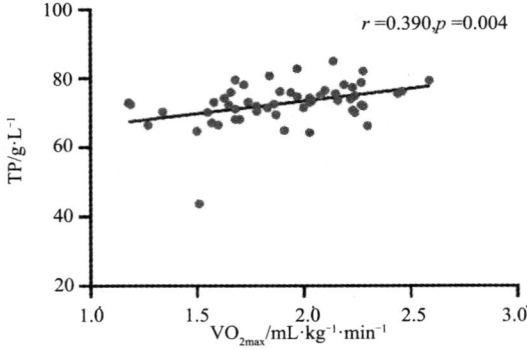

（a）所有被试总蛋白与最大摄氧量的相关

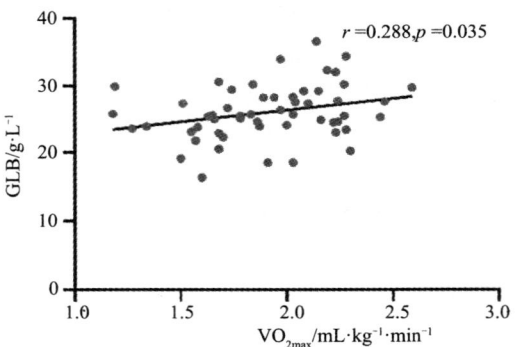

（b）所有被试球蛋白与最大摄氧量的相关

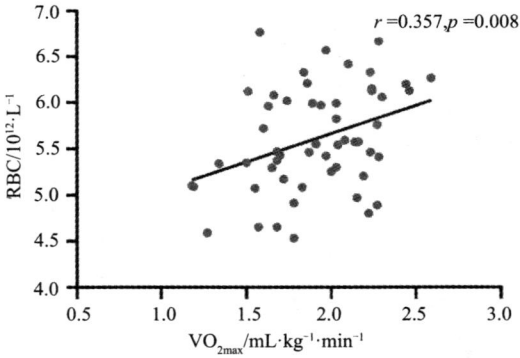

（c）所有被试红细胞与最大摄氧量的相关

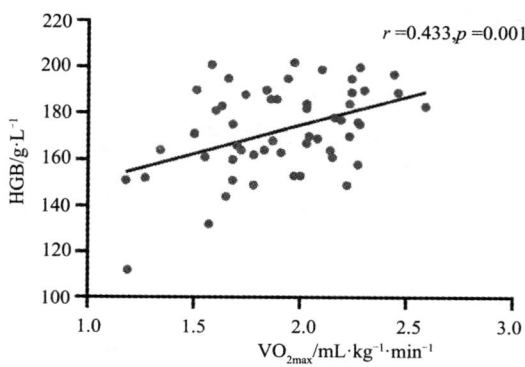

(d)所有被试血红蛋白与最大摄氧量的相关

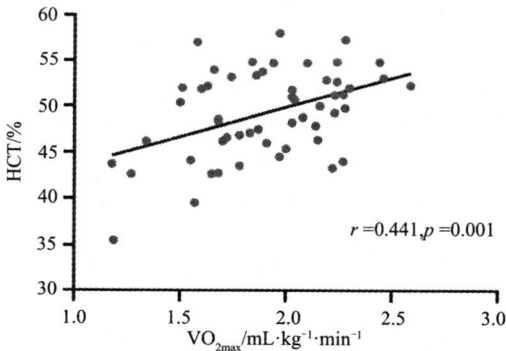

(e)所有被试血细胞比容与最大摄氧量的相关

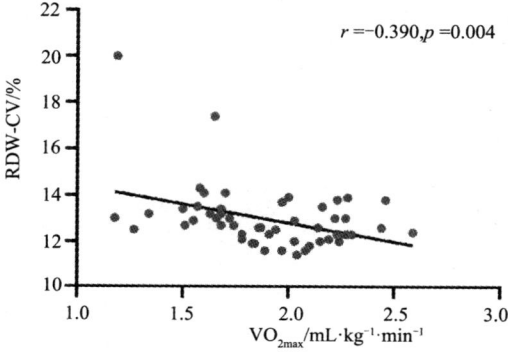

(f)所有被试红细胞分布宽度变异系数与最大摄氧量的相关

图 8-5　最大摄氧量与血液生理指标相关

## 二、行为结果

高低心肺健康水平组各个条件下的反应时和正确率如表 8-4 所示。三个注意网络系统的计算采用的是：警觉网络效率=无线索提示 RT-有线索提示 RT，有线索提示比无线索提示增加了警觉提醒，两差值越大表明警觉网络效率越高；警觉网络准确率=无线索提示 ACC-有线索提示 ACC，差值绝对值越小，警觉准确率越高。定向网络效率=中心线索提示 RT-空间线索提示 RT，在具备警醒状态的前提下，空间提示提供有效的定位信息，其差值越大，证明定向网络效率越高；定向网络准确率=中心线索提示 ACC-空间线索提示 ACC，插值绝对值越小，定向准确率越高。执行控制网络效率=不一致条件靶刺激 RT-一致条件靶刺激 RT，不一致条件比一致条件增加了冲突过程，因此该数值越大提示执行控制网络效率越低，处理冲突需要的时间越长，执行控制的能力越差；执行控制网络准确率=不一致条件靶刺激 ACC-一致条件靶刺激 ACC，差值绝对值越小，执行控制准确率越高。高心肺健康水平组和低心肺健康水平组注意网络三个子网络反应时结果如表 8-5 所示，两组在警觉、定向、执行控制三个子网络反应时上的差异不显著（$p > 0.05$）。高低心肺健康水平组三个子网络正确率结果如表 8-6 所示：两组在执行控制正确率上差异显著[$t(1, 52) = -2.74$，$p < 0.01$]，高心肺健康水平组执行控制正确率得分的绝对值比低心肺健康水平组更小。高低心肺健康水平组在警觉、定向子网络的正确率上不存在显著差异。

表 8-4 高低心肺健康水平组各个条件下的反应时（ms）和正确率（%）

|  | 无线索 | | 中心线索 | | 空间线索 | | 均值 | |
| --- | --- | --- | --- | --- | --- | --- | --- | --- |
|  | 低 | 高 | 低 | 高 | 低 | 高 | 低 | 高 |
| 一致条件 | | | | | | | | |
| 反应时 | 553.33 | 558.93 | 535.00 | 545.52 | 497.96 | 506.37 | 506.89 | 514.21 |
|  | (58.03) | (65.83) | (58.24) | (57.45) | (57.81) | (66.44) | (41.47) | (45.81) |
| 正确率 | 99.44 | 99.63 | 99.74 | 99.74 | 99.59 | 99.74 | 99.75 | 99.77 |
|  | (0.75) | (0.74) | (0.53) | (0.53) | (0.80) | (0.53) | (0.31) | (0.29) |
| 不一致条件 | | | | | | | | |
| 反应时 | 652.11 | 653.37 | 638.93 | 645.70 | 576.48 | 578.63 | 598.32 | 603.13 |
|  | (92.63) | (66.01) | (88.46) | (62.63) | (82.35) | (68.50) | (58.15) | (48.09) |

续表

|  | 无线索 | | 中心线索 | | 空间线索 | | 均值 | |
| --- | --- | --- | --- | --- | --- | --- | --- | --- |
|  | 低 | 高 | 低 | 高 | 低 | 高 | 低 | 高 |
| 正确率 | 95.74 | 97.26 | 94.56 | 97.04 | 97.70 | 98.89 | 96.41 | 98.29 |
|  | (5.53) | (2.43) | (5.86) | (2.39) | (2.32) | (1.31) | (3.45) | (1.38) |
| 均值反应时 | 574.48 | 583.12 | 564.69 | 571.71 | 510.17 | 517.99 | | |
|  | (48.58) | (45.46) | (47.76) | (45.64) | (48.32) | (48.32) | | |
| 正确率 | 97.58 | 98.91 | 97.18 | 98.43 | 98.86 | 99.44 | | |
|  | (2.69) | (0.90) | (2.93) | (0.90) | (1.15) | (0.48) | | |

表 8-5　高低心肺健康水平组注意网络反应时的描述统计表（$M \pm SD$）

|  | 警觉 | 定向 | 执行控制 |
| --- | --- | --- | --- |
| 低心肺健康水平组/ms | 9.8±9.0 | 54.5±18.3 | 91.4±25.9 |
| 高心肺健康水平组/ms | 11.4±11.5 | 53.7±19.2 | 88.9±23.0 |

表 8-6　高低心肺健康水平组注意网络正确率的描述统计表（$M \pm SD$）

|  | 警觉 | 定向 | 执行控制 |
| --- | --- | --- | --- |
| 低心肺健康水平组/% | 0.42±2.00 | -1.69±2.26 | -3.34±3.27 |
| 高心肺健康水平组/% | 0.49±1.27 | -1.02±1.40 | -1.41±1.41 |

对高低心肺健康水平组三个注意网络的反应时和正确率进行独立样本 $t$ 检验（图 8-6），结果表明高低心肺健康水平组在警觉，定向，执行控制三个子网络的反应时方面不存在显著差异（$p > 0.05$）。三个子网络的正确率方面，高低心肺健康水平组在警觉和定向功能上不存在显著差异（$p > 0.05$）；两组在执行控制功能存在显著差异[$t(1, 52)=-2.73$，$p < 0.01$]，高心肺健康水平组在执行控制子网络正确率上的表现更好。对最大摄氧量和警觉、定向、执行控制三个子网络的正确率做皮尔逊相关检验（图 8-7），结果表明最大摄氧量与定向功能的正确率存在显著的正相关（$r=0.285$，$p=0.037$），被试最大摄氧量越高，其在定向功能的准确性越好；最大摄氧量与执行控制功能的正确率也存在显著的正相关（$r=0.365$，$p=0.007$），被试最大摄氧量越高，其在执行控制功能表现的准确性越好。

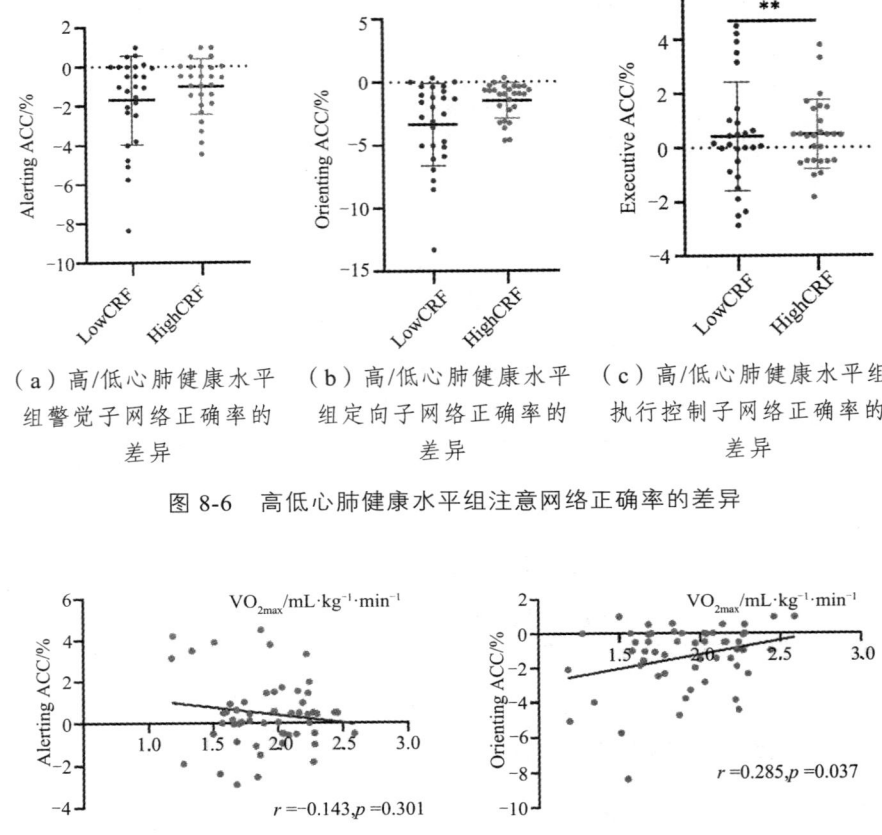

(a) 高/低心肺健康水平组警觉子网络正确率的差异

(b) 高/低心肺健康水平组定向子网络正确率的差异

(c) 高/低心肺健康水平组执行控制子网络正确率的差异

图 8-6 高低心肺健康水平组注意网络正确率的差异

(a) 所有被试警觉子网络正确率与最大摄氧量的相关

(b) 所有被试定向子网络正确率与最大摄氧量的相关

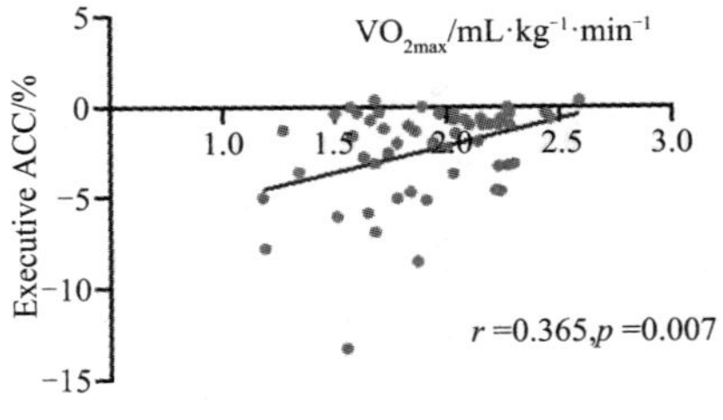

(c) 所有被试执行控制子网络正确率与最大摄氧量的相关

图 8-7 最大摄氧量与注意网络正确率的相关

## 三、ERP 结果

本研究选取了 P1，N1，P3 这三个成分进行脑电分析。P1 成分计算的时间窗是 80~150 ms，对该成分在顶叶（P3，Pz，P4）电极，枕叶（O1，Oz，O2）电极和枕-颞叶电极（PO7，PO8）进行叠加平均，分析警觉和定向功能。N1 成分计算的时间窗 150~250 ms，对该成分在顶叶（P3，Pz，P4）电极，枕叶（O1，Oz，O2）电极和枕-颞叶电极（PO7，PO8）进行叠加平均，分析警觉和定向功能。P3 成分分析一致和不一致条件下刺激，计算的时间窗 480~580 ms，对该成分在中线（Fz，FCz，Cz，Pz）的电极进行叠加平均，分析执行控制功能。高低心肺健康水平组在警觉、定向、执行控制三个子网络的脑电波形如图 8-8 所示。

对高低心肺健康水平组在 P1 成分警觉功能，定向功能；N1 成分在警觉功能，定向功能；P3 成分在执行控制功能的平均波幅数据进行配对样本 $t$ 检验，如图 8-9，结果表明高低心肺健康水平组在 P1 成分的警觉和定向功能上不存在显著差异（$p>0.05$）；两组在 N1 成分的警觉功能上存在显著差异[$t(1, 52)=-2.44$，$p<0.05$]，低心肺健康水平组 N1 成分警觉平均波幅[$(-0.98±2.25)\mu V$]显著负于高心肺健康水平组[$(0.31±1.59)\mu V$]。两组 N1 成分定向功能的平均波幅差异显著[$t(1, 52)=3.89$，$p<0.001$]，低心肺健康水平组 N1 成分警觉平均波幅[$(2.68±2.02)\mu V$]显著正于高心肺健康水平组[$(0.35±2.37)\mu V$]。高低心肺健康水平组执行控制 P3 成分的平均波幅差异显著[$t(1, 52)=2.86$，$p<0.01$]，低心肺健康水平组 P3 执行控制的平均波幅[$(1.10±1.80)\mu V$]显著正于高心肺健康水平组[$(-0.35±1.92)\mu V$]。

对所有被试 N1 成分在警觉功能，定向功能的平均波幅和执行控制功能 P3 成分的平均波幅和最大摄氧量进行皮尔逊相关检验（图 8-10）。结果表明，最大摄氧量与警觉功能 N1 成分的平均波幅存在显著的正相关（$r=0.397$，$p=0.003$），被试最大摄氧量越高，完成警觉功能所需要的能量越多；最大摄氧量与定向功能 N1 成分的平均波幅存在显著的负相关（$r=-0.521$，$p=0.000$），被试最大摄氧量越高，完成定向功能所需要的能量越少；最大摄氧量与执行控制功能 N1 成分的平均波幅也存在显著的负相关（$r=0.286$，$p=0.036$），被试最大摄氧量越高，执行控制 P3 成分平均波幅越小，完成任务所需能量越小。

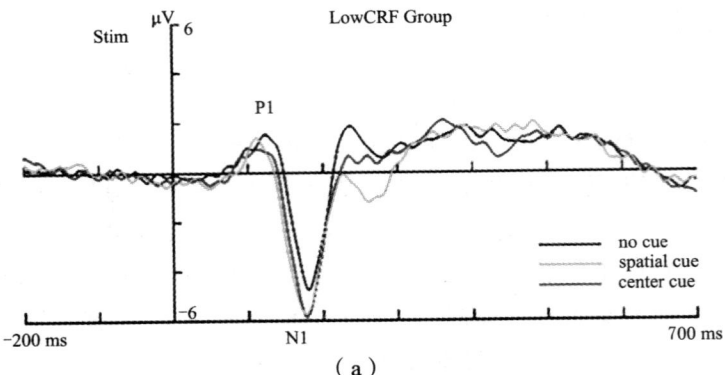

(a)

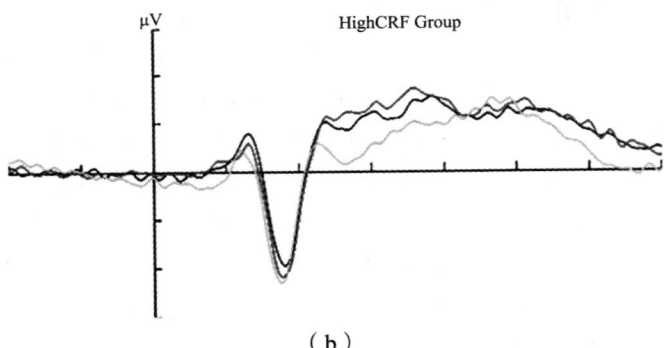

(b)

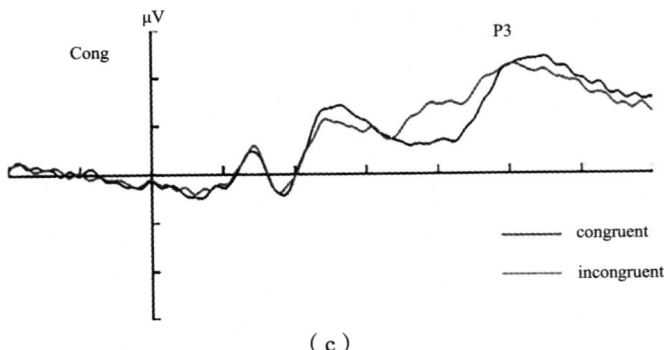

(c)

第八章　高原环境心肺功能影响注意网络的实证研究　181

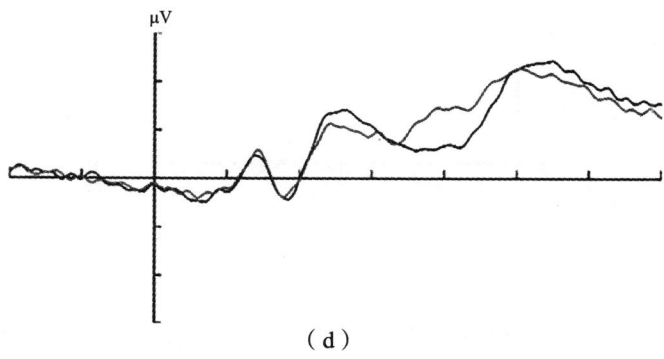

（d）

图 8-8　注意网络脑电波形图

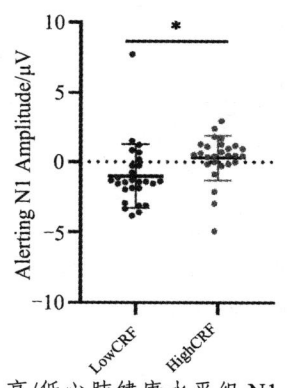

（a）高/低心肺健康水平组 N1 成分
　　警觉功能平均波幅的差异

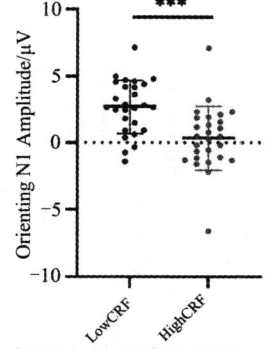

（b）高/低心肺健康水平组 N1 成分
　　定向功能平均波幅的差异

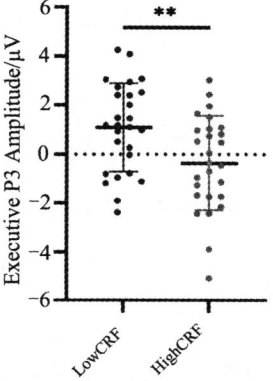

（c）高/低心肺健康水平组 P3 成分执行控制功能平均波幅的差异

图 8-9　高低心肺健康水平组注意网络平均波幅的差异

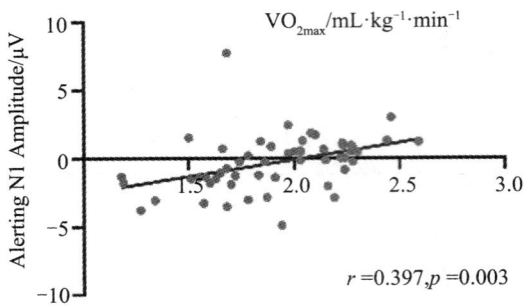

（a）所有被试 N1 成分警觉功能平均波幅与最大摄氧量的相关

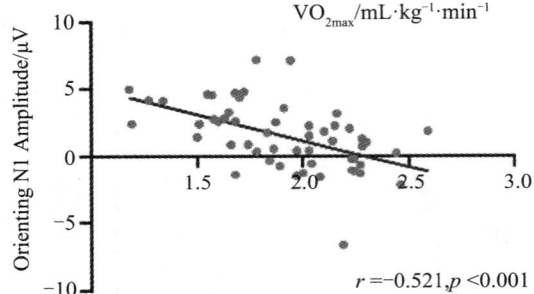

（b）所有被试 N1 成分定向功能平均波幅与最大摄氧量的相关

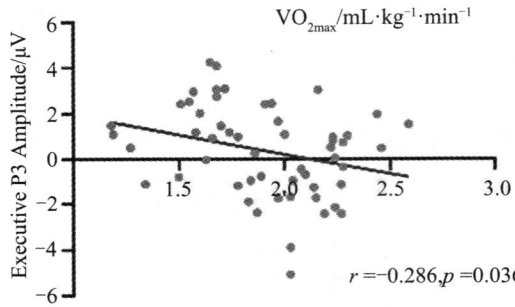

（c）所有被试 P3 成分执行控制功能平均波幅与最大摄氧量的相关

图 8-10　最大摄氧量与注意网络平均波幅的相关

## 四、时频结果

基于 EEG 数据，研究警觉、定向功能分析的电极点为顶叶（P3，Pz，P4）电极，枕叶（O1，Oz，O2）电极和枕-颞叶（PO7，PO8）电极，时间窗为 80～250 ms。执行控制功能分析的电极点为中线（Fz，Fcz，Cz，Pz）

电极，时间窗为 480~580 ms，分析了高低心肺健康水平组在以上时间窗和脑区 1~30 Hz 内的能量值，并进行了独立样本 $t$ 检验，高低心肺健康水平组在警觉、定向、执行控制三个子网络的频谱图详见图 8-11。

独立样本 $t$ 检验结果表明：高低心肺健康水平组在 Delta、Theta 频带的能量没有显著差异（$p>0.05$）；两组在执行控制子网络 Alpha（8~13 Hz，480~580 ms）频带差异显著[$t(1, 52)=2.79$, $p<0.01$]、低心肺健康水平组的能量[$(0.67±0.47)$db]显著大于高心肺健康水平组[$(0.32±0.43)$db]。两组在执行控制子网络 Beta（13~20 Hz，480~580 ms）频带差异显著[$t(1, 52)=2.20$, $p<0.05$]、低心肺健康水平组的能量[$(0.22±0.44)$db]显著大于高心肺健康水平组[$(-0.06±0.48)$db]。

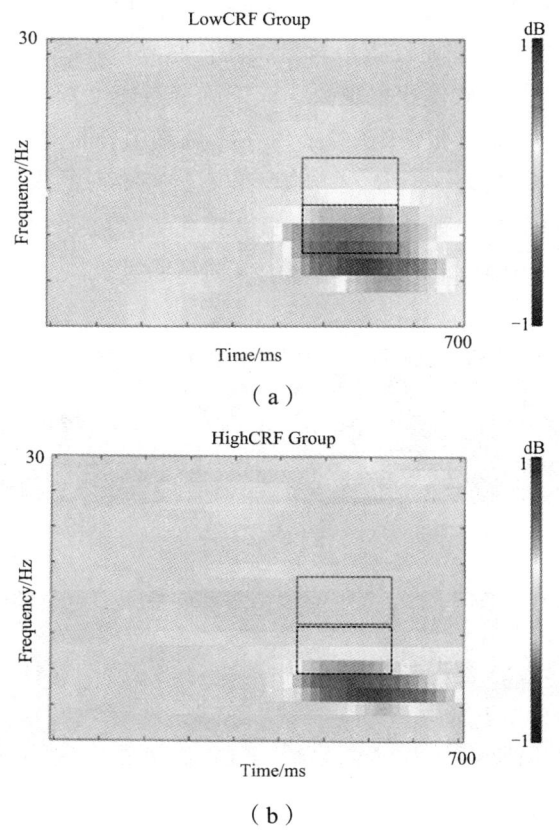

图 8-11 高低心肺健康水平组执行控制子网络频谱图

## 五、磁共振结果

对高低心肺健康水平组的磁共振数据进行独立样本 $t$ 检验,两组在灰质体积、皮层面积、皮层厚度、灰质比和曲率方面不存在显著差异($p>0.05$)。

对所有被试的磁共振数据与最大摄氧量进行相关分析,结果表明最大摄氧量与左侧岛叶和顶叶、右侧中央旁和顶叶灰质体积显著正相关[图 8-12(a)],个体心肺健康水平越好,左侧岛叶、顶叶、右侧中央旁和顶叶灰质体积越大。

磁共振数据与血液生理指标的相关分析结果表明(图 8-12):血浆血红蛋白含量与左侧顶叶、楔前叶的皮层面积,左侧顶叶的灰质体积呈显著正相关[图 8-12(b)],即血红蛋白含量越高,左侧顶叶、楔前叶的皮层面积越大,左侧顶叶的灰质体积也越大。红细胞分布宽度变异系数与左侧顶叶和右侧额上回呈显著负相关[图 8-12(c)],红细胞分布宽度变异系数越小,红细胞形态一致性越好,被试左侧顶叶和右侧额上回的皮层面积越大。血细胞比容与左楔前叶和顶叶下小叶呈显著正相关[图 8-12(d)]即红细胞数量越多,被试左楔前叶和顶叶下小叶的灰质体积越大。

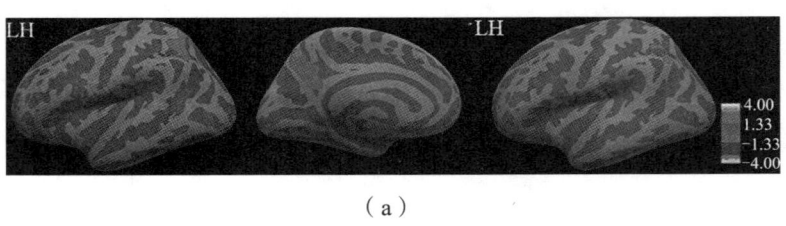

(a)

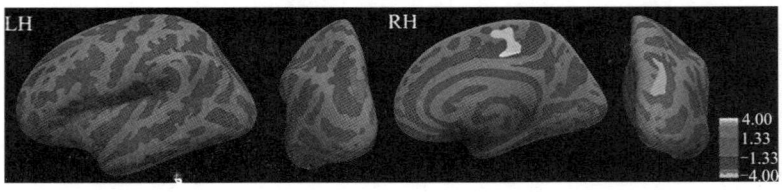

(b)

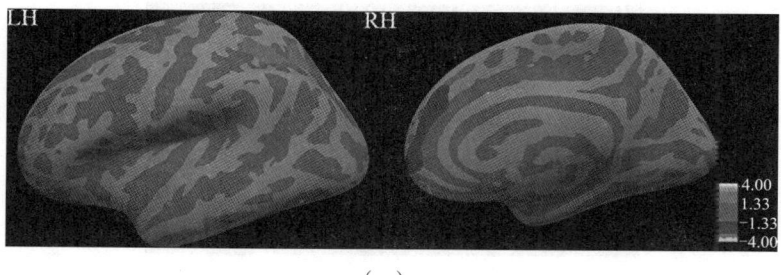

(c)

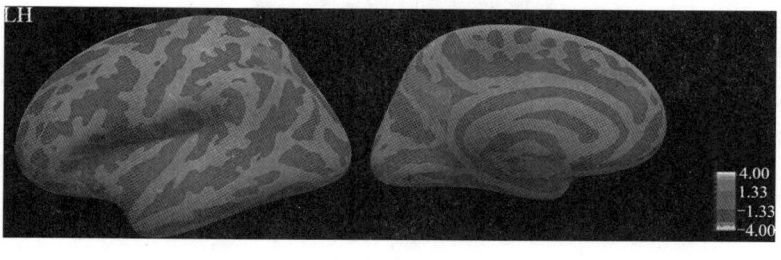

(d)

图 8-12 磁共振数据与血液生理指标的相关

磁共振数据与注意网络脑电和时频数据的相关分析结果表明（图 8-13）：N1 成分警觉功能的平均波幅与左顶叶皮层面积显著正相关[图 8-13（a）]，N1 成分警觉功能的平均波幅越大，被试左顶叶皮层面积越大。P3 成分执行控制功能的平均波幅与舌左回的灰质体积呈负相关[图 8-13（b）]，即 P3 成分执行控制功能的平均波幅越小，舌左回的灰质体积越大。执行控制 Alpha 频带与左侧中央前回和右侧中央后回皮质厚度显著负相关[图 8-13（c）]；执行控制 Beta 频带与左右侧顶叶灰质体积和右侧额中下回皮质厚度呈显著负相关[图 8-13（d）]，即执行控制 Alpha 和 Beta 频带的能量越小，被试左侧中央前回、右侧中央后回和右侧额中下回的皮质厚度越大，左右侧顶叶灰质体积越大。

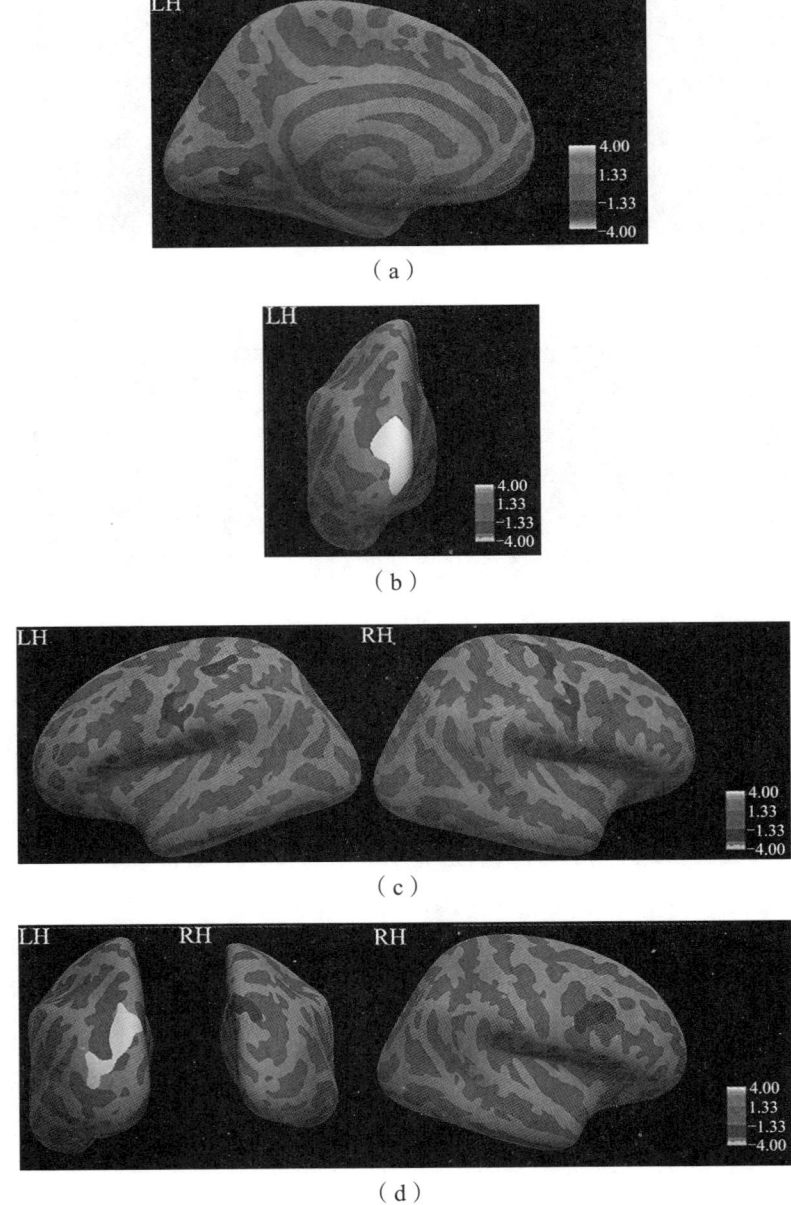

图 8-13 磁共振数据与注意网络脑电时频数据的相关

## 六、生理指标对心肺健康水平和注意网络的中介作用

为探讨心肺健康水平、生理指标和注意网络之间的关系,本研究使用 AMOS 软件采用偏差校正后的百分位"Bootstrap"法,进行中介模型构建。研究中心肺健康水平为自变量(X),采用最大似然(ML)估计模型,红细胞数量相关指标包括:红细胞数(RBC)、血红蛋白(HGB)、血细胞比容(Hct);红细胞质量相关指标为红细胞分布宽度变异系数(RDW-CV)和红细胞分布宽度标准(RDW-SD)。模型中各配适度拟合指数符合标准:CFI=1.000>0.8 TLI=1.069>0.9,GFI=0.998>0.8,RMSEA=0.000<0.08。即该模型具有较好的配适度。

如图 8-14 所示,红细胞数量相关指标(红细胞数 RBC、血红蛋白 HGB、血细胞比容 Hct)在心肺健康水平和执行控制行为准确率之间存在中介作用($a$=0.44[0.21 0.62],$b$=0.31[0.06 0.53],$a \times b$=0.14[0.03 0.29]),即心肺健康水平通过增加红细胞和血红蛋白的数量,间接影响被试在执行控制的正确率,变异解释量为 14%。此外心肺健康水平还可以直接影响执行控制行为表现($c$=0.23[0.05 0.39]),变异解释量为 23%。

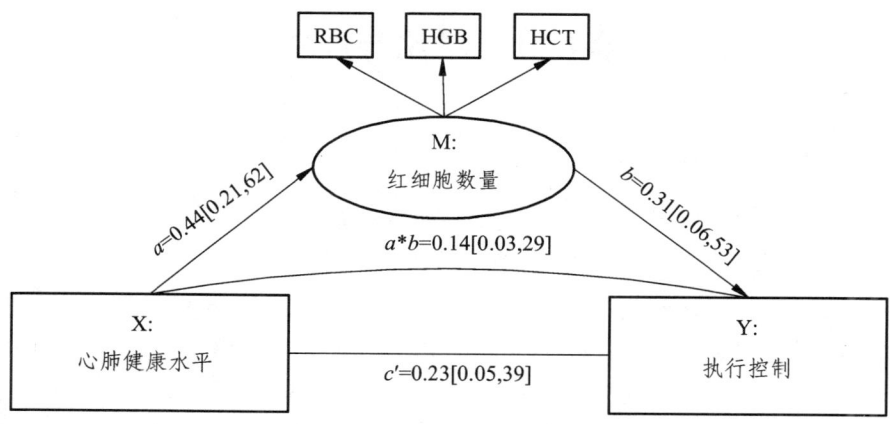

图 8-14 红细胞数量相关指标在心肺健康水平和执行控制准确率的中介作用

如图 8-15 所示,红细胞质量相关指标(红细胞分布宽度变异系数 RDW-CV 和红细胞分布宽度标准 RDW-SD)在心肺健康水平和执行控制 P3 成分平均波幅之间存在中介作用($a$=-0.40[-0.60-0.18],$b$=0.31[-0.02-0.05],$a \times b$=

−0.12[−0.26 0.04]），即心肺健康水平通过改善红细胞形态的一致性，间接影响被试在执行控制 P3 成分平均波幅，变异解释量为 12%。此外心肺健康水平还可以直接影响执行控制 P3 成分平均波幅（$c$=−0.16[−0.35 0.05]），变异解释量为 16%。

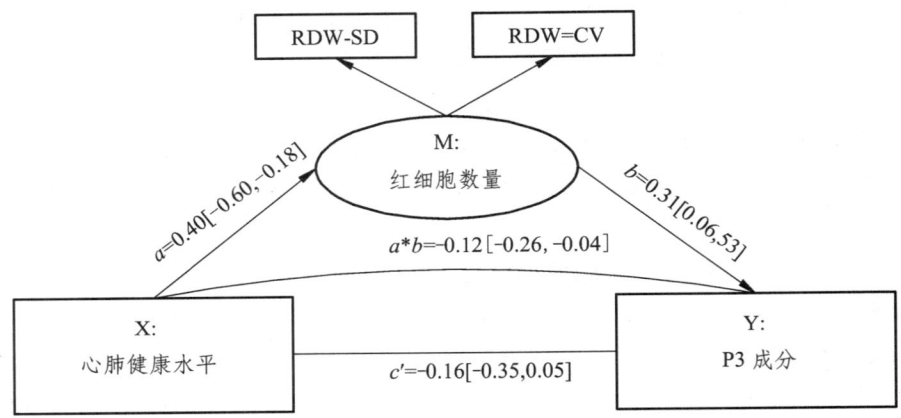

图 8-15 红细胞质量相关指标在心肺健康水平和 P3 成分平均波幅的中介作用

## 第五节 讨论与展望

### 一、讨 论

注意是认知功能研究的基础，长期高海拔暴露和个体心肺健康水平都会影响个体注意功能。高海拔环境影响个体注意网络，不同海拔、不同子网络受到的影响存在差异。高心肺健康水平与更好的注意功能相关，并受到运动强度的影响。二者影响注意功能的核心生理机制就是机体对氧的运输、利用和免疫应激反应，在神经机制层面表现为注意资源的分配和大脑功能与结构的变化。目前研究多分别探讨高海拔环境和心肺健康水平对认知的影响，在非实验室条件下研究高海拔环境中个体心肺健康水平对注意网络的影响及影响的神经生理机制具有一定的理论和实际价值。

本研究采用注意网络测试任务，结合事件相关电位、时频分析和磁共振技术，收集了血液生化指标，使用中介分析探讨高海拔地区个体心肺健康水平对注意网络的影响及影响的神经生理机制。研究发现：长期暴露在高海拔环境中，心肺健康水平影响个体注意网络功能，具体表现为高心肺健康水平个体警觉 N1 平均波幅较小；定向 N1 平均波幅较大；右注意网络执行控制任务中行为正确率更高，P3 平均波幅更小，Alpha 和 Beta 频带的能量越小，对应脑区大脑结构和功能更好。生理上表现为更高的红细胞和免疫水平。红细胞的数量和质量在不同层面上影响个体注意网络执行控制功能的行为表现和神经机制的资源分配。

心肺健康水平与人体多个生理系统密切相关，影响人体正常的生理活动，其中影响最大的就是血液循环系统和免疫系统[44]。高海拔低氧环境，也会影响个体的心肺健康，在生理方面主要表现为携氧能力的变化[45]。即随着个体高海拔地区驻留时间增加，出现红细胞数量、血红蛋白浓度的增加，红细胞增多，氧摄入量增大[46]。本研究发现，心肺健康水平更高的人群血浆中红细胞数量相关指标（红细胞计数、血红蛋白含量、血细胞比容）比心肺健康水平较低的被试群体更高。心肺健康水平越高，他们的红细胞分布宽度变异系数和红细胞分布宽度标准这两项生化指标更低，即红细胞形态更好，体积大小分布更均匀。表明高海拔环境中，心肺健康水平越好，细胞的功能和形态越好，携氧能力越高。和以往研究结果一致，心肺健康水平与红细胞计数、血红蛋白含量和促红细胞生成素（EPO）的浓度等血液学的积极变化有关[47]。高海拔环境中，随着空气中含氧量的变化和高原适应的发生，体内的红细胞水平和血红蛋白水平产生波动性变化[48]。

在免疫应激方面，高海拔环境和运动都是应激源，都会刺激人体免疫系统，产生免疫应激反应，但是二者对免疫细胞影响的方向目前还未得到一致性结论。有研究发现，缺氧可引起中性粒细胞和淋巴细胞、细胞增殖和自然杀伤细胞（NK）这几种免疫参数的显著增加，但随着缺氧时间延长，NK 细胞数量和活性恢复正常，缺氧引起免疫参数的改变似乎是短暂的。同时也有研究发现，高海拔暴露会导致机体 T 淋巴细胞的数目、功能及其产生的细胞因子（如白细胞介素、肿瘤坏死因子等）的变化，造成免疫功能的下降[49,50]。本研究探讨缺氧和心肺健康水平在长期高海拔暴露的条件下对免疫功能的影响，发现长期暴露在高海拔环境中，高心肺健康水平会促进机体产生更多的球蛋白，球蛋白是由 B 淋巴细胞分泌的免疫蛋白，主要用来应对外源刺激。高心肺健康水平被试淋巴细胞数也相对较高,这表明长期暴露在高海拔环境中,高心肺健康水平人群不仅携氧运氧能力更强,免疫系统也得到了更大的激活。但需要注意的是,高心肺健康水平人群免疫功能的激活可能不仅是由于缺氧和运动的持续作用,还可能是红细胞通过抗氧化机制,以促炎的方式激活免疫细胞[51,52],并维持免疫稳态[53]。

注意网络方面,长期生活在高海拔环境中,高心肺健康水平个体相较于低心肺健康水平被试在注意网络执行控制子网络行为正确率更高,反应时上不存在显著差异。与以往研究一致,心肺健康水平可能通过促进大脑对执行功能至关重要的核心区域的激活而支持认知功能[54]。研究表明,高心肺健康水平人群相对于低心肺健康水平被试,反应时更短,右侧额下叶脑氧化程度更高。以儿童为被试的研究发现心肺健康水平越好的儿童执行功能越好,心肺健康水平较高的儿童,其在认知任务行为表现的正确率也更高[55]。

脑电方面,心肺健康水平越高,P3 成分执行控制的平均波幅越小,完成执行控制反应任务所需要的能量越少。并且在时频分析上得到了一致性结果。高心肺健康水平个体在执行控制一致/不一致任务中需要相对较少的注意资源,却表现出更好的认知功能。以往研究发现,注意相关的脑电成分 P3 对缺氧十分敏感[56]。高海拔被试的 P3 成分与低海拔被试相比其波幅变小,潜伏期更长[57]。P3 成分不仅是测量高海拔缺氧环境影响个体注意功能的经典脑电成分,也是研究心肺健康水平影响人体认知功能的有效指标。心肺健康程度高的个体 P3 波幅更大,潜伏期更短,表明在认知操作过程中,注意力资源分配更大,处理速度更快[58]。但也有研究发现,注意及工作记忆分配有关的 P3 波幅并不受心肺健康水平的影响[59]。P3 成分波幅的变化不仅反映了个体心肺健康水平,也受到年龄,运动强度,生理唤起程度等因素的影响[60]。研究表明,P3 波幅的变化与运动强度呈倒 U 形曲线关系,高运动强度组相较于中等运动强度组被试其 P3 波幅减少[61]。高海拔缺氧环境下,个体心肺健康水平越高,单位最大摄氧量越高,对氧气的需求越大,生理系统也得到更大程度的激活,执行控制功能所分配的注意资源减少,P3 成分平均波幅降低。时频方面,Alpha 频带(8~13 Hz)的振荡与注意力和工作记忆的处理相关[62,63]。研究表明,Alpha 频带在注意力的分配和控制中起着重要的作用[64]，Alpha 频带能量在简单的任务中随记忆负荷的增加而增加，但在要求更高的任务中，随着记忆负荷的增加而减少[65]。Beta 频带（13~30 Hz）能量与维持当前的感觉运动或认知状态有关，当认知负荷增加时，Beta 频带活动增加[66]。并且，当个体预期发生注意力的转移时，Beta 频带能量减弱[67]。结合脑电和时频分析的结果，我们发现高海拔环境下心肺健康水平影响注意网络资源分配的神经机制存在一定的特殊性，执行控制所需要的能量越少，认知功能表现越好。

为了进一步在大脑结构上验证我们在生理和注意网络行为、脑电、时频上的发现，本研究通过磁共振成像技术探究了在高海拔地区心肺健康水平与脑结构的关系，并与生理指标，注意网络任务的行为、脑电、时频结果进行相关分析。结果表明，虽然高低心肺健康水平组并未发现在大脑指标（皮层表面积、皮层厚度、灰质体积）上存在显著的差异，但在与生化指标与脑电成分的相关分析中发现：红细胞和血红蛋白数量越多，红细胞形态越均匀稳定，大脑结构越好。最大摄氧量与左侧岛叶和顶叶、右侧中央旁和顶叶灰质体积显著相关，最大摄氧量越高，心肺健康水平越好，大脑左侧岛叶和顶叶、右侧中央旁和顶叶灰质体积也越大。和本研究结果一致，前额叶、颞叶和顶叶皮质的厚度以及皮层表面积完整性的增加都依赖于心肺健康水平[68,69]。心肺健康水平与更大的脑容量、更低的萎缩率、更好的认知功能有关[70]。在注意网络方面，我们发现注意的警觉功能与额叶和顶叶区域相关，主要分布在丘脑、额叶和顶叶的部分区域。N1 警觉平均波幅越大左顶叶皮层面积越大。执行控制 Alpha 频带能量越少，大脑左侧中央前回和右侧中央后回皮质厚度越厚。执行控制 Beta 频带能量越低左右顶叶灰质体积和右侧额中下回皮质厚度越大。执行控制负责监测和解决存在相互竞争的心理冲突过程，前扣带回和背外侧额叶在执行控制网络中起重要作用，主要涉及丘脑、左侧额上回、双侧额下回、右侧额中回等区域[71,72]。也就是说认知功能所需要的能量越少，对应的大脑脑区的结构和功能越好。血液生化指标方面，血红蛋白含量与左顶叶、楔前叶皮质面积、左顶叶灰质体积呈显著正相关，血细胞比容与左楔前叶和顶叶下小叶灰质体积呈显著正相关。刘宇等人发现，与传统哑铃练习相比身体运动更大的惯性哑铃练习时，额叶与顶叶的血红蛋白含量更高，可以更大调动顶叶和额叶的参与，并且具有偏侧化的特点[73]。红细胞分布宽度变异系数与左侧顶叶和右侧额上回的皮层面积呈显著负相关。在高原环境红细胞和血红蛋白的增加，提高氧气运输和利用效率可能是心肺功能进行高原适应的生理机制[74]。

我们进一步使用中介分析探索心肺健康水平、血液生理指标和注意网络认知功能的关系，发现红细胞数量相关指标即红细胞数量，血红蛋白含量，血细胞比容在心肺健康水平和执行控制准确率之间存在中介作用。心肺健康水平通过增加红细胞和血红蛋白的数量，间接影响被试在执行控制的正确率，心肺健康水平还可以直接影响执行控制行为表现。红细胞质量相关指标即红细胞分布宽度变异系数和红细胞分布宽度变异标准在心肺健康水平和执行控制 P3 成分平均波幅之间存在中介作用。心肺健康水平通过改善红细胞形态的一致性，间接影响被试在执行控制 P3 成分平均波幅，此外心肺健康水平还可以直接影响执行控制 P3 成分平均波幅。中介结果不仅说明红细胞在心肺健康水平和认知功能之间起着中介作用。同时也说明注意网络执行功能的行为表现和神经机制的资源分配分别受到不同的生理机制影响，红细胞的数量和质量在不同层面上影响个体的认知功能。

## 二、结　论

本研究发现，长期暴露在高海拔环境中，高心肺健康水平个体在注意网络执行控制任务中需要相对较少的注意资源，呈现更好的认知表现，同时对应脑区大脑结构和功能更好。生理上表现为更高的红细胞和免疫水平。红细胞的数量和质量在不同层面上影响个体注意网络执行功能的行为表现和神经机制的资源分配。

## 三、问题与展望

为了更好探讨高海拔环境下心肺健康水平对认知功能的影响及其神经生理机制。在今后的研究中，可以进一步补充 C-反应蛋白，低氧诱导因子 HIF1-α，同型半胱氨酸等生理指标的测量，从而深化对生理机制的了解。其次，为了增加研究结果的生态效度，在接下来的实验中增加女性被试，和高海拔世居者被试，使研究结果有更好的普适性和推广性，并通过男/女，移居者/世居者对比深化认识。最后，可以开展追踪研究及干预研究，了解心肺健康对高海拔环境下人体生理和认知的时程效应、运动的剂量效应和影响的因果关系。

## 参考文献

[ 1 ] ZAUNER A, OPPENBERG E D, WOODWARD J J, et al. Multiparametric continuous monitoring of brain metabolism and substrate delivery in neurosurgical patients[J]. Neurological Research, 1997, 19(3): 265-273.

[ 2 ] DO L C, BLAIR S N, JACKSON A S. Cardiorespiratory fitness, body composition, and all-cause and cardiovascular disease mortality in men[J]. American Journal of Clinical Nutrition, 1999(3): 373-380.

[ 3 ] FRYER S M, GILES D, PALOMINO I G, et al. Hemodynamic and cardiorespiratory predictors of sport rock climbing performance[J]. The Journal of Strength & Conditioning Research, 2018, 32(12): 3534-3541.

[ 4 ] 高颀，田野，胡扬，等．高住低训对优秀女子跆拳道运动员运动能力和血象的影响[J]．中国运动医学杂志，2006，25（003）：304-308.

[ 5 ] 吴卫，彭莉，尹松．最大摄氧量、无氧阈在评价有氧能力方面的差异分析[J]．西南师范大学学报（自然科学版），2009（05）：221-224.

[ 6 ] BALE T L, VALE W W. CRF and CRF receptors: role in stress responsivity and other behaviors[J]. Annu Rev Pharmacol Toxicol, 2004, 44: 525-557.

[ 7 ] 孙文君．天津市部分高校全日制硕士研究生日常体力活动水平与心肺耐力相关性研究[D]．天津：天津体育学院，2020.

[ 8 ] 尹小俭．心肺耐力是儿童青少年体质健康的重要维度[J]．中国学校卫生，2017，38（12）：1761-1764.

[ 9 ] 周誉．中年人群心肺耐力、体力活动水平与心血管疾病风险因素的相关研究[D]．北京：北京体育大学，2015.

[10] BERNTSEN S, BIANBA B, ANDERSEN L B, et al. Physical activity and aerobic fitness level in children living at high altitude in Tibet[J].

Gazzetta Medica ItalianaArchivio per le Scienze Mediche, 2014, 173(3): 119-26.

[11] 冯连世. 优秀运动员身体机能评定的方法及存在问题[J]. 体育科研, 2003（03）: 49-54.

[12] 曹泽亮. 最大摄氧量判定指标和标准的研究[D]. 重庆: 西南大学, 2012.

[13] CLARK U S, WILLIAMS D. Exercise and the brain[M]. New York: Springer, 2011.

[14] DJORDJEVIC D, CUBRILO D, MACURA M, et al. The influence of training status on oxidative stress in young male handball players[J]. Molecular and Cellular Biochemistry, 2011, 351(1): 251-259.

[15] KOONS N J, SURESH M R, SCHLOTMAN T E, et al. Interrelationship between sex, age, blood volume, and $VO_{2max}$[J]. Aerospace Medicine and Human Performance, 2019, 90(4): 362-368.

[16] TREFF G, SCHMIDT W, WACHSMUTH N, et al. Impact of insidious gastrointestinal blood loss on endurance performance in an elite rower[J]. The Journal of Sports Medicine and Physical Fitness, 2014, 54(3): 335-339.

[17] LI J, THORNE L N, PUNJABI N M, et al. Intermittent hypoxia induces hyperlipidemia in lean mice[J]. Circulation Research, 2005, 97(7): 698-706.

[18] BISHOP D J, GIRARD O. Determinants of team-sport performance: implications for altitude training by team-sport athletes[J]. British Journal of Sports Medicine, 2013, 47: i17-i21.

[19] HEEG K. The innate immune system[J]. NeuroImmune Biology, 2007, 7: 87-99.

[20] LUQUE-CASADO A, PERALES J C, CÁRDENAS D, et al. Heart rate variability and cognitive processing: The autonomic response to task demands[J]. Biological Psychology, 2016, 113: 83-90.

[21] YAP P, WU F W, DU Z W, et al. Effect of deworming on physical fitness of school-aged children in Yunnan, China: a double-blind, randomized,

placebo-controlled trial[J]. PLoS Negl Trop Dis, 2014, 8(7): e2983.
[22] CHADDOCK-HEYMAN L, ERICKSON K I, VOSS M, et al. The effects of physical activity on functional MRI activation associated with cognitive control in children: a randomized controlled intervention[J]. Frontiers in Human Neuroscience, 2013, 7: 72.
[23] PONTIFEX M B, RAINE L B, JOHNSON C R, et al. Cardiorespiratory fitness and the flexible modulation of cognitive control in preadolescent children[J]. Journal of Cognitive Neuroscience, 2011, 23(6): 1332-1345.
[24] STROTH S, REINHARDT R K, THÖNE J, et al. Impact of aerobic exercise training on cognitive functions and affect associated to the COMT polymorphism in young adults[J]. Neurobiology of Learning and Memory, 2010, 94(3): 364-372.
[25] HILLMAN C H, ERICKSON K I, KRAMER A F. Be smart, exercise your heart: exercise effects on brain and cognition[J]. Nature Reviews Neuroscience, 2008, 9(1): 58-65.
[26] COLCOMBE S, KRAMER A F. Fitness effects on the cognitive function of older adults: a meta-analytic study[J]. Psychological Science, 2003, 14(2): 125-130.
[27] COLCOMBE S J, ERICKSON K I, SCALF P E, et al. Aerobic exercise training increases brain volume in aging humans[J]. The Journals of Gerontology Series A: Biological Sciences and Medical Sciences, 2006, 61(11): 1166-1170.
[28] BOUCARD G K, ALBINET C T, BUGAISKA A, et al. Impact of physical activity on executive functions in aging: a selective effect on inhibition among old adults[J]. Journal of Sport and Exercise Psychology, 2012, 34(6): 808-827.
[29] BOECKER H. On the emerging role of neuroimaging in determining functional and structural brain integrity induced by physical exercise: impact for predictive, preventive, and personalized medicine[J]. EPMA Journal, 2011, 2(3): 277-285.
[30] ERICKSON K I, HILLMAN C, STILLMAN C M, et al. Physical activity,

cognition, and brain outcomes: a review of the 2018 physical activity guidelines[J]. Medicine and Science in Sports and Exercise, 2019, 51(6): 1242.

[31] JOYCE J, SMYTH P J, DONNELLY A E, et al. The Simon task and aging[J]. Medicine & Science in Sports & Exercise, 2014, 46(3): 630-639.

[32] BOSS H M, VAN SCHAIK S M, WITKAMP T D, et al. Cardiorespiratory fitness, cognition and brain structure after TIA or minor ischemic stroke[J]. International Journal of Stroke, 2017, 12(7): 724-731.

[33] ERICKSON K I, LECKIE R L, WEINSTEIN A M. Physical activity, fitness, and gray matter volume[J]. Neurobiology of Aging, 2014, 35: S20-S28.

[34] 马海林, 张新娟, 杨振涛. 长期高海拔暴露对移居者和世居者注意网络的影响[J]. 中国高原医学与生物学杂志, 2017, 38（04）: 267-272.

[35] ZHANG D, ZHANG X, MA H, et al. Competition among the attentional networks due to resource reduction in Tibetan indigenous residents: evidence from event-related potentials[J]. Scientific Reports, 2018, 8(1): 1-10.

[36] 安心, 马海林, 韩布新, 等. 高海拔驻留时间对注意网络的影响[J]. 中国临床心理学杂志, 2017, 25（03）: 502-506+493.

[37] COLCOMBE S J, ERICKSON K I, SCALF P E, et al. Aerobic exercise training increases brain volume in aging humans[J]. The Journals of Gerontology Series A: Biological Sciences and Medical Sciences, 2006, 61(11): 1166-1170.

[38] BOUCARD G K, ALBINET C T, BUGAISKA A, et al. Impact of physical activity on executive functions in aging: a selective effect on inhibition among old adults[J]. Journal of Sport and Exercise Psychology, 2012, 34(6): 808-827.

[39] CORBETTA M, KINCADE J M, OLLINGER J M, et al. Voluntary orienting is dissociated from target detection in human posterior parietal cortex[J]. Nature Neuroscience, 2000, 3(3): 292-297.

[40] HEEG K. The innate immune system[J]. Neuro Immune Biology, 2007, 7:

87-99.

[41] BALE T L, VALE W W. CRF and CRF receptors: role in stress responsivity and other behaviors[J]. Annu Rev Pharmacol Toxicol, 2004, 44: 525-557.

[42] 温忠麟, 叶宝娟. 中介效应分析: 方法和模型发展[J]. 心理科学进展, 2014, 22 (05): 731-745.

[43] HU L, BENTLER P M. Cutoff criteria for fit indexes in covariance structure analysis: conventional criteria versus new alternatives[J]. Structural Equation Modeling, 1999, 6(1): 1-55.

[44] LEE C D, BLAIR S N, JACKSON A S. Cardiorespiratory fitness, body composition, and all-cause and cardiovascular disease mortality in men[J]. The American Journal of Clinical Nutrition, 1999, 69(3): 373-380.

[45] 尚小珂, 邓晓娴, 丁珊珊, 等. 急速进入高原地区的健康中、青年人群心、肺适应性改变[J]. 解放军医药杂志, 2014, 26 (06): 26-28+32.

[46] RICHALET J P, SOUBERBIELLE J C, ANTEZANA A M, et al. Control of erythropoiesis in humans during prolonged exposure to the altitude of 6,542 m[J]. American Journal of Physiology-Regulatory, Integrative and Comparative Physiology, 1994, 266(3): R756-R764.

[47] WILBER R L. Detection of DNA-recombinant human epoetin-alfa as a pharmacological ergogenic aid[J]. Sports Medicine, 2002, 32(2): 125-142.

[48] 杜智敏, 刘崇礼, 李显全, 等. 高海拔地区不同年龄正常人红细胞免疫功能测定及分析[J]. 高原医学杂志, 1999 (01): 40-41.

[49] JONGEN-LAVRENCIC M, PEETERS H R M, ROZEMULLER H, et al. IL-6-induced anaemia in rats: possible pathogenetic implications for anaemia observed in chronic inflammations[J]. Clinical & Experimental Immunology, 1996, 103(2): 328-334.

[50] 袁际学, 康连, 徐芳, 等. 不同负荷后对高原短跑运动员红细胞和白细胞及分类的影响[J]. 云南师范大学学报 (自然科学版), 2007 (03) 65-69.

[51] BUSINARO R, TAGLIANI A, BUTTARI B, et al. Cellular and molecular players in the atherosclerotic plaque progression[J]. Annals of the New York Academy of Sciences, 2012, 1262(1): 134-141.

[52] HANSSON G K, HERMANSSON A. The immune system in atherosclerosis[J]. Nature Immunology, 2011, 12(3): 204-212.

[53] YAZDANBAKHSH K, BAO W, ZHONG H. Immunoregulatory effects of stored red blood cells[J]. Hematology 2010, the American Society of Hematology Education Program Book, 2011(1): 466-469.

[54] BOECKER H. On the emerging role of neuroimaging in determining functional and structural brain integrity induced by physical exercise: impact for predictive, preventive, and personalized medicine[J]. EPMA Journal, 2011, 2(3): 277-285.

[55] YAP P, WU F W, DU Z W, et al. Effect of deworming on physical fitness of school-aged children in Yunnan, China: a double-blind, randomized, placebo-controlled trial[J]. PLoS Negl Trop Dis, 2014, 8(7): e2983.

[56] OMATSU T, NAITO Y, HANDA O, et al. Reactive oxygen species-quenching and anti-apoptotic effect of polaprezinc on indomethacin-induced small intestinal epithelial cell injury[J]. Journal of Gastroenterology, 2010, 45(7): 692-702.

[57] SINGH S B, THAKUR L, ANAND J P, et al. Effect of chronic hypobaric hypoxia on components of the human event related potential[J]. Indian Journal of Medical Research, 2004, 120(2): 94.

[58] CHADDOCK-HEYMAN L, ERICKSON K I, VOSS M, et al. The effects of physical activity on functional MRI activation associated with cognitive control in children: a randomized controlled intervention[J]. Frontiers in Human Neuroscience, 2013, 7: 72.

[59] STROTH S, REINHARDT R K, THÖNE J, et al. Impact of aerobic exercise training on cognitive functions and affect associated to the COMT polymorphism in young adults[J]. Neurobiology of Learning and Memory, 2010, 94(3): 364-372.

[60] VORKAPIĆ S T. Biological correlates of P300 and extraversion relationship[J]. Collegium Antropologicum, 2009, 33(4).

[61] KAMIJO K, NISHIHIRA Y, HATTA A, et al. Changes in arousal level by differential exercise intensity[J]. Clinical Neurophysiology, 2004, 115(12):

2693-2698.

[62] HERRMANN C S, RACH S, VOSSKUHL J, et al. Time-frequency analysis of event-related potentials: a brief tutorial[J]. Brain Topography, 2014, 27(4): 438-450.

[63] KLIMESCH W, DOPPELMAYR M, RUSSEGGER H, et al. Induced alpha band power changes in the human EEG and attention[J]. Neuroscience letters, 1998, 244(2): 73-76.

[64] KELLY S P, LALOR E C, REILLY R B, et al. Increases in alpha oscillatory power reflect an active retinotopic mechanism for distracter suppression during sustained visuospatial attention[J]. Journal of Neurophysiology, 2006, 95(6): 3844-3851.

[65] JACOBS J, KAHANA M J, EKSTROM A D, et al. Brain oscillations control timing of single-neuron activity in humans[J]. Journal of Neuroscience, 2007, 27(14): 3839-3844.

[66] GOLA M, MAGNUSKI M, SZUMSKA I, et al. EEG beta band activity is related to attention and attentional deficits in the visual performance of elderly subjects[J]. International Journal of Psychophysiology, 2013, 89(3): 334-341.

[67] ENGEL A K, FRIES P. Beta-band oscillations—signalling the status quo?[J]. Current Opinion in Neurobiology, 2010, 20(2): 156-165.

[68] GORDON B A, RYKHLEVSKAIA E I, BRUMBACK C R, et al. Neuroanatomical correlates of aging, cardiopulmonary fitness level, and education[J]. Psychophysiology, 2008, 45(5): 825-838.

[69] COLCOMBE S J, ERICKSON K I, SCALF P E, et al. Aerobic exercise training increases brain volume in aging humans[J]. The Journals of Gerontology Series A: Biological Sciences and Medical Sciences, 2006, 61(11): 1166-1170.

[70] SAYAL N. Exercise training increases size of hippocampus and improves memory PNAS (2011) vol. 108| no. 7| 3017-3022[J]. Annals of neurosciences, 2015, 22(2): 107.

[71] YANG Z, HE X, GAO J, et al. Stacked attention networks for image question answering[C]. Proceedings of the IEEE conference on computer vision and pattern recognition, 2016: 21-29.

[72] PTAK R. The frontoparietal attention network of the human brain: action, saliency, and a priority map of the environment[J]. The Neuroscientist, 2012, 18(5): 502-515.

[73] 吕娇娇，黄灵燕，刘宇. 12周惯性哑铃练习对轻度认知损害老年人的干预效果[J]. 上海体育学院学报，2020，44（05）：63-69+80.

[74] 黄丽英. 间歇低氧训练对大鼠氧化应激及其低氧适应机制的研究[D]. 上海：华东师范大学，2003.

# 第九章 高原环境心肺功能与大脑关系的实证研究

## 第一节 概 述

人类大脑不仅受到病理（如阿尔茨海默症）和正常老化的影响，还会受到特殊环境的影响。已有很多研究表明，长期的高海拔暴露对高海拔居民的神经系统和大脑结构产生影响[1,2]。高海拔缺氧环境对神经系统产生影响的原因可能是当神经元处于缺氧状态时会进行自我分解，另一种可能是，缺氧会诱导谷氨酸的过度释放，突出后神经元在释放储存的谷氨酸后导致细胞死亡，并产生一种有毒物质持续扩散至其他神经元[3]。在珠峰登山者返回平原后的核磁共振成像（MRI）扫描中发现，几乎每一位珠峰登山者的核磁共振扫描结果都显示他们的大脑结构发生了变化，发现大脑皮质的萎缩和血管周围间隙扩大，而这些变化通常与人的衰老有关，并且这些变化会持续多年[4]。慢性高原病（CMS）患者的脑白质纤维束也受到损伤，白质降低的脑区有双侧额叶、海马旁回白质和胼胝体膝部[5]。海马对缺氧环境可能更加敏感。海马位于丘脑和内侧颞叶之间，属于边缘系统的一部分，主要负责长时记忆的存储转换和定向等功能。在动物研究中发现，低氧暴露会使海马和皮质线粒体膜电位下降，一氧化氮代谢增高，这可能是高海拔适应的机制[6]。高海拔大脑缺氧导致海马神经元退化，从而影响记忆功能[7]，随着缺氧时间的增加海马损伤越严重。海马亚区 CA1 和 CA3 对缺氧具有较高的敏感性[8,9]。Schulze 等人观察到缺氧会导致海马、下丘脑和纹状体的代谢延迟[10]。高海拔环境不仅会对大脑皮层造成影响，而且由于海马的特性，高海拔环境对海马的影响更为严重。

心肺健康水平（Cardiorespiratory fitness，CRF），指氧气由人体循环系

统通过肺部呼吸和心脏活动输送到机体全身,从而满足人体各种生命活动和物质与能量代谢的生理过程,同时还包括机体肌肉、各组织器官对氧气的利用能力。大量的研究发现,个体的心肺健康水平与认知能力存在显著的高相关,也就是心肺健康水平更好的个体认知能力也更好。心肺健康诱导的神经可塑性可能是认知功能变化的基础。大脑神经可塑性伴随着我们一生,运动作为一种简单而广泛的娱乐和训练方式,可以激活和维持大脑可塑性的分子和细胞级联。心肺健康水平较高的个体其大脑灰质体积更大,前额叶、顶叶区域皮层表面积也更大[11],并且这些结构、功能的改善与更好的认知表现相关[12]。心肺健康水平更高的老年人任务表现更好,他们的背外侧前额叶皮质、右额下回、中央前回的灰质含量更多。中等和高水平的运动可能与老年人更大的脑容量、更低的萎缩率、更好的认知功能和更低的认知衰退风险有关[13,14]。对59名60~79岁的健康老年人进行6个月的干预实验研究发现,老年人每周运动一次或者每周运动两次都可以减小整个大脑的萎缩[15]。心肺健康对海马神经可塑性同样存在显著的效果。虽然海马极易受到缺氧环境影响而损伤,但是成年阶段海马每天都会生成新的神经元,并且海马具有较高的神经可塑性[16,17]。运动可以有效地增加海马的低氧诱导因子(HIF)含量[18],诱导BDNF的增加可以有效地防止成年后期海马体积的下降[19]。血清中的低水平BDNF含量与更低的海马体积和更差的记忆能力相关,并且BDNF介导了年龄相关的海马体积下降[20]。心肺健康水平更高个体的尾状核、豆状核、苍白球和海马的体积更大,并且与性别年龄等因素无关[21]。健康水平更高的儿童海马体积更大,记忆任务表现更好,并且海马体积在心肺健康与记忆任务中起中介作用[22]。健康水平更高老年人的海马体积更大,并且更大的海马与更准确、更快的空间记忆和更少的事件遗忘有关[23]。中等强度的有氧运动可以有利于记忆任务表现,同时增加了双侧顶叶和左侧海马的活动[24]。左侧海马体积的增加与更低的前摄干扰错误率相关[25]。

高原环境下心肺健康水平与神经可塑性可能存在潜在的关系。Zhang等人对高海拔地区两年以上的移居者研究发现,左侧岛叶、左侧顶叶下回和右侧顶叶上回的灰质体积增加,左侧前中央皮层、小脑的多个部位和右侧额上回的白质体积减小,并且肺活量与岛叶的灰质体积显著正相关[26]。同时他们还发现,高海拔移居者的海马旁回和额中回的灰质体积与肺活量相关，额上回的灰质体积与心理旋转有关，中央后回的灰质体积与反应时相关[27]。

心肺健康能够诱导大脑结构的可塑性，增强认知功能，并且被认为是一种提高人类大脑适应环境需求能力的重要手段。而现有的研究多集中在短期急性的高原训练对运动能力的影响，几乎没有对长期高海拔环境暴露心肺健康水平的神经可塑性方面的研究。所以为了探究长期高海拔环境暴露心肺健康水平诱导神经可塑性的效应，我们选取了长期居住在高海拔环境的 50 名男性大学生，采集最大摄氧量和 MRI 等一些指标探究运动对长期高海拔暴露大脑结构的影响。

# 第二节 研究方法

## 一、研究对象

本研究招募了出生成长在低海拔地区，移居高海拔地区（拉萨，3700 m）2 年以上的被试共 54 名，均为男性。根据被试的最大摄氧量（$VO_{2max}$）分为高心肺健康水平组和低心肺健康水平组。所有被试受教育年限相同，均为右利手，视力正常或矫正视力正常，非色障，无精神病史，无创伤性脑损伤、高血压、心脏病等重大疾病。本研究经西藏大学地方伦理委员会批准，按照有关准则和规定进行。所有被试均自愿参加本实验，在实验之前均签署了知情同意书，并于实验结束后得到一定报酬。

## 二、MRI 数据

在西藏自治区武警总队医院的 MRI 3.0 T 扫描仪上收集了被试的 MRI 数据，使用标准化的 MPRAGE：矢状面，获得三维 T1-MRI 的快速梯度回波图像。本研究使用的成像参数为：TR=1900 ms，TE=2.41 ms，翻转角度：9°，FOV=256×256，成像矩阵为 256×256；扫描层数 192 层，连续扫描，层厚 1 mm，体素=1 mm×1 mm×1 mm。

## 三、最大摄氧量

本研究采用心肺运动功能测试系统进行心肺功能数据的采集与分析。该系统包括心肺运动功能测试仪和功率自行车两部分。通过测试被试在静息和运动状态（递增负荷蹬功率自行车）下的氧气、二氧化碳、呼吸通气量的数据来评估个体的心肺健康能力。在测试过程中，受试者需要佩戴血氧仪、心率遥测表和呼吸面罩，采用每口气测试法（breath by breath）所测指标通过心肺功能测试仪（德国 Cortex）检测与记录，并同步显示和保存在与之相连接的计算机上，计算机根据标准 Wasserman 公式进行相关指标计算。

# 第三节　数据分析

## 一、MRI 数据分析

磁共振数据处理分析是在 Linux Ubuntu 系统中，使用 MRI cron 将结构磁共振 T1 加权项的 DICOM 格式数据转化为 NIFIT 格式。使用 FreeSurfer 稳定版 6.0（http://surfer.nmr.mgh.harvard.edu/）进行处理和分析。基于之前的研究方法[615]，本研究首先将切片重新采样为 1 mm 各向相同体素的三维图像，进行非均匀强度归一化，并将图像配准到（MNI）空间。然后使用算法进行归一化，其中控制点被自动识别并归一化到一个标准的强度值，通过一个自动的颅骨剥离程序，将大脑大体解剖划分为皮层和皮层下标记。之后使用 aprac 模板提取 68 个 ROI 的灰质体积进行统计分析。

## 二、海马分割

使用 FreeSurfer 常规通道对海马亚区体积进行分割。以完全自动化的方式分割超高分辨率 MRI 数据中的海马子域。使用贝叶斯推理，使用一个统计模型的图像形成周围的海马区域获得自动分割。自动分割技术是完全可重复的,而且足够快,可以在大型成像研究中对海马子域进行常规分析[616]。共分割为 24 个区域(图 9-1),后提取每个海马亚区的值进行统计分析。

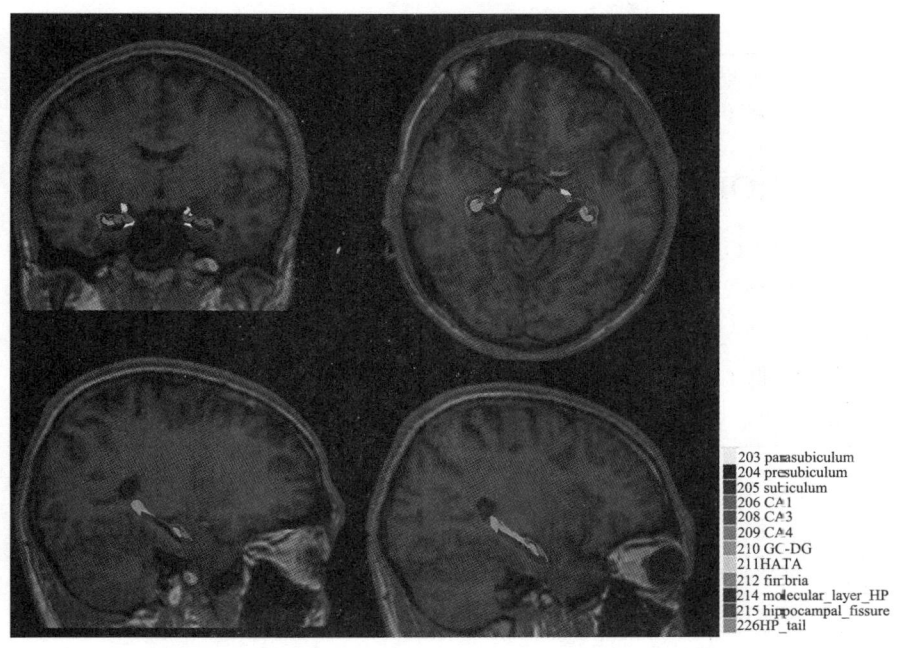

图 9-1  海马亚区分割的矢状面、冠状面和水平面效果图

## 三、数据统计分析

最大摄氧量、提取的皮层指标和海马指标分析均在 SPSS 20.0 中完成。

# 第四节  研究结果

## 一、最大摄氧量

根据已测得的最大摄氧量将 50 名被试分为高心肺健康和低心肺健康两组,之后对两组被试的最大摄氧量、BMI 进行独立样本 $t$ 检验,发现高心肺健康组的最大摄氧量、BMI 显著高于低心肺健康组(表 9-1)。

表 9-1　高低心肺健康组最大摄氧量、BMI 和执行控制功能比较（Mean±SD）

|  | 低心肺健康组 | 高心肺健康组 | $t$ | $p$ |
| --- | --- | --- | --- | --- |
| 最大摄氧量 | 1.64±0.21 | 2.195±0.156 | -10.439*** | 0.000 |
| BMI | 20.212±2.942 | 22.657±2.5968 | -3.079** | 0.003 |

注：#代表边缘显著；*代表 $0.01 \leqslant p < 0.05$；**代表 $0.01 \leqslant p < 0.01$；***代表 $p < 0.001$。

## 二、ROI 灰质体积

对皮层 ROI 的灰质体积使用协方差进行差异检验，以颅内总体积作为协变量。发现，左侧舌回和右侧前扣带回上部的灰质体积高心肺健康组显著大于低心肺健康组，左侧内侧眶额叶和右侧额极的灰质体积高心肺健康组显著大于低心肺健康组（表 9-2）。

表 9-2　高心肺健康组和低心肺健康组 ROI 灰质体积差异检验（Mean±Se）

|  | 低心肺健康组 | 高心肺健康组 | $F$ | $p$ |
| --- | --- | --- | --- | --- |
| 左侧舌回 | 6244.752±179.295 | 6795.693±180.639 | 4.642* | 0.036 |
| 左侧内侧眶额叶 | 6043.293±139.436 | 6419.615±140.481 | 3.581# | 0.065 |
| 右侧前扣带回上部 | 2048.828±97.435 | 2384.843±98.166 | 5.847* | 0.02 |
| 右侧额极 | 1377.489±40.43 | 1485.309±40.733 | 3.496# | 0.068 |

注：#代表边缘显著；*代表 $0.01 \leqslant p < 0.05$；**代表 $0.01 \leqslant p < 0.01$；***代表 $p < 0.001$。

## 三、海马亚区

海马亚区进行协方差分析，以海马总体积作为协变量，右侧海马前托和右侧海马旁托高心肺健康组显著大于低心肺健康组，左侧海马前托的灰质体积高心肺健康组大于低心肺健康组，存在边缘显著。其他区域不存在显著差异（表 9-3）。

表 9-3　海马亚区差异检验（Mean±Se）

|  | 低心肺健康组 | 高心肺健康组 | $F$ | $p$ |
| --- | --- | --- | --- | --- |
| 左侧海马前托 | 324.143±5.83 | 339.746±5.871 | 3.502# | 0.068 |
| 右侧海马前托 | 312.388±4.75 | 332.147±4.783 | 8.461** | 0.006 |
| 右侧海马旁托 | 55.415±1.54 | 61.146±1.55 | 6.774* | 0.012 |

注：#代表边缘显著；*代表 $0.01 \leqslant p < 0.05$；**代表 $0.01 \leqslant p < 0.01$；***代表 $p < 0.001$。

## 四、回归分析

为了探究皮层变化与海马体积变化的关系，对相关的指标和 BMI 进行逐步回归分析，探究海马亚区改变区域与相关指标的线性关系。最大摄氧量与海马总体积与双侧海马前托和右侧海马旁托的增加显著相关，右侧海马前托的灰质体积增加与右侧额极的增加存在显著的相关（表 9-4）。

表 9-4　皮层变化和生理指标与海马体积变化的关系

| Dependent variable | Predictors | B | Std.Error | Beta | t | p |
|---|---|---|---|---|---|---|
| 左侧海马前托 | Constant | 23.559 | 59.796 | | 0.401 | 0.708 |
| | 海马总体积 | 0.034 | 0.008 | 0.516 | 4.395*** | 0.001 |
| | 最大摄氧量 | 27.889 | 12.368 | 0.265 | 2.255* | 0.034 |
| 右侧海马旁托 | Constant | -33.023 | 16.605 | | -1.989 | 0.053 |
| | 海马总体积 | 0.008 | 0.002 | 0.468 | 4.065*** | 0.001 |
| | 最大摄氧量 | 7.095 | 3.242 | 0.257 | 2.188* | 0.034 |
| 右侧海马前托 | Constant | -49.896 | 48.006 | | -1.039 | 0.304 |
| | 海马总体积 | 0.037 | 0.006 | 0.588 | 5.871*** | 0.001 |
| | 最大摄氧量 | 22.949 | 10.275 | 0.226 | 2.233* | 0.031 |
| | 右侧额极 | 0.033 | 0.016 | 0.217 | 2.112* | 0.04 |

注：*代表 $0.01 \leqslant p < 0.05$；**代表 $0.01 \leqslant p < 0.01$；***代表 $p < 0.001$。

## 第五节　讨论与结论

### 一、讨　论

本研究的目的是探究心肺健康水平对长期高海拔环境暴露人群大脑皮质和海马亚区皮质灰质结构的影响。为此随机选取了 50 名男性健康被试，并按测量的最大摄氧量分为高、低心肺健康水平组。对两组被试的灰质体积进行比较后发现，在左舌回、右前扣带回上部、左内侧眶额叶和右额极区域高心肺健康组灰质体积显著大于低心肺健康组。海马亚区的对比发现，在两侧海马前托和右侧海马旁托区域高心肺健康组灰质体积显著大于低心肺健康组。并且我们还发现，海马亚区的变化都与最大摄氧量有关，右侧海马前托与右侧额极体积的变化存在显著相关。

研究发现，高心肺健康组的左舌回、右扣带回上部、左内侧眶部额叶和右额极的灰质体积更大。大脑通过改变其功能和结构特性（神经可塑性）来适应环境不断变化的需求。来自动物和人类的研究证据表明，运动有助于大脑结构可塑性变化的发生。运动可以增加扣带回、额叶和枕叶皮质的灰质体积，也可以增加额叶、顶叶、颞叶和岛叶的白质体积[30]。Colcombe等研究表明，前额叶、颞叶和顶叶皮质的厚度以及完整性都依赖于心肺健康水平[31,32]。心肺健康水平与老年人的双侧舌回的白质存在正相关关系[33]。Rogge等人对成人分别进行12周平衡训练和放松训练发现，与放松训练组比较，平衡训练组的后扣带回、额上沟等区域的皮层厚度更大[34]。老年人的研究也发现，前额叶的皮层厚度的增加取决于心肺健康水平[35]。每周1~2次运动可以有效地减小整个大脑的萎缩[36]，这些结果与我们的研究结果相一致，说明心肺健康水平与大脑结构关系密切。我们首次发现了，在长期高海拔环境暴露下，个体心肺健康水平影响大脑结构的变化。

海马体积的差异检验发现，两侧海马前托和右侧海马旁托的灰质体积高心肺健康组显著大于低心肺健康组，并且心肺健康水平（$VO_{2max}$）可以有效地预测左侧海马旁托和双侧海马前托的灰质体积。以往的研究已证实，心肺健康水平可以有效地预测海马体积[37]。Chaddock等人还研究发现高健康水平未成年人的海马体积更大，并进一步阐明了海马体积与健康水平和记忆表现的关系[38]。Erickson等人检查了165名健康老人的心肺健康水平（$VO_{2max}$）发现，较高的心肺健康水平与更大的海马体积有关[39]。在年轻人中，运动训练引起的心肺健康水平的增加与前海马体积增加有关[40]。海马亚区的研究发现，整个左海马和左CA4-DG区域的体积在运动后显著增加[41]。运动后海马托的体积显著增加,特别是CA1区域的变化与$VO_{2peak}$显著正相关[42]。Kern等人研究发现，最大摄氧量和双侧海马下托显著正相关，并且心肺健康水平可以有效地预测老年女性双侧海马托的灰质体积[43]。Varma等人的研究与之相辅相成，他们测量客观的日常行走活动与女性的海马表面积相关[44]。通过舞蹈训练发现了，舞蹈训练组与对照组相比双侧的海马托的体积显著增加[45]。在我们以往的研究中发现，长期高海拔暴露影响个体的工作记忆，海马是记忆功能的重要部位，海马结构的变化影响着工作记忆功能[46]。在本研究结果中我们发现，高心肺健康组两侧海马前托和右侧海马旁托的灰质体积显著大于低心肺健康组，并且心肺健康水平（$VO_{2max}$）可以有效地预测左侧海马旁托和双侧海马前托的灰质体积。进一步证明了长期高海拔环境暴露个体的心肺健康能力能够影响海马结构的改变。

右侧海马前托的体积变化与右侧额极的体积变化存在显著的关系，海马和右侧额极是默认网络（DMN）的重要节点之一。大量的研究表明，较高的心肺健康水平可以影响默认网络的连接。心肺健康水平与默认网络的连接有关，这些网络的心肺健康水平相关可塑性对广泛的认知领域具有积极作用。自主跑步完全逆转了久坐导致的海马网络效率的严重退化[47]。大学生有氧适能与默认网络中的额中回与左海马、额中回与右海马、左海马与右海马的功能连接存在相关[48]。Stillman 等人研究发现，在年轻人中更高的心肺健康水平和海马与额叶（额极延伸到额中回）更大的连接有关[49]。默认网络是无任务和清醒及静息状态时，脑区的自发活动水平明显强于其他脑区，并执行特定的脑功能的大尺度脑网络。大脑老化时，大脑认知功能下降，因此该网络的连接会发生明显的变化，而在高海拔环境对大脑的影响类似于人类老化的过程[50]，心肺健康水平可能潜在地增强默认网络，这预示着心肺健康水平可以有效地对抗高原环境对大脑的影响。

## 二、结 论

本研究探讨了高海拔环境下心肺健康水平对移居者神经可塑性的影响。我们的研究首次证实了高海拔环境下心肺健康水平可以更好地提高神经可塑性。

## 参考文献

[ 1 ] ZHANG D, MA H, HUANG J, et al. Exploring the impact of chronic high-altitude exposure on visual spatial attention using the ERP approach [J]. Brain Behav, 2018: e00944: 1-9.

[ 2 ] FAYED N, MODREGO P J, MORALES H, et al. Evidence of brain damage after high-altitude climbing by means of magnetic resonance

imaging[J]. The American Journal of Medicine, 2006, 119(2): 168-e1.

[3] SCHOUSBOEA, BELHAGE B, FRANDSEN A. Role of $Ca^{2+}$ and other second messengers in excitatory amino acid receptor mediated neurodegeneration: clinical perspectives[J]. Clinical Neuroscience, 1997, 4(4): 194.

[4] FAYED N, MODREGO P J, MORALES H, et al. Evidence of brain damage after high-altitude climbing by means of magnetic resonance imaging[J]. The American Journal of Medicine, 2006, 119(2): 168-e1.

[5] 任方远, 蔡琳, 王悦, 等. 慢性高原病的脑磁共振弥散张量成像研究[J]. 西北国防医学杂志, 2014（4）: 308-310.

[6] CZERNICZYNIEC A, PADULA P L, BUSTAMANTE J, et al. Mitochondrial function in rat CEREBRAL cortex and hippocampus after short-and long-term hypobaric hypoxia[J]. Brain Research, 2014, 1598: 66-75.

[7] HOTA S K, HOTA K B, PRASAD D, et al. Oxidative-stress-induced alterations in Sp factors mediate transcriptional regulation of the NR1 subunit in hippocampus during hypoxia[J]. Free Radical Biology & Medicine, 2010, 49(2): 178-191.

[8] RYBNIKOVA E, SITNIK N, GLUSCHENKO T, et al. The preconditioning modified neuronal expression of apoptosis-related proteins of Bcl-2 superfamily following severe hypobaric hypoxia in rats[J]. Brain Research, 2006, 1089(1): 195-202.

[9] PETITO C. Delayed hippocampal damage in humans following cardiorespiratory arrest[J]. Neurology, 1987, 37(8): 1281-1286.

[10] SCHULZE G, COPER H, FÄHNDRICH C. Adaptation capacity of biogenic amines turnover to hypoxia in different brain areas of old rats[J]. Neurochemistry International, 1990, 17(2): 281-289.

[11] COLCOMBE S J, ERICKSON K I, SCALF P E, et al. Aerobic exercise training increases brain volume in aging humans[J]. Journals of Gerontology, 2006, 61(11): 1166-1170.

[12] BOUCARD G K, ALBINET C T, BUGAISKA A, et al. Impact of physical activity on executive functions in aging: a selective effect on inhibition among old adults[J]. Journal of Sport and Exercise Psychology, 2012,

34(6): 808-827.

[13] HEYN P, ABREU B C, OTTENBACHER K J. The effects of exercise training on elderly persons with cognitive impairment and dementia: a meta-analysis[J]. Arch Phys Med Rehab, 2004, 85: 1694-1704.

[14] ERICKSON K I, VOSS M W, PRAKASH R S, et al. Exercise training increases size of hippocampus and improves memory[J]. Proc Natl Acad Sci USA, 2011, 108: 3017-3022

[15] LIU-AMBROSE T, NAGAMATSU L S, GRAF P, et al. Resistance training and executive functions: a 12-month randomised controlled trial[J]. Archives of Internal Medicine, 2010, 170(2): 170-178.

[16] SPALDING K, BERGMANN O, ALKASS K, et al. Dynamics of hippocampal neurogenesis in adult humans[J]. Cell, 2013, 153(6): 1219-1227.

[17] GERD K, F KLAUS, DAN E, et al. Why and how physical activity promotes experience-induced brain plasticity[J]. Frontiers in Neuroscience, 2010, 4(189): 189.

[18] VAYNMAN S, YING Z, GOMEZ‐PINILLA F. Hippocampal BDNF mediates the efficacy of exercise on synaptic plasticity and cognition[J]. European Journal of Neuroscience, 2015, 20(10): 2580-2590.

[19] SAYAL N. Exercise training increases size of hippocampus and improves memory[J]. Proceedings of the National Academy of Sciences of the United States of America, 2011, 108(7): 3017-3022.

[20] ERICKSON K I, PRAKASH R S, VOSS M W, et al. Brain-derived neurotrophic factor is associated with age-related decline in hippocampal volume[J]. The Journal of Neuroscience, 2010, 30(15): 5368-5375.

[21] MOTL R W, PILUTTI L A, HUBBARD E A, et al. Cardiorespiratory fitness and its association with thalamic, hippocampal, and basal ganglia volumes in multiple sclerosis[J]. NeuroImage: Clinical, 2015, 7: 661-666.

[22] CHADDOCK L, ERICKSON K I, PRAKASH R S, et al. A neuroimaging investigation of the association between aerobic fitness, hippocampal volume, and memory performance in preadolescent children[J]. Brain

Research, 2010, 1358: 172-183.

[23] SZABO A N, MCAULEY E, ERICKSON K I, et al. Cardiorespiratory fitness, hippocampal volume, and frequency of forgetting in older adults[J]. Neuropsychology, 2011, 25(5): 545-553.

[24] AI-GUO C, LI-NA Z, JUN Y, et al. Neural basis of working memory enhancement after acute aerobic exercise: fMRI study of preadolescent children[J]. Frontiers in Psychology, 2016, 7:1804.

[25] GREENBERG J, ROMERO V L, ELKIN-FRANKSTON S, et al. Reduced interference in working memory following mindfulness training is associated with increases in hippocampal volume[J]. Brain Imaging & Behavior, 2019, 13(2): 366-376.

[26] ZHANG J X, ZHANG H Y, CHEN J, et al. Structural modulation of brain development by oxygen: evidence on adolescents migrating from high altitude to sea level environment[J]. PLoS One, 2013, 8(7): e67803.

[27] J ZHANG J X, ZHANG H Y, LI J Q, et al. Adaptive modulation of adult brain gray and white matter to high altitude: structural MRI studies[J]. PLoS One, 2013, 8(7): e68621.

[28] XIAO H, JOVICICH J, SALAT D, et al. Reliability of MRI-derived measurements of human cerebral cortical thickness: the effects of field strength, scanner upgrade and manufacturer[J]. Neuroimage, 2006, 32(1): 180-194.

[29] LEEMPUT K V, BAKKOUR A, BENNER T, et al. Automated segmentation of hippocampal subfields from ultra-high resolution in vivo MRI[J]. Hippocampus, 2010, 19(6): 549-557.

[30] EI-SAYES J, HARASYM D, TURCO C, et al. Exercise-induced neuroplasticity: a mechanistic model and prospects for promoting plasticity [J]. The Neuroscientist, 2019, 25(1): 65-85.

[31] COLCOMBE S J, ERICKSON K I, SCALF P E, et al. Aerobic exercise training increases brain volume in aging humans[J]. The Journals of Gerontology Series A: Biological Sciences and Medical Sciences, 2006, 61(11): 1166-1170.

[32] COLCOMBE S J, ERICKSON K I, RAZ N, et al. Aerobic fitness reduces brain tissue loss in aging humans[J]. The Journals of Gerontology Series A: Biological Sciences and Medical Sciences, 2003, 58(2): M176-M180.

[33] HONEA R A, THOMAS G P, HARSHA A, et al. Cardiorespiratory fitness and preserved medial temporal lobe volume in Alzheimer disease[J]. Alzheimer Dis Assoc Disord, 2009, 23(3): 188-197.

[34] ANN-KATHRIN R, BRIGITTE R, ASTRID Z, et al. Exercise-induced neuroplasticity: balance training increases cortical thickness in visual and vestibular cortical regions[J]. Neuroimage, 2018: S105381191830572X.

[35] GORDON B A, RYKHLEVSKAIA E I, BRUMBACK C R, et al. Neuroanatomical correlates of aging, cardiopulmonary fitness level, and education[J]. Psychophysiology, 2008, 45(5): 825-838.

[36] COLCOMBE S J, ERICKSON K I, SCALF P E, et al. Aerobic exercise training increases brain volume in aging humans[J]. Journals of Gerontology, 2006, 61(11): 1166-1170.

[37] MOTL R W, PILUTTI L A, HUBBARD E A, et al. Cardiorespiratory fitness and its association with thalamic, hippocampal, and basal ganglia volumes in multiple sclerosis[J]. NeuroImage: Clinical, 2015, 7: 661-666.

[38] CHADDOCK L, ERICKSON K I, PRAKASH R S, et al. A neuroimaging investigation of the association between aerobic fitness, hippocampal volume, and memory performance in preadolescent children[J]. Brain Research, 2010, 1358: 172-83.

[39] ERICKSON K I, PRAKASH R S, VOSS M W, et al. Aerobic fitness is associated with hippocampal volume in elderly humans[J]. Hippocampus, 2010, 19(10): 1030-1039.

[40] THOMAS A G, DENNIS R, RAWLINGS N B, et al. Multi-modal characterization of rapid anterior hippocampal volume increase associated with aerobic exercise[J]. NeuroImage, 2016, 131: 162-170.

[41] FRODL T, STREHL K, CARBALLEDO A, et al. Aerobic exercise increases hippocampal subfield volumes in younger adults and prevents volume decline in the elderly[J]. Brain Imaging & Behavior, 2020, 14(5):

1577-1587.

[42] PRATHAPS, NAGEL B J, HERTING M M. Understanding the role of aerobic fitness, spatial learning, and hippocampal subfields in adolescent males[J]. Scientific Reports, 2021, 11(1): 1-15.

[43] KERN K L, STORER T W, SCHON K. Cardiorespiratory fitness, hippocampal subfield volumes, and mnemonic discrimination task performance in aging[J]. Human Brain Mapping, 2021, 42(4): 871-892.

[44] VARMA V R, TANG X Y, CARLSON M C. Hippocampal sub-regional shape and physical activity in older adults[J]. Hippocampus, 2016, 26(8): 1051-1060.

[45] KATHRIN R, PATRICK M, NORMAN A, et al. Dancing or fitness sport? the effects of two training programs on hippocampal plasticity and balance abilities in healthy seniors[J]. Frontiers in Human Neuroscience, 2017, 11: 305.

[46] BADDELEY A, JARROLD C, VARGHA-KHADEM F. Working memory and the hippocampus[J]. Journal of Cognitive Neuroscience, 2014, 23(12): 3855-3861.

[47] SIETTE J, WESTBROOK R F, COTMAN C, et al. Age-specific effects of voluntary exercise on memory and the older brain[J]. Biological Psychiatry, 2013, 73(5): 435-442.

[48] 李跃. 大学生体适能，执行功能与默认网络的关系研究[D]. 扬州：扬州大学，2019.

[49] STILLMAN C M, et al. Cardiorespiratory fitness is associated with enhanced hippocampal functional connectivity in healthy young adults[J]. Hippocampus, 2018, 28(3): 239-247.

[50] HOTA K B, HOTA S K, SINGH S B. Neurodegeneration in hypoxia: implications in aging[J]. Brain Aging and Therapeutic Interventions, 2012: 177-189.

# 第十章 锅庄舞影响身心关系的实证研究

## 第一节 概 述

长期的高海拔暴露影响高海拔移居者的记忆、表象、注意、决策等众多高级认知功能,如何科学干预是当前高海拔相关研究的热点问题。高海拔环境具有低压低氧、寒冷干燥、太阳辐射线和紫外线照射量强的特点,恶劣的生存环境对人体极具挑战性。锅庄舞是流传在西藏地区数千年优秀的藏民族文化,几千年的传承与发展形成了自己规范化的舞蹈动作、音乐和文化体系。我们猜测,锅庄舞可以提高人体对于高海拔环境的适应能力。在高原的极端环境之中,10月是拉萨气温大幅度下降的节点。根据拉萨市气象局的调查,8月20日到11月12日的日平均温度,从前测阶段的17.6 ℃下降到后测阶段的7.64 ℃。我们认为急剧下降的温度将影响个体的意识突破和注意功能,急剧变化的温度是此时的重要应激源。适宜的环境温度是生命赖以生存的必要条件,机体能量代谢的速度随着外界环境的变化而不断调整,神经系统通过感知环境温度变化适应性调整机体行为状态,以更好地适应极端环境[1,2]。急剧变化的极端环境使机体需要调用更多的能量。根据之前的研究,高高海拔(4200 m)的居民由于更加极端的海拔条件,执行控制功能激活,因此我们得出假设,在10月前后,同一批人的执行控制能力同样会被过度调用,而整体认知资源同时也在下降。根据资源限制理论,认知资源的总量是有限的,分任务所分配的认知资源量未超过总量时,分任务顺利执行,当分任务的资源占据过多时,任务的有效执行将会受到影响[3]。因此我们提出假设,高海拔极端环境的变化不仅会引起认知资源总量下降,执行控制的功能将占据过多的认知资源而过度激活,注意的警觉和定向网络也将发生相应的改变。

随着高原经济的发展和国防建设安全的需要,前往高海拔地区的平原移居者日益增多,而针对高原极端环境下个体认知功能的非药物防护和改善研究才刚刚起步。锅庄舞是藏民族文化的优秀代表之一,体现了少数民族的聪明才智和审美理念。本研究试图通过锅庄舞干预探究其对于高原极端环境下注意网络和意识突破的影响。为了进一步确认锅庄舞对于注意网络和意识突破的影响的性质,引入生理指标、EEG 和 MRI 技术,深入探讨锅庄舞影响注意功能的生理和认知神经机制。

## 第二节 研究方案

目前研究发现,长期高海拔暴露导致个体注意功能的减退。本研究采用血液生理指标、行为实验、ERP 技术和磁共振成像技术(MRI)探查锅庄舞训练对于注意网络和意识突破的调节效应。拟选取 66 名在高海拔地区生活 2~3 年的西藏大学学生,分为实验组和对照组。对实验组进行连续 5 周,每周 3 次,每次 90 min,一共 15 次的锅庄舞干预,而对照组不进行任何干预。结合生理、行为、EEG 成分分析、时频分析、MRI 分析,探究锅庄舞干预对高海拔移居者的注意和意识的影响和生理及脑机制(图 10-1)。

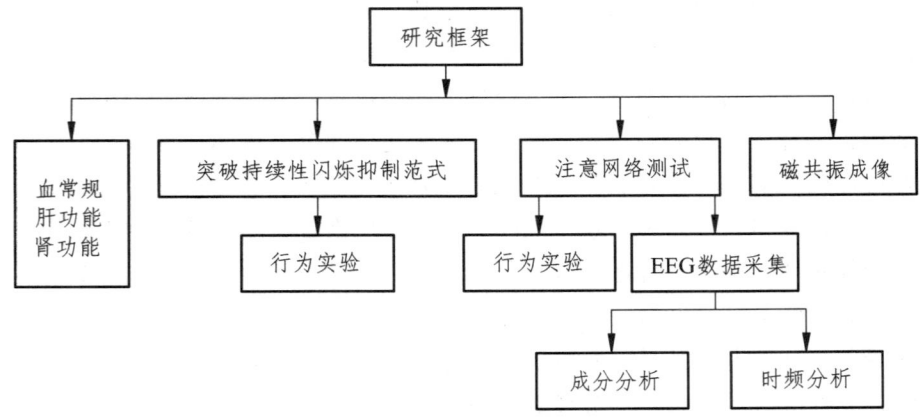

图 10-1 研究框架

在生理上,对被试进行血常规、肝功能、肾功能的血液指标分析。

在行为上,使用突破连续闪烁抑制范式来使得被试对于目标刺激处于无意识状态长达几秒,通过比较刺激通达意识的时间来推断实验组和对照组的不同的无意识加工过程。通过注意网络测验来考察被试对于注意三个子网络的加工效率。该测验的目标刺激是呈现在屏幕偏上方或偏下方的 5 个排成一行的箭头。第三个箭头与两侧箭头的方向相同(一致条件),或不同(不一致条件)。箭头出现前有 3 种线索条件:无线索(注视点保持不变)、空间线索(一个星号出现在目标将要出现的位置)、中央线索(星号出现在注视点位置)。被试的任务是判断中间箭头的朝向。

在 ERP 波幅分析和频带分析上,同步记录注意网络测验的 EEG 数据,从认知神经的角度进一步认识锅庄舞干预对于注意的影响。此外,使用磁共振成像技术来确定对注意功能影响的脑结构变化属性。

## 第三节　研究方法

### 一、研究对象

选取 66 名在西藏大学的汉族学生为被试,随机分为实验组和对照组。实验中有 5 名被试中途退出,2 名被试在 b-CFS 任务中表现不佳,3 名被试动作伪迹过多,导致脑电有效叠加次数过少,从而被排除在数据分析之外。除 MRI 之外,56 名被试的数据被纳入分析(图 10-2)。其中实验组 28 人,女性 15 人,平均年龄(20.96±0.92)岁,平均移居时间(2.32±0.48)年;对照组 28 人,女性 14 人,平均年龄(21.07±1.31)岁,平均移居时间(2.29±0.46)年。使用 G-power 3.1.9.2 软件进行功效分析,结果提示每组数据统计检验力符合实验要求(power>0.8,其中 effect size=0.25,$\alpha$=0.05)。所有被试均已在拉萨居住 2~3 年且生长在低海拔地区,成年后首次进入拉萨(海拔 3680 m)。两组被试在年龄、性别、BMI 和移居时间上均不存在显著性差异($p$>0.05)。被试视力或矫正视力正常,被试均为右利手。本实验获得西藏大学伦理委员会批准,实验前所有被试签署了知情同意书,实验结束后获得一定报酬。

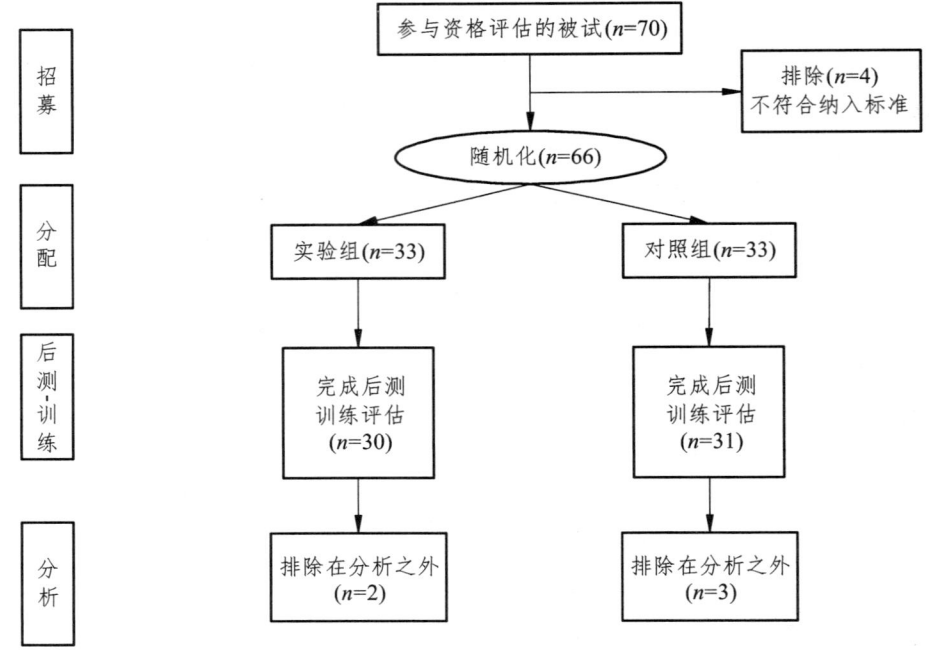

图 10-2 被试筛选流程

需要指出的是,在有关磁共振成像的结果中,删除图像和预处理质量评级不符合标准被试后,剩余 49 名被试。其中实验组 25 人,女性 11 人,平均年龄(21.00±0.96)岁,平均移居时间(2.36±0.49)年;对照组 24 人,女性 12 人,平均年龄(21.13±1.36)岁,平均移居时间(2.33±0.48)年。筛选过的两组被试在年龄、性别、BMI 和移居时间上均不存在显著性差异($p>0.05$)。

## 二、实验材料及程序

1. 锅庄舞干预

训练内容由林芝、阿里、日喀则和山南等地具有代表性的锅庄舞选段构成,两名专业的锅庄舞教师进行教授和指导。实验组接受连续 5 周,每周 3 次,每次 90 min 的训练;对照组不进行任何干预。

## 2. b-CFS 范式

使用 Psychtoolbox 编程，19 英寸（in，1 in=2.54 cm）LCD 屏幕呈现刺激，屏幕分辨率为 1600×900 像素，刷新频率为 60 Hz。实验在昏暗、安静的房间内进行，实验过程中要求被试将下颌放在颌托上，眼睛距离屏幕 75 cm。通过立体镜把电脑屏幕两侧图像分别反射到被试的左眼和右眼。中央注视点为红色"+"字，注视点周围呈现黑色方框（10.7°×10.7°），以促进两幅图像的稳定和收敛。首先向被试的优势眼呈现 1~3 s 的标准动态噪声图，在非优势眼呈现对比度逐渐增加的测试光栅图（光栅倾角从 70°~110°，步长 0.5°）。每张光栅图对应 2.1°×2.6°的视角，为了防止瞬变，光栅图的对比度在 1 s 内从 0 升至 100%，然后保持对比度不变，直至被试做出反应，上限反应时为 10 s。要求被试又快又准确地按下 f 或 j 键来报告光栅的倾斜方向，记录正确率（ACC）和反应时（RT）。具体实验流程见图 10-3。

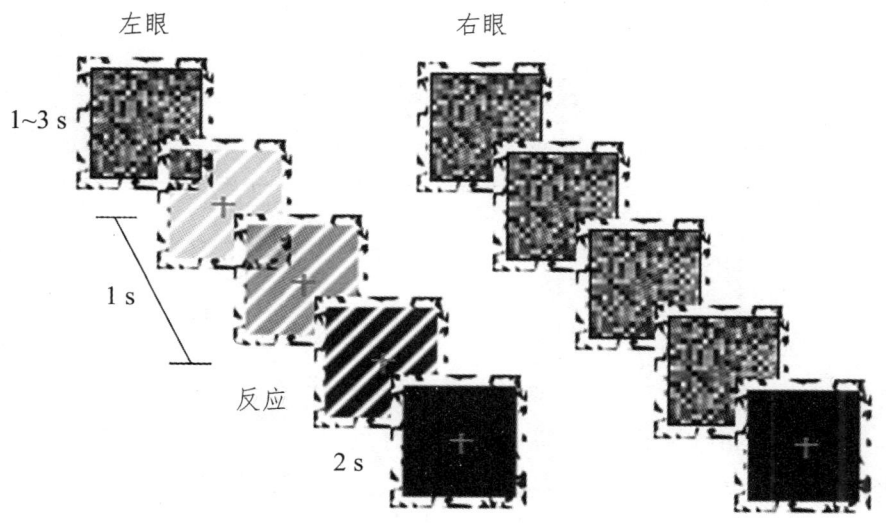

图 10-3　b-CFS 流程

## 3. ANT 范式

采用改良版 ANT 范式考察警觉、定向和执行控制三个注意网络功能（Fan et al., 2002）（图 10-4）。E-prime2.0 软件编程，17 英寸 CRT 屏幕呈现刺激。实验包括 3 种提示线索（无线索、中心线索、空间线索）和 2 种靶刺激（不一致条件、一致条件）。靶刺激由 5 个并排的箭头组成，每个箭头的视角为 0.58°，相邻箭头的距离视角为 0.06°，整个靶刺激视角为 3.27°，距离中心注视点 1.06°。在不一致条件下，中间的箭头和其他的箭头方向相反；在一致条件下，5 个箭头均指向相同的方向。被试需要根据提示线索，又快又准确地判断靶刺激中间箭头的朝向，当方向向左时，按 f 键，向右则按 j 键。实验包括 6 个组块，每个组块有 108 个试次，正式实验前有 12 个练习试次。在每个组块中，5 种条件出现的频次是相同的。具体实验流程见图 10-4。

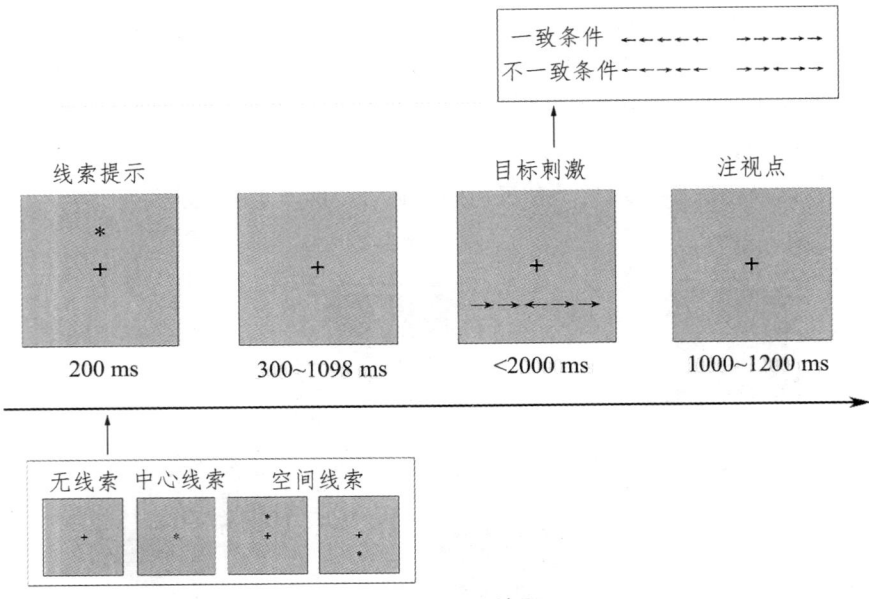

图 10-4 ANT 流程

注意网络效率由被试的平均反应时相减得出。警觉效应 = $RT_{no-cue}$ - $RT_{double-cue}$；定向效应 = $RT_{center-cue}$ - $RT_{spatial-cue}$；执行控制效应 = $RT_{incongruent}$ - $RT_{congruent}$。警觉和定向的分值越高，说明警觉网络和定向网络的效率越高，执行控制的分值越低，说明执行控制网络的效率越高。

## 三、数据的采集与处理

1. 行为数据的采集与处理

b-CFS 范式和 ANT 范式的数据均采用 SPSS 20.0 软件统计。采用 2（组别：实验组、对照组）×2（时间：干预前、干预后）重复测量方差分析，被试间因素为组别，被试内因素为时间。方差分析的 $p$ 值（<0.05），采用 Greenhouse-Geisser 法校正。

2. 脑电数据的采集与处理

采用 ANT Neuro 设备，根据国际 10-20 系统扩展的 64 导电极帽记录 EEG，DC 采样。信号记录的采样率为 500 Hz，以 CPz 为在线参考。电极 M1 和 M2 分别置于左侧和右侧乳突，电极与头皮之间的阻抗小于 5 kΩ，在线记录的滤波带通为 0.01～100 Hz。采用 MatlabR2017a 和 EEGLAB 工具箱进行数据预处理，对脑电信号进行 0.1～40 Hz 的滤波，离线转为双侧乳突平均参考。ERP 分析时长为目标刺激呈现前 500 ms 和呈现后 1000 ms，基线校正为刺激出现前 500 ms。使用独立成分分析法（Independent component analysis，ICA）去除脑电中的水平和垂直眼电和伪迹，并手动去除其他伪迹。最后排除其他波幅大于±75 μV 的伪迹信号。

采用 Matlab R2017a 和 Letswave 工具箱进行波幅提取。对 P1 和 N1 成分的波幅分析，时间窗口分别选择 90～150 ms 和 150～210 ms，电极点为顶叶（P3、Pz、P4）、枕-颞叶（PO3、PO4、PO7、PO8）和枕叶（O1、Oz、O2）。N2 和 P3 成分的波幅分析，时间窗口分别选择 230～300 ms 和 320～650 ms，电极点为 Fz、FCz、Cz 和 Pz。

注意网络的波幅分析的公式如下：警觉效应=平均波幅 $_{no\text{-}cue}$-平均波幅 $_{double\text{-}cue}$；定向效应=平均波幅 $_{center\text{-}cue}$-平均波幅 $_{spatial\text{-}cue}$；执行控制效应=平均波幅 $_{incongruent}$-平均波幅 $_{congruent}$。

ERP 数据由 SPSS 20.0 软件统计。采用 2（组别：实验组、对照组）×2（时间：干预前、干预后）×3（脑区：顶叶、枕-颞叶、枕叶）重复测量方差分析，被试间因素为组别，被试内因素为时间和脑区。方差分析的 $p$ 值（<0.05），采用 Greenhouse-Geisser 法校正。

3. 时频分析方法

采用 Matlab R2017a 和 FieldTrip 工具箱进行时频分析。采用短时傅里叶的汉宁窗分析方法，时间窗为 -200～700 ms，频率范围为 1～30 Hz，步长为 1 Hz。依据总平均图和差异波地形图，在总结每个电极的 TFR 结果和相关文献的基础上，我们将定向网络定义三个兴趣区：顶叶（P3、Pz、P4）、枕-颞叶（PO3、PO4、PO7、PO8）和枕叶（O1、Oz、O2），分析 400～700 ms 时间窗口中的 beta 频带（12～25 Hz）；将执行控制网络的电极点定为 Fz、FCz、Cz 和 Pz，分析 400～600 ms 时间窗口中的 theta 频带（4～7 Hz）。

时频分析的数据处理采用 2（组别：实验组、对照组）×2（时间：干预前、干预后）的重复测量方差分析，被试间因素为组别，被试内因素为时间。方差分析的 $p$ 值（<0.05），采用 Greenhouse-Geisser 法校正。

4. 磁共振数据的采集与处理

被试在西藏武警医院接受西门子 Prisma 1.5T 磁共振扫描仪的头部扫描。T1 全脑结构像：采用 3D 快速磁化预备梯度回波序列（magnetization-prepared rapid acquisition gradient echo，MPRAGE），矢状位扫描，从左到右采集。具体扫描参数为：TR=1900 ms，TE=2.41 ms，FA=9°，slice thickness=1 mm，FOV=256 mm，matrix=256×256，slices=192 层，voxel size=1 mm$^3$。

基于 Matlab R2013b 的统计参数图（SPM12）软件的工具包 CAT12 进行 3D T1WI 图像处理。①格式转换：IMA 格式文件转换为 NIfTI 格式。②空间标准化：将每个个体解剖图标准化到蒙特利尔神经学研究所（Montreal Neurological Institute，MNI）的 ICBM 的脑模板上，并获得变形矩阵。③分割和调整：将标准化后的图像分割为脑灰质，白质和脑脊液。④平滑：8 mm 的三维高斯平滑核进行图像的空间平滑处理。

采用 Flexible Factorial 统计分析，以性别作为协变量，分析锅庄舞干预对被试脑灰质体积的影响。FEW（family wise error rate）校正后的 $p$<0.05，cluster size>200 视为具有统计学差异。其次，将两组被试前后测的脑灰质体积差异值（后测减去前测）与具有行为结果的前后测差异值、平均波幅的前后测差异值及时频能量值前后测差异值进行相关分析。

## 第四节 研究结果

### 一、气象信息

独立样本 $t$ 检验显示，气温在前测和后测的这两个水平上差异显著，$t$（110）=25.12，$p$=0.000，后测阶段时的平均气温（$M$=7.64 ℃，SD =1.56 ℃）

显著小于前测阶段（$M$=17.61 °C，SD=2.15 °C）；气压在前测和后测的这两个水平上不存在显著性差异，$t(110)$=-1.24，$p$＞0.05；湿度在前测和后测的这两个水平上不存在显著性差异，$t(110)$=2.52，$p$＞0.05；温湿指数在前测和后测的这两个水平上差异显著，$t(110)$=25.34，$p$=0.000，后测阶段时的平均温湿指数（$M$=9.60，SD=1.39）显著小于前测阶段（$M$=16.62，SD=1.53）。

## 二、基本生理指标结果

对血常规、肝功能和肾功能的各项数据采用2（组别：实验组、对照组）×2（时间：干预前、干预后）的重复测量方差分析，被试间因素为组别，被试内因素为时间。方差分析的 $p$ 值（<0.05），采用 Greenhouse-Geisser 法校正。

在血红蛋白上，组别的主效应边缘显著[$F(1, 54)$=3.449，$p$=0.069，$\eta^2_p$=0.060]，时间的主效应显著[$F(1, 54)$=12.073，$p$=0.001，$\eta^2_p$=0.183]，组别和时间的交互作用显著[$F(1, 54)$=4.114，$p$=0.047，$\eta^2_p$=0.071]。简单效应分析显示，实验组后测的血红蛋白含量显著高于前测（$p$<0.05），对照组前后测不存在显著性差异（$p$＞0.05）；在前测中，实验组和对照组不存在显著性差异（$p$＞0.05），但在后测中，实验组的血红蛋白含量显著高于对照组（$p$<0.05）。

在平均红细胞体积上，组别的主效应显著[$F(1, 54)$=6.125，$p$=0.016，$\eta^2_p$=0.102]，时间的主效应显著[$F(1, 54)$=6.917，$p$=0.011，$\eta^2_p$=0.114]，组别和时间的交互作用显著[$F(1, 54)$=6.485，$p$=0.014，$\eta^2_p$=0.107]。简单效应分析显示，实验组后测的平均红细胞体积显著高于前测（$p$<0.05），对照组前后测不存在显著性差异（$p$＞0.05）；在前测和后测中，实验组的平均红细胞体积均显著高于对照组（$p$<0.05，$p$<0.01）。

在平均血红蛋白含量上，组别的主效应显著[$F(1, 54)$= 4.301，$p$=0.043，$\eta^2_p$=0.074]，时间的主效应显著[$F(1, 54)$=4.664，$p$=0.035，$\eta^2_p$=0.080]，组别和时间的交互作用显著[$F(1, 54)$=6.485，$p$=0.014，$\eta^2_p$=0.107]。简单效应分析显示，实验组后测的平均血红蛋白含量显著高于前测（$p$<0.05），对照组前后测不存在显著性差异（$p$＞0.05）；在前测中，实验组和对照组不存在显著性差异（$p$＞0.05），但在后测中，实验组的平均血红蛋白含量显著高于对照组（$p$<0.05）。

对其他各项生理指标进行重复测量方差分析,均未发现显著的组别与时间的交互作用。各项生理指标结果见图10-5、表10-1。

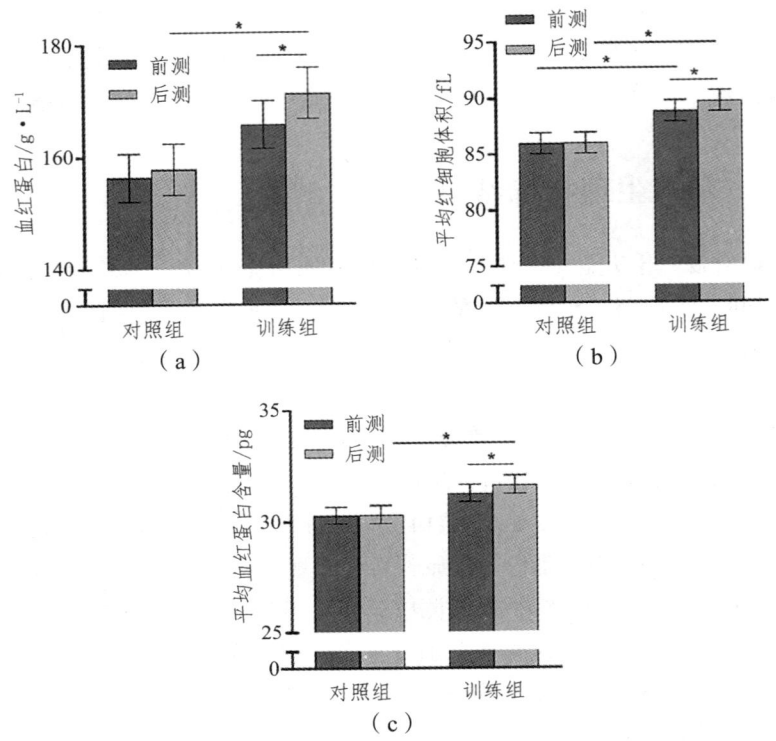

图 10-5 实验组和对照组具有差异的生理指标结果

表 10-1 生理指标结果（$M\pm SD$）

| | 对照组 | | 训练组 | |
| --- | --- | --- | --- | --- |
| | 前测 | 后测 | 前测 | 后测 |
| 肝功能指标 | | | | |
| 丙氨酸氨基转移酶/U·L$^{-1}$ | 22.81±32.39 | 27.45±46.45 | 19.97±13.55 | 20.45±8.98 |
| 总蛋白/g·L$^{-1}$ | 71.31±4.91 | 71.90±3.88 | 70.64±6.24 | 71.36±3.17 |
| 白蛋白/g·L$^{-1}$ | 46.78±2.10 | 47.61±2.18 | 47.60±2.38 | 47.55±2.25 |
| 球蛋白/g·L$^{-1}$ | 24.54±3.92 | 24.26±3.13 | 24.21±2.04 | 23.79±2.13 |
| 白球比/% | 1.95±0.28 | 2.00±0.28 | 1.98±0.19 | 2.02±0.22 |

续表

|  | 对照组 | | 训练组 | |
| --- | --- | --- | --- | --- |
|  | 前测 | 后测 | 前测 | 后测 |
| 肝功能指标 | | | | |
| 总胆红素/μmol·L$^{-1}$ | 18.63±7.96 | 17.75±8.33 | 19.06±10.56 | 17.45±14.86 |
| 直接胆红素/μmol·L$^{-1}$ | 5.73±2.42 | 4.68±2.76 | 5.42±3.30 | 3.74±2.38 |
| 间接胆红素/μmol·L$^{-1}$ | 12.90±5.83 | 13.08±5.67 | 13.65±7.59 | 13.71±13.24 |
| 肾功能指标 | | | | |
| 尿素/mmol·L$^{-1}$ | 4.91±1.44 | 5.25±1.65 | 4.37±1.06 | 4.84±1.23 |
| 肌酐/μmol·L$^{-1}$ | 66.18±15.59 | 69.57±15.33 | 64.07±18.62 | 71.46±16.25 |
| 尿酸/μmol·L$^{-1}$ | 364.68±103.71 | 348.86±99.55 | 389.75±92.33 | 385.39±83.58 |
| 血常规指标 | | | | |
| 白细胞/10$^9$·L$^{-1}$ | 10.40±15.65 | 6.39±1.60 | 6.29±0.92 | 6.67±1.20 |
| 中性粒细胞数/10$^9$·L$^{-1}$ | 3.07±0.96 | 3.34±1.20 | 3.18±0.79 | 3.46±0.88 |
| 中性粒细胞百分比/% | 49.04±9.12 | 51.46±9.65 | 50.23±7.45 | 51.55±8.54 |
| 淋巴细胞数/10$^9$·L$^{-1}$ | 2.52±0.86 | 2.37±0.68 | 2.51±0.48 | 2.55±0.68 |
| 淋巴细胞百分比/% | 40.41±9.44 | 37.86±8.53 | 40.22±7.40 | 38.36±8.86 |
| 单核细胞数/10$^9$·L$^{-1}$ | 0.51±0.11 | 0.53±0.13 | 0.49±0.13 | 0.55±0.12 |
| 单核细胞百分比/% | 8.36±2.04 | 8.44±1.85 | 7.74±1.60 | 8.36±1.51 |
| 嗜酸性粒细胞计数/10$^9$·L$^{-1}$ | 0.14±0.23 | 0.14±0.24 | 0.10±0.06 | 0.10±0.07 |
| 嗜酸性粒细胞百分比/% | 2.02±2.58 | 2.06±2.96 | 1.57±0.96 | 1.49±1.12 |
| 嗜碱性粒细胞计数/10$^9$·L$^{-1}$ | 0.01±0.01 | 0.01±0.01 | 0.01±0.01 | 0.02±0.01 |
| 嗜碱性粒细胞百分比/% | 0.20±0.17 | 0.18±0.16 | 0.23±0.17 | 0.24±0.13 |
| 红细胞/10$^{12}$·L$^{-1}$ | 5.30±0.55 | 5.34±0.60 | 5.35±0.55 | 5.42±0.49 |
| 血红蛋白/g·L$^{-1}$ | 156.39±28.89 | 157.86±31.05 | 165.79±13.61 | 171.36±14.16 |
| 血细胞比容/% | 45.05±6.63 | 45.42±7.12 | 47.44±4.02 | 48.57±3.65 |
| 平均红细胞体积/fL | 85.97±6.17 | 85.99±6.44 | 88.81±3.42 | 89.69±2.84 |
| 平均血红蛋白含量/pg | 30.30±2.56 | 30.33±2.78 | 31.25±1.12 | 31.62±1.08 |
| 平均血红蛋白浓度/g·L$^{-1}$ | 344.93±19.41 | 346.39±17.72 | 352.71±7.18 | 352.71±5.94 |
| 红细胞分布宽度标准/% | 42.43±3.53 | 40.40±2.50 | 41.40±1.92 | 40.33±1.28 |

|  | 对照组 | | 训练组 | |
|---|---|---|---|---|
|  | 前测 | 后测 | 前测 | 后测 |
| 血常规指标 | | | | |
| 红细胞分布宽度变异系数/% | 14.10±2.52 | 13.33±1.88 | 12.91±0.64 | 12.41±0.48 |
| 血小板计数/$10^9 \cdot L^{-1}$ | 263.51±81.98 | 266.07±67.53 | 271.39±46.68 | 268.29±49.20 |
| 血小板压积/% | 0.29±0.06 | 0.28±0.06 | 0.28±0.04 | 0.28±0.04 |
| 平均血小板体积/fL | 10.49±0.68 | 10.53±0.77 | 10.34±0.89 | 10.43±0.90 |
| 血小板分布宽度/fL | 12.43±1.78 | 12.18±2.60 | 17.46±29.35 | 12.21±1.91 |
| 大血小板比率/% | 0.29±0.05 | 0.29±0.06 | 0.28±0.07 | 0.28±0.07 |

## 三、行为结果

### 1. b-CFS 结果

采用重复测量方差分析考察被试在干预前和干预后的突破抑制反应时（RT）和正确率（ACC）是否有差异（图 10-6）。被试间因素为组别，被试内因素为时间。其中，在平均反应时的处理上，剔除判断错误的反应时，并剔除小于和大于整体平均反应时 3 个标准差外的反应时数据。正确率的处理包含所有试次。

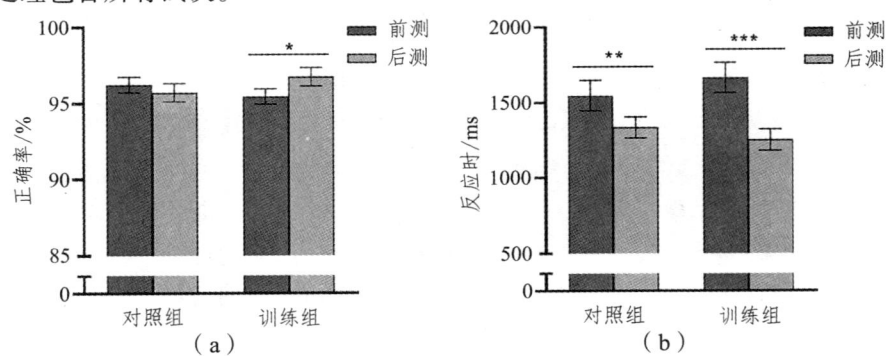

图 10-6 实验组和对照组的 b-CFS 的正确率和反应时结果

结果发现，在 ACC 上，组别的主效应不显著[$F(1, 54)=0.026$, $p=0.872$, $\eta^2_p=0.000$]，时间的主效应不显著[$F(1, 54)=0.852$, $p=0.360$, $\eta^2_p=0.016$]，

组别和时间的交互作用显著$[F(1, 54)=4.737, p=0.034, \eta^2_p=0.081]$。简单效应分析显示，实验组后测时的准确率显著高于前测（$p<0.05$），对照组的前后测无显著性差异（$p>0.05$）；在前测和后测中，实验组和对照组均不存在显著性差异（$p>0.05$）。

在 RT 上，组别的主效应不显著$[F(1, 54)=0.027, p=0.870, \eta^2_p=0.000]$，时间的主效应显著$[F(1, 54)=40.872, p=0.000, \eta^2_p=0.431]$，组别和时间的交互作用显著$[F(1, 54)=4.165, p=0.046, \eta^2_p=0.072]$。简单效应分析显示，实验组和对照组在后测时的反应时均显著小于前测（$p<0.001$，$p<0.01$）；在前测和后测中，实验组和对照组均不存在显著性差异（$p>0.05$）。

2. ANT 结果

对注意网络的三个效率分别进行 2（组别）×2（时间）的重复测量方差分析（图 10-7）。

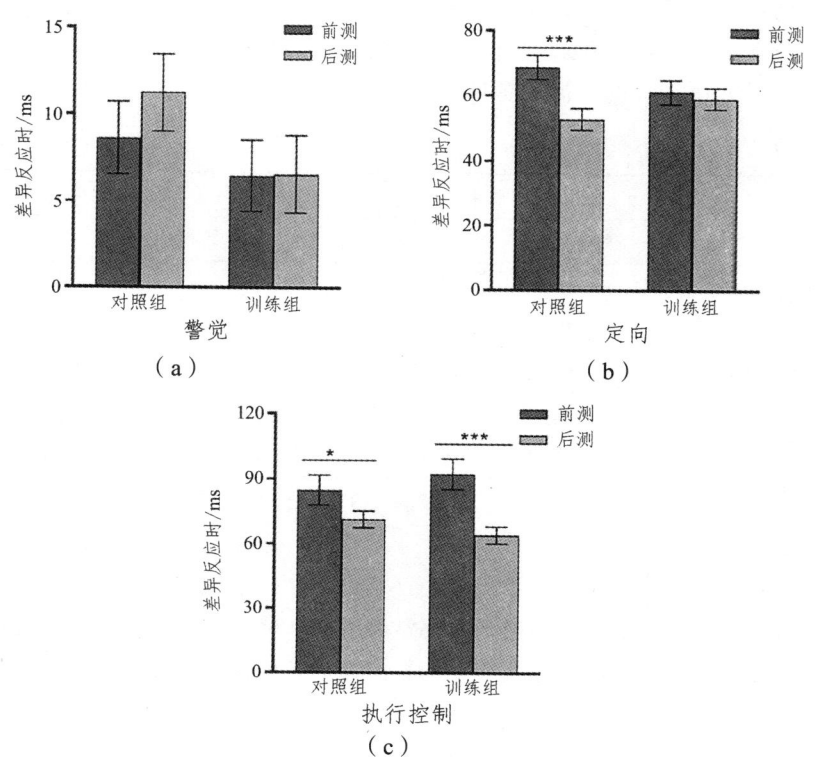

图 10-7 实验组和对照组的注意网络效应值差异图

在警觉上，组别的主效应不显著[$F(1, 54)=1.957$，$p>0.05$，$\eta^2_p=0.035$]，时间的主效应不显著[$F(1, 54)=0.546$，$p>0.05$，$\eta^2_p=0.010$]，组别和时间的交互作用不显著[$F(1, 54)=0.473$，$p>0.05$，$\eta^2_p=0.009$]。

在定向上，组别的主效应不显著[$F(1, 54)=0.018$，$p>0.05$，$\eta^2_p=0.000$]，时间的主效应显著，[$F(1, 54)=14.457$，$p=0.000$，$\eta^2_p=0.211$]，组别和时间的交互作用显著[$F(1, 54)=8.741$，$p=0.005$，$\eta^2_p=0.139$]。简单效应分析显示，对照组后测的效应值显著低于前测（$p<0.05$），实验组前后测不存在显著性差异（$p>0.05$）；在前测和后测中，实验组和对照组均不存在显著性差异（$p>0.05$）。

在执行控制上，组别的主效应不显著[$F(1, 54)=0.002$，$p=0.962$]，时间的主效应显著[$F(1, 54)=31.136$，$p=0.000$，$\eta^2_p=0.366$]，组别和时间的交互作用边缘显著[$F(1, 54)=3.856$，$p=0.055$，$\eta^2_p=0.067$]。简单效应分析显示，实验组和对照组前测的效应值均显著高于后测（$p<0.05$，$p<0.001$）；在前测和后测中，实验组和对照组均不存在显著性差异（$p>0.05$）。

实验组和对照组在每种条件下的平均反应时和正确率见表 10-2。

表 10-2 实验组和对照组在 ANT 任务中 5 种条件下的反应时与正确率（$M\pm SD$）

| | 对照组 | | 实验组 | |
| --- | --- | --- | --- | --- |
| | 前测 | 后测 | 前测 | 后测 |
| 反应时/ms | | | | |
| 无线索 | 613.11±78.11 | 596.71±72.40 | 594.53±65.76 | 545.63±54.20 |
| 中心线索 | 604.48±13.82 | 585.47±12.02 | 588.04±13.82 | 539.04±12.02 |
| 空间线索 | 535.71±74.13 | 532.69±75.73 | 526.85±67.77 | 479.86±57.19 |
| 不一致 | 626.81±85.07 | 605.31±71.10 | 616.07±80.42 | 553.65±58.98 |
| 一致 | 541.98±69.38 | 533.97±72.37 | 523.59±56.58 | 489.30±51.21 |
| 正确率/% | | | | |
| 无线索 | 98.35±1.62 | 97.23±4.90 | 97.80±2.10 | 98.36±1.57 |
| 中心线索 | 97.27±2.79 | 96.67±4.18 | 97.94±2.05 | 98.00±2.00 |
| 空间线索 | 99.07±0.85 | 98.44±2.94 | 98.92±1.46 | 99.16±1.36 |
| 不一致 | 96.88±2.98 | 95.76±5.19 | 96.79±3.06 | 97.28±2.74 |
| 一致 | 99.58±0.44 | 99.13±3.03 | 99.66±0.47 | 99.73±0.35 |

对 5 种条件下的反应时分别进行 2（组别）×2（时间）的重复测量方差分析。结果显示，在无线索条件下，组别的主效应显著[$F(1, 54)=4.183$, $p<0.05$, $\eta^2_p=0.072$]，时间的主效应显著[$F(1, 54)=25.276$, $p<0.001$, $\eta^2_p=0.319$]，组别和时间的交互作用显著[$F(1, 54)=6.264$, $p<0.05$, $\eta^2_p=0.104$]。简单效应分析显示，对照组在前测和后测中的反应时不存在显著性差异（$p>0.05$），实验组在后测时的反应时显著短于前测（$p<0.001$）；在前测中，实验组和对照组不存在显著性差异（$p>0.05$），而在后测中，实验组的反应时显著短于对照组（$p<0.01$）。

在中心线索条件下，组别的主效应边缘显著[$F(1, 54)=3.342$, $p=0.073$, $\eta^2_p=0.058$]，时间的主效应显著[$F(2, 54)=29.067$, $p<0.001$, $\eta^2_p=0.350$]，组别和时间的交互作用显著[$F(1, 54)=5.650$, $p<0.05$, $\eta^2_p=0.095$]。简单效应分析显示，对照组和实验组在后测时的反应时均显著短于前测（$p<0.05$，$p<0.001$）；在前测中，实验组和对照组不存在显著性差异（$p>0.05$），而在后测中，实验组的反应时显著短于对照组（$p<0.01$）。

在空间线索条件下，组别的主效应边缘显著[$F(1, 54)=3.194$, $p=0.080$, $\eta^2_p=0.056$]，时间的主效应显著[$F(1, 54)=14.517$, $p<0.001$, $\eta^2_p=0.212$]，组别和时间的交互作用显著[$F(1, 54)=11.227$, $p<0.01$, $\eta^2_p=0.172$]。简单效应分析显示，对照组在前测和后测中的反应时不存在显著性差异（$p>0.05$），实验组在后测时的反应时显著短于前测（$p<0.001$）；在前测中，实验组和对照组不存在显著性差异（$p>0.05$），而在后测中，实验组的反应时显著短于对照组（$p<0.01$）。

在不一致条件下，组别的主效应不显著[$F(1, 54)=2.756$, $p>0.05$, $\eta^2_p=0.049$]，时间的主效应显著[$F(1, 54)=34.017$, $p<0.001$, $\eta^2_p=0.386$]，组别和时间的交互作用显著[$F(1, 54)=8.091$, $p<0.01$, $\eta^2_p=0.130$]。简单效应分析显示，对照组和实验组在后测时的反应时均显著短于前测（$p<0.05$，$p<0.001$）；在前测中，实验组和对照组不存在显著性差异（$p>0.05$），而在后测中，实验组的反应时显著短于对照组（$p<0.01$）。

在一致条件下，组别的主效应边缘显著[$F(1, 54)=3.949$, $p=0.052$, $\eta^2_p=0.068$]，时间的主效应显著[$F(1, 54)=14.152$, $p<0.001$, $\eta^2_p=0.208$]，组别和时间的交互作用显著[$F(1, 54)=5.462$, $p<0.05$, $\eta^2_p=0.092$]。简单效应分析显示，对照组在前测和后测中的反应时不存在显著性差异（$p>0.05$），实验

组在后测时的反应时显著短于前测（$p<0.001$）；在前测中，实验组和对照组不存在显著性差异（$p>0.05$），而在后测中，实验组的反应时显著短于对照组（$p<0.001$）。

对5种条件下的反应时分别进行2（组别）×2（时间）的重复测量方差分析。结果显示，在无线索条件下，组别的主效应不显著[$F(1, 54)=0.242$，$p>0.05$，$\eta^2_p=0.004$]，时间的主效应不显著[$F(1, 54)=0.308$，$p>0.05$，$\eta^2_p=0.006$]，组别和时间的交互作用不显著[$F(1, 54)=2.825$，$p>0.05$，$\eta^2_p=0.050$]。

在中心线索条件下，组别的主效应不显著[$F(1, 54)=2.285$，$p>0.05$，$\eta^2_p=0.041$]，时间的主效应不显著[$F(1, 54)=0.467$，$p>0.05$，$\eta^2_p=0.009$]，组别和时间的交互作用不显著[$F(1, 54)=0.660$，$p>0.05$，$\eta^2_p=0.012$]。

在空间线索条件下，组别的主效应不显著[$F(1, 54)=0.561$，$p>0.05$，$\eta^2_p=0.010$]，时间的主效应不显著[$F(1, 54)=0.413$，$p>0.05$，$\eta^2_p=0.008$]，组别和时间的交互作用不显著[$F(1, 54)=1.949$，$p>0.05$，$\eta^2_p=0.035$]。

在不一致条件下，组别的主效应不显著[$F(1, 54)=1.197$，$p>0.05$，$\eta^2_p=0.022$]，时间的主效应不显著[$F(1, 54)=0.443$，$p>0.05$，$\eta^2_p=0.008$]，组别和时间的交互作用不显著[$F(1, 54)=0.889$，$p>0.05$，$\eta^2_p=0.016$]。

在一致条件下，组别的主效应不显著[$F(1, 54)=0.741$，$p>0.05$，$\eta^2_p=0.014$]，时间的主效应不显著[$F(1, 54)=0.374$，$p>0.05$，$\eta^2_p=0.007$]，组别和时间的交互作用不显著[$F(1, 54)=2.463$，$p>0.05$，$\eta^2_p=0.044$]。

分别对实验组和对照组在前后测时的注意三个子网络分值进行相关分析。

结果显示，对照组在前测时，警觉和执行控制分值存在正相关（$r=0.394$，$p<0.05$），警觉和定向分值之间不存在显著的相关性（$r=-0.237$，$p>0.05$），定向和执行控制分值不存在显著的相关性（$r=-0.128$，$p>0.05$）。

对照组在后测时，警觉和执行控制功能分值存在负相关（$r=-0.384$，$p<0.05$），警觉和定向分值之间不存在显著的相关性（$r=-0.138$，$p>0.05$），定向和执行控制分值不存在显著的相关性（$r=-0.059$，$p>0.05$）。

实验组在前测时，警觉和定向分值、警觉和执行控制分值之间均不存在显著的相关性（$r=-0.008$，$p>0.05$；$r=-0.077$，$p>0.05$），定向和执行控制分值之间不存在显著的相关性（$r=0.135$，$p>0.05$）。

实验组在后测时，警觉和定向分值、警觉和执行控制分值之间均不存在显著的相关性（$r$=-0.0076，$p$>0.05；$r$=-0.011，$p$>0.05），定向和执行控制分值之间不存在显著的相关性（$r$=0.062，$p$>0.05）。

## 四、脑电结果

根据 ANT 的行为结果，我们发现锅庄舞干预对于实验组和对照组的影响体现在注意网络的定向和执行控制子网络上。因此在接下来的脑电和时频中只分析定向和执行控制网络。实验组在前测和后测时，5 种条件下的脑电波形如图 10-8 所示。

1. 定 向

P1 波幅：重复测量方差分析的结果显示，组别的主效应不显著[$F$(1, 54)=0.483，$p$=0.490，$\eta^2_p$=0.009]，时间的主效应不显著[$F$(1, 54)=1.515，$p$=0.224，$\eta^2_p$=0.027]；脑区的主效应不显著[$F$(2, 53)=1.382，$p$=0.253，$\eta^2_p$=0.025]；交互作用均不显著($p$>0.05)。

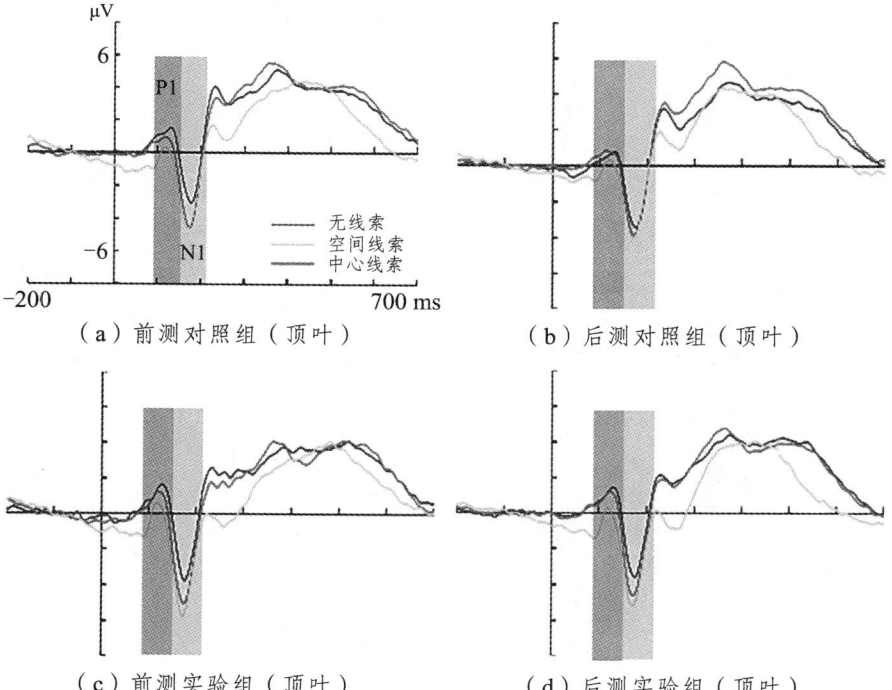

（a）前测对照组（顶叶）　　　　（b）后测对照组（顶叶）

（c）前测实验组（顶叶）　　　　（d）后测实验组（顶叶）

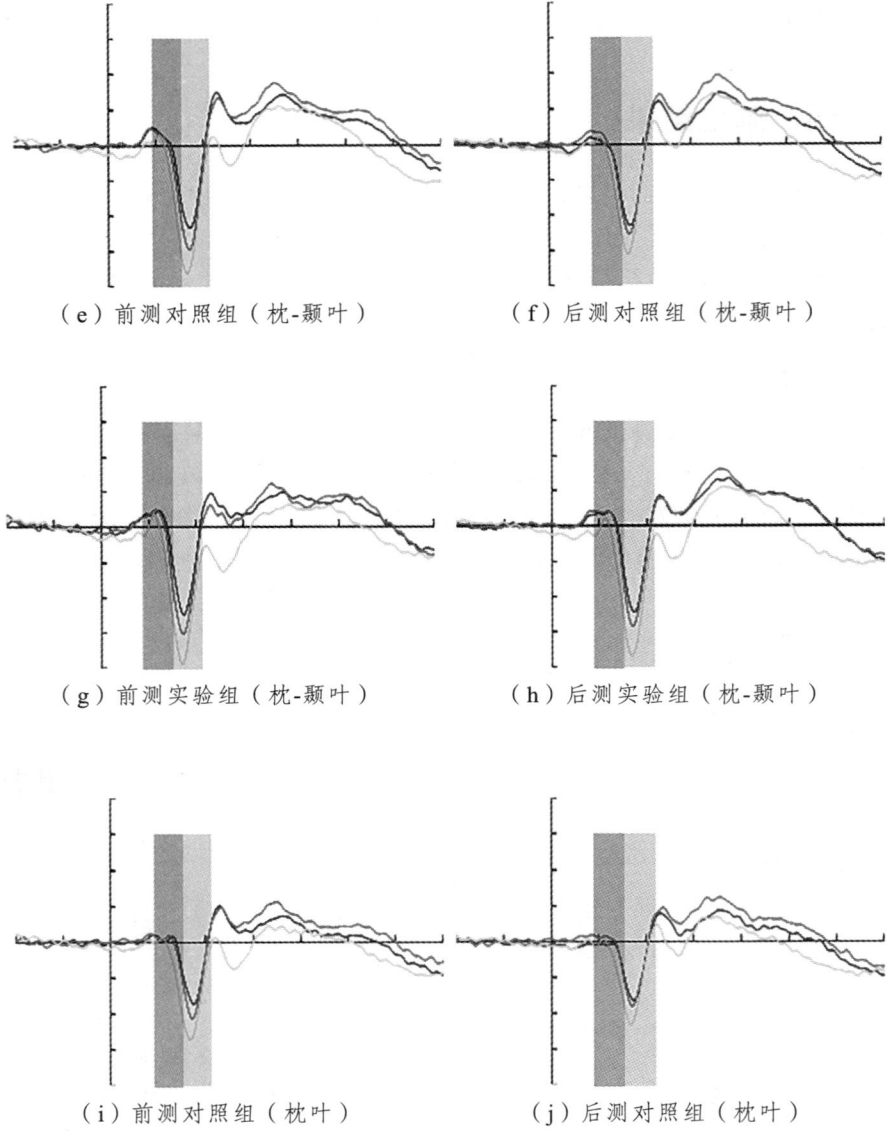

(e)前测对照组(枕-颞叶)　　(f)后测对照组(枕-颞叶)

(g)前测实验组(枕-颞叶)　　(h)后测实验组(枕-颞叶)

(i)前测对照组(枕叶)　　(j)后测对照组(枕叶)

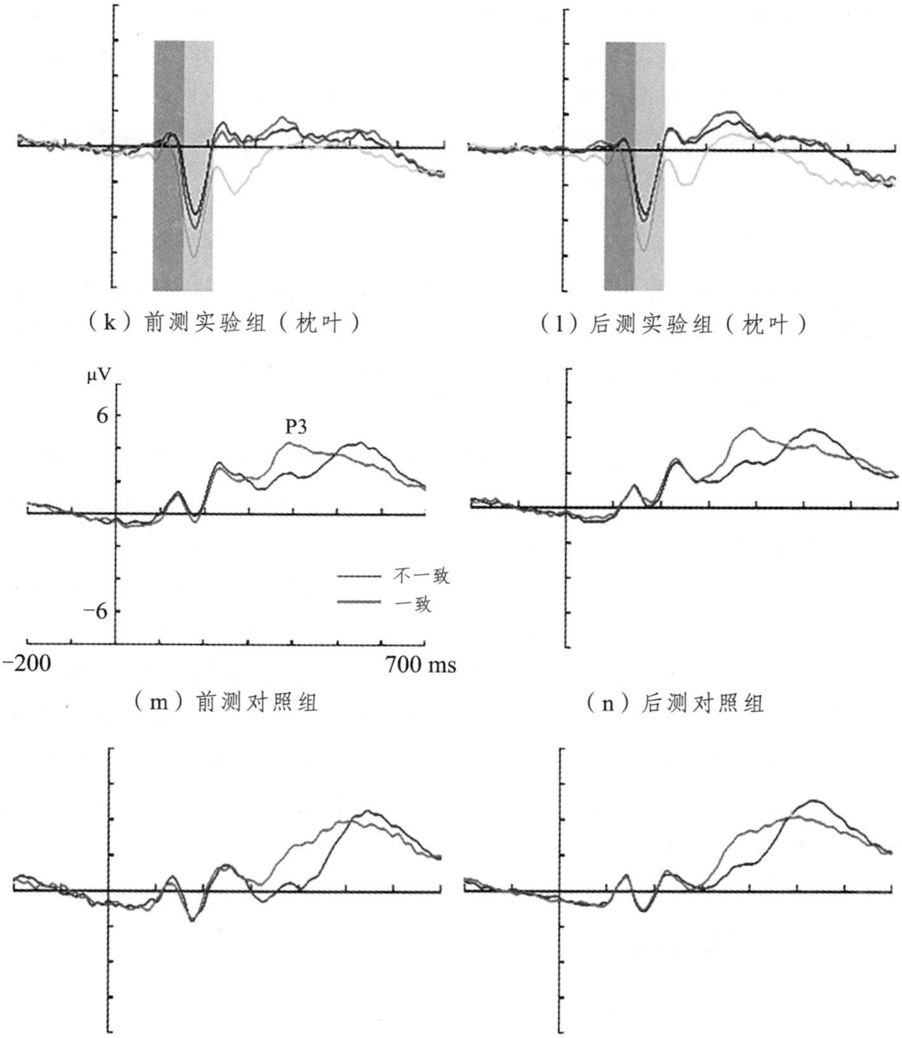

(k) 前测实验组（枕叶）　　　　　（l) 后测实验组（枕叶）

(m) 前测对照组　　　　　　　　　（n) 后测对照组

(o) 前测实验组　　　　　　　　　（p) 后测实验组

图 10-8　实验组和控制组在前后测中的波形图

N1 波幅：重复测量方差分析的结果显示，组别的主效应不显著[$F(1, 54)=1.291$, $p=0.261$, $\eta^2_p=0.023$]；时间的主效应不显著[$F(1, 54)=0.003$, $p=0.956$, $\eta^2_p=0.000$]；脑区的主效应显著[$F(2, 53)=28.966$, $p=0.000$, $\eta^2_p=0.349$]，顶叶($0.514\pm0.199$)的平均波幅显著负于枕-颞叶($1.272\pm0.206$)和

枕叶(1.292±0.190)；时间、脑区和组别的交互作用边缘显著[$F(2, 53)=2.557$，$p=0.095$，$\eta^2_p=0.045$]，其余交互作用均不显著($p>0.05$)。简单效应分析显示，前测中，实验组和对照组的平均波幅在顶叶、枕-颞叶、枕叶之中均不存在显著差异($p>0.05$)，但在后测中，在枕叶上，对照组(0.850±0.289)的平均波幅比实验组(1.635±0.289)更负。

2. 执行控制

N2 波幅：重复测量方差分析的结果显示，组别的主效应不显著[$F(1, 54)=3.054$，$p=0.086$，$\eta^2_p=0.054$]；时间的主效应边缘显著[$F(1, 54)=3.036$，$p=0.087$，$\eta^2_p=0.053$]；组别和时间的交互作用不显著[$F(1, 54)=1.626$，$p=0.208$，$\eta^2_p=0.029$]。

P3 波幅：重复测量方差分析的结果显示，组别的主效应显著[$F(1, 54)=9.330$，$p=0.003$，$\eta^2_p=0.147$]，实验组的 P3 平均波幅（0.980±0.279）比对照组的 P3 平均波幅（-0.225±0.279）更正；时间的主效应显著[$F(1, 54)=14.513$，$p=0.000$，$\eta^2_p=0.212$]，后测的 P3 平均波幅（1.208±0.361）比前测的平均波幅（-0.453±0.206）更正；组别和时间的交互作用显著[$F(1, 54)=13.010$，$p=0.001$，$\eta^2_p=0.194$]。简单效应分析显示，实验组后测的 P3 平均波幅（2.597±0.511）显著高于前测（-0.636±0.291），对照组前后测不存在显著性差异（$p>0.05$）；在前测中，实验组和对照组不存在显著性差异（$p>0.05$），但在后测中，实验组的 P3 平均波幅（2.597±0.511）显著高于对照组（-0.181±0.511）。

## 五、时频结果

1. 定　向

Beta 频带（12~25 Hz，400~700 ms）内（图 10-9），重复测量方差分析的结果显示，组别的主效应不显著[$F(1, 54)=0.387$，$p=0.537$，$\eta^2_p=0.007$]；时间的主效应显著，[$F(1, 54)=9.111$，$p=0.004$，$\eta^2_p=0.144$]，表现在后测时所诱发的 beta 频带能量（-0.488±0.074）显著低于前测时（-0.300±0.072）所诱发的能量；组别和时间的交互作用显著[$F(1, 54)=4.144$，$p=0.047$，$\eta^2_p=0.071$]。简单效应分析显示，实验组后测时所诱发的 beta 频带能量

（-0.510±0.105）显著低于实验组的前测（-0.196±0.102）所诱发的能量，而对照组在前测和后测时之间不存在显著性差异（$p>0.05$）。在前测和后测中，对照组和实验组之间的能量值均不存在差异（$p>0.05$）。

2. 执行控制

Theta 频带（4~7 Hz，400~600 ms）内，重复测量方差分析的结果显示，组别的主效应不显著[$F(1,54)=0.551$，$p=0.461$，$\eta^2_p=0.010$]；时间的主效应显著[$F(1,54)=13.992$，$p=0.000$，$\eta^2_p=0.206$]，表现在后测时所诱发的 beta 频带能量（1.125±0.092）显著低于前测时（1.508±0.099）所诱发的能量；组别和时间的交互作用不显著[$F(1,54)=0.417$，$p=0.521$，$\eta^2_p=0.008$]。

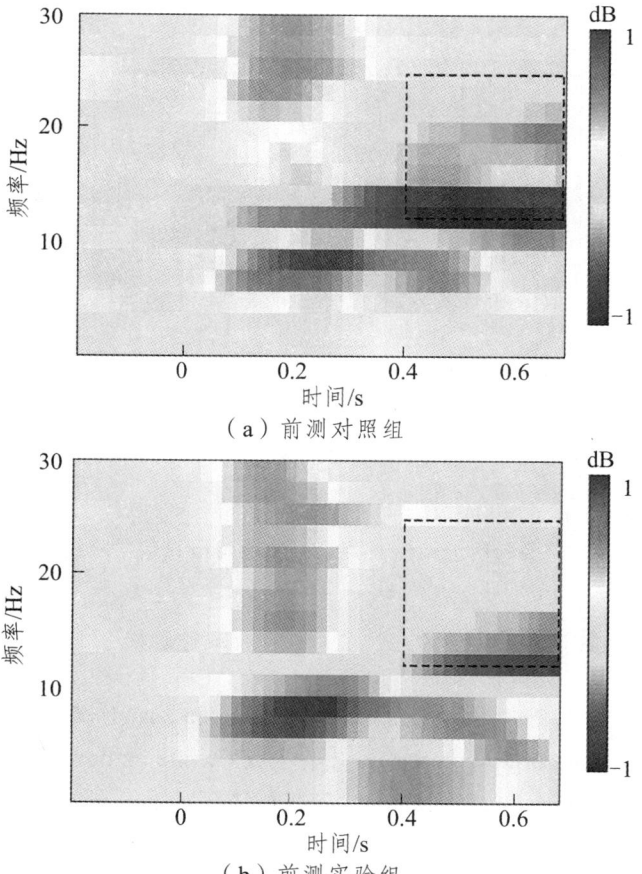

（a）前测对照组

（b）前测实验组

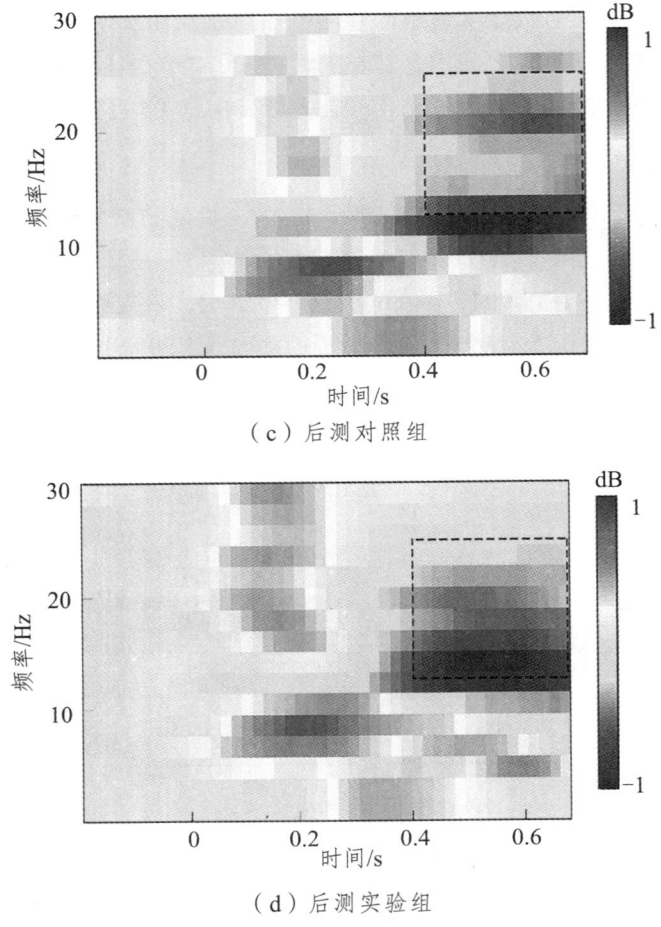

图 10-9　前测和后测条件下实验组和对照组的定向网络的频率图

## 六、磁共振结果

采用 SPM12 中的灵活因子模型（Flexible Factorial）对两组被试的前后测脑总体积（total brain volume）、白质体积（white matter volume）、脑脊液体积（cerebrospinal fluid volume）、脑灰质体积（gray matter volume）数据进行分析（表 10-3）。结果发现，两组被试前后测中的脑总体积、白质和脑脊液体积之间的差异无统计学意义（$p > 0.05$）。时间与组别在左侧颞下回

（left inferior temporal gyrus）的交互作用显著[图10-10（a）]，实验组在前测和后测中不存在显著性差异；对照组后测中的右侧颞中回（right middle temporal gyrus）、右侧颞下回（right inferior temporal gyrus）和左侧楔前叶（left precuneus）的灰质体积显著大于前测[图10-10（b）]，而右侧楔前叶（right precuneus）和右侧海马（right hippocampus）体积显著小于前测[图10-10（c）]。

表10-3　实验组和对照组脑灰质体积具有显著差异的区域

| 脑区 | MNI/mm | | | 体素值 | $t$ | $p$ |
| --- | --- | --- | --- | --- | --- | --- |
| | X | Y | Z | | | |
| 右侧颞下回 | 51 | -9 | -30 | 275 | 9.41 | <0.001 |
| 右侧颞中回 | 40 | -64 | 14 | 204 | 8.63 | <0.001 |
| 左侧楔前叶 | -8 | -9 | 34 | 1244 | 9.22 | <0.001 |
| 右侧楔前叶 | 15 | -44 | 44 | 246 | 7.33 | <0.001 |
| 右侧海马 | 36 | -33 | -10 | 284 | 7.66 | <0.001 |

注：MNI坐标是指蒙特利尔神经病学研究所坐标系，利用 $X$、$Y$、$Z$ 轴对基于体素的形态学分析方法中解剖结构进行定位。

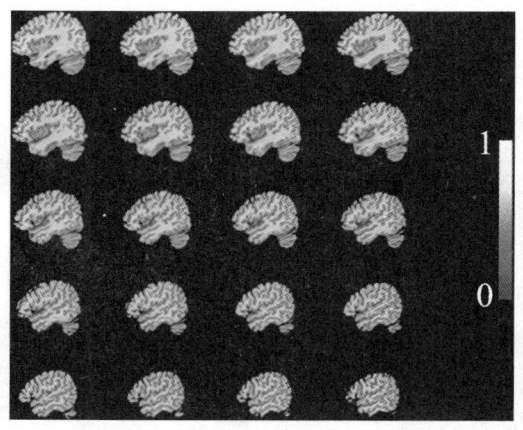

（a）时间与组别在左侧颞下回的交互作用显著

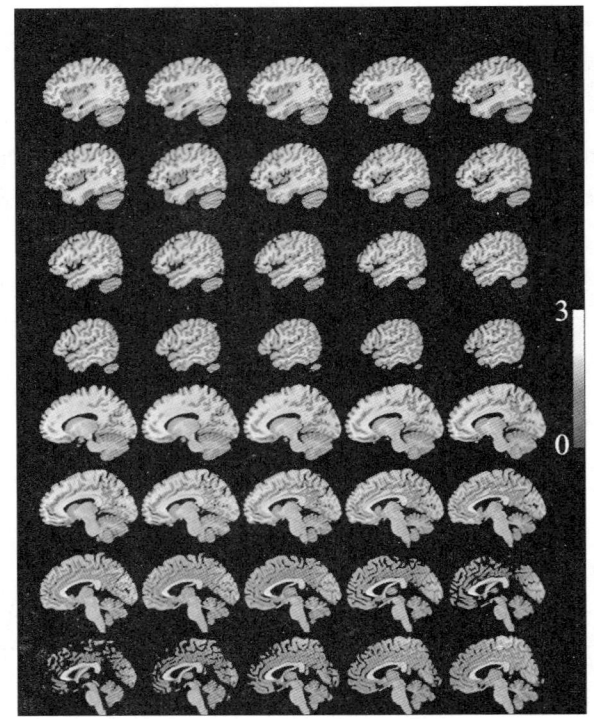

(b)对照组后测的右侧颞中回、右侧颞下回和左侧楔前叶的灰质体积显著大于前测

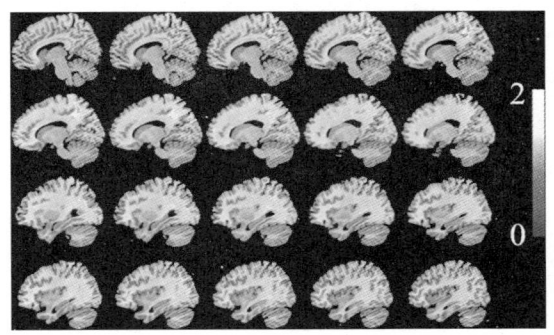

(c)对照组的右侧楔前叶和右侧的海马体积显著大于后测

图 10-10 实验组和对照组显著的脑灰质体积变化

将两组被试的脑灰质体积的改变与行为数据、平均波幅、时频分析的变化进行 Person 相关分析（两组数据皆选择前测减后测所得的变化值），结果如下：在对照组中，右侧楔前叶的灰质体积变化与定向网络的枕-颞叶 N1 波幅变化（$r=0.446$，$p<0.05$）及枕叶 N1 波幅变化（$r=0.446$，$p<0.05$）显著正相关。

在实验组中，左侧楔前叶的灰质体积变化与定向网络的枕-颞叶 N1 波幅变化（$r=0.495$，$p<0.05$）及枕叶 N1 波幅变化（$r=0.496$，$p<0 05$）显著正相关；右侧楔前叶的灰质体积变化与定向网络的枕-颞叶 N1 波幅变化（$r=0.437$，$p<0.05$）显著负相关；右侧海马体积变化与定向网络的 beta 频带能量值变化显著正相关（$r=0.417$，$p<0.05$）。见图 10-11。

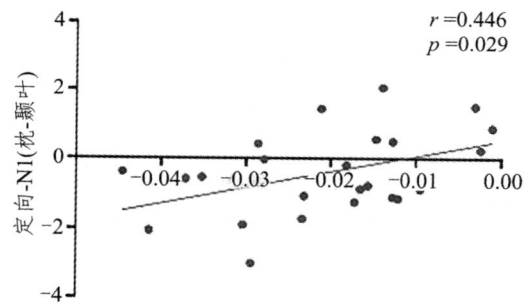

（a）对照组右侧楔前叶的灰质体积变化与定向网络的
枕-颞叶 N1 波幅变化的相关

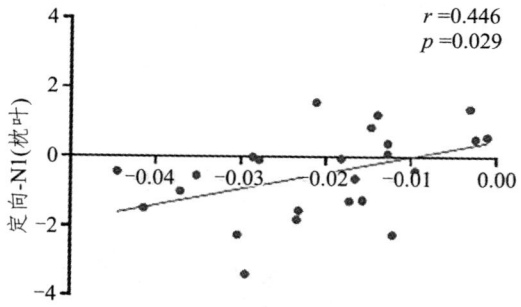

（b）对照组右侧楔前叶的灰质体积变化与定向网络的
枕叶 N1 波幅变化的相关

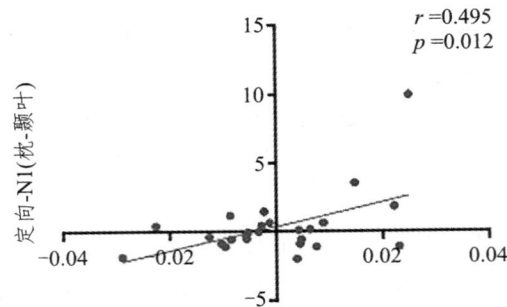

（c）实验组左侧楔前叶的灰质体积变化与定向网络的枕-颞叶 N1 波幅变化的相关

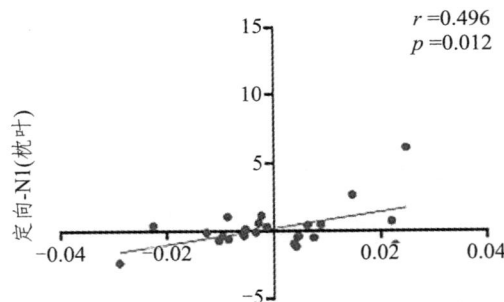

（d）实验组左侧楔前叶的灰质体积变化与定向网络的枕叶 N1 波幅变化的相关

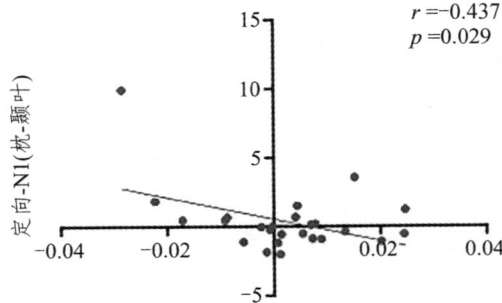

（e）实验组右侧楔前叶的灰质体积变化与定向网络的枕-颞叶 N1 波幅变化的相关

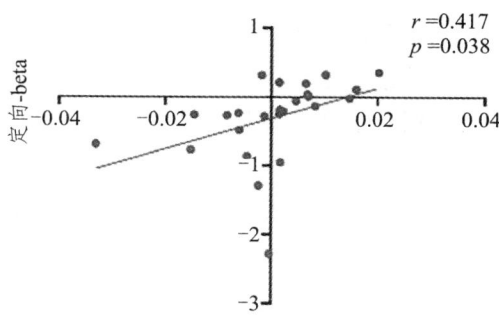

（f）实验组右侧海马体积变化与定向网络的
beta 频带能量值变化的相关

图 10-11　具有显著性相关的分析图

## 第五节　讨论与结论

### 一、讨　论

本研究采用 ANT 和 b-CFS 任务探讨了在极端天气下，锅庄舞干预影响高海拔移居者的意识突破和注意网络的生理和认知神经机制。研究结果显示，高原极端环境的变化影响个体的注意功能，表现为行为上的注意网络执行控制功能的过度激活和定向网络效率的下降，且在 ERP 的波幅分析和时频分析、MRI 分析及生理指标上均有着不同程度的改变。该发现为极端环境变化下的注意功能的下降的改善提供了新的方式和科学的证据。研究表明，锅庄舞文化是根植于高海拔地区独特的自然环境之中的，有利于减轻应激源压力，唤醒人的自我意识。

### （一）注意网络的行为结果讨论

在南极的高海拔环境（海拔 3380～4380 m）下，除了缺氧，日照时数的波动同样是该环境下的另一个重要的应激源。Collet 发现，夏季持续的阳光照射会引发高海拔和海平面观测站人员的睡眠变化，冬季太阳的消失引发了某些被试的情绪问题[5]。基于压力源的负面影响，研究者认为在南极高海拔环境中的认知功能恶化主要是在冬季[6]。同样，在高海拔地区的拉萨，我们推测，温度变化同样是西藏高原地区的重要应激源，体现在一年当中气温变化最明显的 10 月份前后。根据气象学数据，西藏的拉萨地区在 10 月前后温度急剧下降，居住舒适度随之降低，人体表现出不适。适宜的环境温度是生命赖以生存的必要条件，机体能量代谢的速度会随着外界环境的变化而不断调整。而极端的环境温度对神经系统具有重要影响，从本能行为到高级认知行为的表现均会随着环境温度的变化而发生改变。神经系统通过感知环境温度变化适应性调整机体行为状态，以更好地适应极端环境[7]。高温条件会增加大脑的注意资源的损耗，大脑对于目标刺激的警觉能力下降[8]，同样在高海拔极端环境中，10 月左右的时间点，急剧下降的温度也会影响个体的注意功能。在本研究的 ANT 任务中，对照组定向功能下降，实验组和对照组执行控制功能提高，而警觉功能没有明显的变化。在研究组前期的研究中显示，长期的高海拔暴露导致居住者注意资源分配不足，当海拔超过 4200 m 时，出现了注意子网络之间的相互竞争。长期的高海拔暴露对于注意的影响，是由于高海拔环境导致机体处于应激状态，这种应激状态表现在与海拔 2900 m 组和 3700 m 组相比，海拔 4200 m 组执行控制得分显著降低，执行控制的功能随着居住地的海拔升高而增强。执行控制的分数越小意味着更好的执行控制的功能，研究结果显示的海拔 4200 m 组的执行控制功能的升高，表明 4200 m 高海拔这种更加恶劣的自然环境过度激活了个体的执行控制功能，体现了他们过高的应激状态。这种应激状态是个体为了适应环境调动了有限的认知资源导致的。

因此我们提出研究假设，在 10 月前后，高海拔环境下的任何群体的执行控制能力势必会因为极端环境的变化而提高。资源限制理论认为，认知资源的总量是有限的，当同时进行的分任务所需的认知资源数量未超过总量时，分任务可以同时被执行；反之，分任务的资源分配和有效执行将会受到影响[9]。Mackie 等人认为应该在一个统一的注意资源库中解释注意子网络之间的关系[10]。注意系统的不同子网络之间是有机联系的，三个网络共用同一个注意资源库，共享注意效率。随后，研究者在认知神经科学当中的发现同样验证了上述观点。警觉和执行控制功能都涉及了前扣带回的活动和 alpha 波的抑制[11]，有效的空间线索增强了执行控制网络的效率，而无效的空间线索减弱了执行控制网络的效率[12]。因此，当气温的急剧变化增加大脑整体的注意资源的损耗的同时，个体为了适应极端环境的变化又调用过多的执行控制功能方面的资源，那么个体的定向和警觉功能必然也会有所下降。在本实验的行为上的研究结果中发现对照组定向网络效率的下降。这与我们之前的研究结果相一致，在海拔 4200 m 组中，执行控制功能越强，定向功能越低[13]。值得注意的是，实验组的定向网络效率并没有明显的变化，因为锅庄舞干预维持住了本该随着天气变化而下降的趋势。那为什么警觉功能并未由于极端环境的变化而下降呢？在 ANT 测试中，中央线索提供了时间信息但并没有提供空间信息，由于缺失有效的空间信息，个体将注意力分配到上下两个空间位置上，此时注意力分散，难以集中注意去忽略侧翼刺激的干扰。但是在无线索条件下，注意在刺激出现时是保持高度集中状态，更容易忽略侧翼刺激的干扰。因此定向功能的考察会需要更多的认知资源的参与。根据资源竞争理论，在整体认知资源下降的情况下重要的心理活动占用更多的认知资源，所以认知资源的下降没有体现在警觉功能上。本研究发现，锅庄舞干预在行为上维持住了定向功能的下降，而对于注意警觉和执行控制功能并没有明显的改善。在之前的一项单次高压氧干预改善高海拔移居者注意网络的研究中，我们同样发现单次高压氧干预特异性地提高了移居者的注意定向功能而非注意警觉和执行控制功能，而且对注意定向功能的提高存在明显干预后效应。此项高压氧的研究还发现高原环境对于注意过程的影响可能是由于人体应激状态下警觉和执行控制过高，而过高的警觉与大脑的注意资源分配密切相关[14]。这可能意味着锅庄舞对注意功能的改善是通过对冲由于极端环境造成的整体注意资源下降来进行的，而并不是通过注意系统内部认知资源转移对注意产生积极影响。

对 5 种条件下的反应时和正确率进行的重复测量方差分析表明，实验组后测时的反应时显著短于前测，在前测和后测中反应时均有显著的缩短，但是正确率上并没有明显的差异，这说明，锅庄舞对于注意网络的改善主要在于加工速度上而不是加工效率上。Fan 等人使用 ANT 测试发现平原地区人群的警觉、定向和执行控制这三个子系统是相互独立的，因为警觉、定向和执行控制来源于不同的特定的注意源，具有不同的解剖结构[15,16]。但是，在一些特殊人群之间也显示出三个子网络之间的交互作用，如在阿尔茨海默病患者的 ANT 研究中发现其发生了执行控制功能的选择性障碍，并且发现其执行控制功能和定向的交互作用[17]。本实验的结果显示，对照组在前测时的警觉和执行控制分值存在正相关，而在 10 月之后，警觉和执行控制功能分值存在负相关；实验组在前后测中，三个子网络之间均不存在显著的相关性。这说明，在高海拔的复杂环境之中，导致了注意的三个子网络之间的不断振荡，网络之间存在竞争和不稳定性。

## （二）注意网络的 EEG 结果讨论

为了进一步验证锅庄舞对于注意网络的影响是否存在特异性，我们进一步评价了 EEG 数据，EEG 较行为测量对于大脑活动的轻微变化更加敏感。因为在注意网络行为上的差异只指向了定向和执行控制功能，所以在脑电与时频中我们只分析了这两个子网络。

N1 波幅是注意中最常见的 ERP 早期成分，被认为是注意力方向的指标，N1 波幅越负就表明使用注意的资源越多。本研究发现，顶叶引发的 N1 平均波幅显著负于枕叶和枕-颞叶，在后测中的枕叶上，对照组所引发的 N1 平均波幅显著负于实验组，而后测中两组在枕叶和枕-颞叶上没有发现明显的差异。这说明锅庄舞干预对于注意定向功能的改善不仅体现在行为上，在脑电上体现为实验组引发的枕叶 N1 负波小于对照组，对照组在定向上所使用的后期的注意资源多于实验组。这与我们之前的假设相一致，极端环境下个人总体认知资源减少，定向占用了过多的认知资源，10 月之后，对照组不仅整体认知资源不足，还需要向定向行为投入更多的努力。而锅庄舞干预在某种程度减轻了应激源压力，实验组的认知资源得到某种程度的改善，付出的努力也就少于对照组。

P3 波幅被认为是被一系列的执行控制任务所引发的，代表着执行控制功能，冲突条件下 P3 波幅的增大反映出反应抑制能力增强[18]。在我们以往的研究中，空间注意任务中的高通路条件下的 P3 波幅减小；在 flanker 任务中，高海拔暴露影响反应抑制；Go/Nogo 任务中，P3 波幅同样在高海拔组中波幅降低。本研究结果发现实验组后测时的 P3 平均波幅比实验组前测时的平均波幅更正，且在后测中，实验组所引发的 P3 平均波幅高于对照组。我们使用不一致条件下的平均波幅减去一致条件下的平均波幅得到执行控制功能的波幅，不一致刺激引发的波幅比一致条件下引发的波幅更正，说明个体在不一致条件下的反应抑制能力更强。锅庄舞干预后的实验组 P3 波幅显著高于对照组说明，实验组的反应抑制能力增强。在行为结果当中，我们发现无论是实验组还是对照组，他们的执行控制网络的效率都在提高，因为 10 月前后应激增强，人体为了对冲极端环境的变化而过多调动自己的执行控制功能。经过锅庄舞干预后的 P3 波幅提高，从认知神经科学方面提供了一个新的视角，锅庄舞干预提高人体的执行控制能力，行为上暂时未体现可能是因为 15 次的锅庄舞干预未达到行为明显改善的剂量，还不足以对冲极端天气带来的应激反应。

大脑持续的脑电活动可以通过放置在头皮上的一组电极来记录，主要反映神经元的突触后电位的短暂变化。事件相关电位提供了高精度的时间变化，在时间维度上对脑电数据进行叠加平均，获得锁时锁向的波形。大脑的神经活动除锁时锁向的波形外，还具有由任务刺激引发的非锁向活动，这些活动表现的是对神经元节律的兴奋与抑制，并且特定的神经元节律性与特定的认知活动相关。在 ERP 研究中的平均波幅的叠加会丢失非锁向的与认知活动相关的信息。时频分析是将脑电信号分解，描述它们随时间相对于任务事件的变化。它既可以在时间维度上，又可以在频率维度上展现 EEG 信息，弥补了 ERP 的缺陷。和 ERP 波幅一致，对应着行为上表现出的差异性，在时频分析中，本研究分析了定向及执行控制功能。研究结果表明在实验组中，后测时所诱发的 beta 能量值显著小于前测时诱发的能量。beta 频带活动与维持当前的感觉运动或认知状态有关。一般来说，当认知负荷增加时，beta 活动增加。当任务处于稳定状态时受到干扰也会导致 beta 活动增加，需要更多的注意力需求来抑制这种干扰。Engel 认为，beta 频带能量反映了促进现有运动或认知集合（即"现状"）的活跃过程，当预期或有意改变当前的运动或认知能力时，beta 频带能量将会减弱[19]。而锅庄舞干预在某种程度减轻了实验组的应激源压力，实验组的认知负荷得到某种程度的缓解，从而可以更好地抑制干扰。

（三）意识突破的行为结果讨论

双眼竞争中两幅不同的图像呈现在两只眼睛的相应区域，但这并不是感知融合，而是在时间的交替中获得视觉意识。人们通常将抑制期的持续时间视作无意识加工的指标，持续时间随高水平和低水平刺激属性而变化[20]。

然而，不同的抑制时间长度可能是由于过渡阶段的加工差异造成的，在过渡阶段，目标刺激可能会开始进入意识。当被试正确地指出一个有意义的对象的存在时，对噪音掩蔽的知觉会被一个有意义的对象的知觉所取代，因此知道"在哪里"可能意味着知道"是什么"。Mudrik 等人研究了定位和分类对象的准确性，他们发现将面孔分类为名人和非名人时，被试始终不知道如何定位它们。不仅如此，研究者发现，在 CFS 过程中出现了短暂的部分意识，这允许被试对目标对象进行定位。他们认为，CFS 向意识感知的转变依赖于不断细化的原始分割，而对目标对象进行分类和随后的识别[21]。在具身认知中，有机体、环境和行为紧密相连，身体与外部环境的互动构成了认知系统的组成部分，也限制了行为的可能性。在身体与外部环境互动的过程中，大脑通过特殊的感觉和运动通道形成具体的心理状态。在温度急剧下降的 10 月前后，两组被试的意识突破时间均显著提高，说明个体在极端环境条件下可以更快地突破抑制，个体可能知觉到此种环境下的压力从而想要摆脱无意识状态。在准确率上，锅庄舞干预之后实验组在 b-CFS 上准确率提高，可能意味着锅庄舞干预之后的被试在还未彻底完成无意识突破时，出现了短暂的部分意识，他们可以意识到一些目标对象的初级特征（颜色或位置）。

## （四）基本生理指标结果讨论

大脑以两种方式依赖身体的生理状态。首先，大脑需要适当的生理环境条件来有效地进行生物功能。其次，大脑接受并反馈连续不断的内脏信号的动态信息[22]。也就是说，身体内部状态影响脑功能和心理活动。事实上，生理和心理状态是动态耦合的，中枢神经系统和自主神经系统相互作用，保持一种动态平衡的状态。心理过程及其认知神经基础与人体体内状态的稳态控制密切相关，内脏器官通过脊髓和颅脑神经不断地向大脑发送信号，一系列不同的内感受通路可以直接或间接地影响大脑功能，包括有意识的感觉状态、动机行为和指导包括记忆在内的认知过程[23]。肾脏神经网络与传统的静息状态神经网络有部分重叠，组成肾脏神经网络的许多大脑区域具有会聚的功能特性，这些区域通过触摸、动作或视觉信息来映射身体空间[24]。意识和注意与心脏性能息息相关，心脏的收缩和舒张被认为是个体注意力在外部环境和内部信号之间转移的结果[25]。在心脏功能中，血液中的红细胞占据了 80%。红细胞是血液中数量最多的一种血细胞，它是人类运送氧的主要媒介，同时具有一定的免疫功能。红细胞中含有血红蛋白，血红蛋白是机体内运输氧的特殊蛋白，因此，红细胞是受氧气含量影响最大的血细胞，主要体现在数量、形态和功能上。基于上述证据，我们采集了实验组和对照组在训练前后的血常规、肝功能、肾功能，试图探讨锅庄舞干预除了在认知上可能带来改善，在更底层的生理上又将产生何种影响。结果发现，经过锅庄舞干预，实验组的血红蛋白含量、平均红细胞体积、平均血红蛋白含量在干预后有了显著的增高，表明锅庄舞干预改善了红细胞的携氧能力。对于肝功能、肾功能并没有明显的影响，这可能是因为肝脏和肾脏器官并不会在短时期内得到改善，15 次锅庄舞干预并不会使被试发生器质性改变。

### （五）磁共振结果讨论

以上，我们研究了锅庄舞干预改善注意网络和意识突破的生理和认知神经机制，为了进一步在大脑结构上验证我们在生理和注意网络行为、脑电、时频上的发现，采用 MRI 神经影像学技术进一步讨论干预的神经机制。

人脑皮层解剖结构具有可塑性，可在结构和功能上不断修饰和重组以适应内、外环境的变化。在低压低氧环境下，氧分压降低导致了个体的动脉血氧饱和度降低，为了维持大脑高效、稳定的代谢率，脑血流量（cerebral blood flow，CBF）将发生改变，而脑血流的改变会引起脑实质体积的改变[26,27]。有研究者认为，高海拔低氧环境的刺激可促进神经再生，表现为小胶质细胞和巨噬细胞的增殖，最终导致脑结构的累积性改变[28]。研究发现，急性高海拔暴露 8 h 后，短时间内会导致全脑与灰质体积增加，而白质与脑脊液体积减小，且灰质体积增加可能参与急性高原反应（acute mountain sickness，AMS）的发生机制[29]。慢性高原病（chronic mountain sickness，CMS）患者的右侧舌回、后扣带回、双侧海马及左侧颞下回的灰质体积增加，无论是出生在高原移居至平原一年的个体，还是出生在平原移居至高原两年的个体，他们的灰质和白质结构发生改变，表现为高海拔移居者的右侧海马旁回灰质体积较低海拔人群增加[30]。高海拔适应与大脑结构的改变有关，正常群体的灰质增加可能与神经细胞的增加、胶质细胞再生及突触发生及血管生成有关[31]，灰质的减少可能与缺氧新陈代谢副产物和低氧环境下谷氨酸能神经细胞释放的谷氨酸盐增多有关[32]。

默认网络（default mode network，DMN）主要包括前扣带回、后扣带回、楔前叶、内侧前额叶、双侧角回、海马旁回、内侧颞叶和外侧颞下回等脑区。DMN与社会认知、自我意识、内省状态和外部环境监测、情景记忆提取等其他高级认知功能的精神活动存在密切联系。楔前叶是一种联络皮层，解剖学连接复杂，参与广泛的皮层和皮层下网络映射，与后扣带回、丘脑、后内侧顶叶、前额叶、海马等多个结构连接。虽然所处位置较深，但它可能是大脑静息态默认网络的重要节点[33]，参与自我意识、感知觉加工、情景记忆、视觉空间想象等多种认知功能的调控和处理[34]。海马和海马旁回、颞下回、颞中回也是默认网络中的重要组成部分[35]，与自我意识、物体识别、情绪处理及信息整合相关，"后扣带回与海马结构"更是与心智游移的内省有显著相关[36]。本研究结果显示，锅庄舞干预组的脑灰质体积在前后测时无显著差异，而对照组的灰质体积发生变化，灰质体积增高与降低的区域并存。在左侧楔前叶、右侧颞下回、右侧颞中回中，前测时的灰质体积显著大于后测，而在右侧楔前叶和右侧海马中，后测时的灰质体积显著大于前测。在相关分析中，我们发现实验组和对照组的灰质体积的变化指向于定向网络的枕叶和枕-颞叶N1波幅、定向网络的beta频带能量值的变化。综上，左侧楔前叶、右侧楔前叶、右侧颞下回、右侧颞中回和海马的改变，可能与认知外在物体及判断和自我有关的信息存在关联。对照组在以上脑区的灰质体积的改变可能由于此方面出现问题，这部分的脑区消耗最高，占用了认知资源。当极端环境下的温度改变后，这部分脑区的张力最大，导致认知负担加重，而锅庄舞干预改变了这部分的脑区对于认知资源的消耗。我们推测锅庄舞可以减轻默认网络相关区域的负担，是一种唤醒觉知、强调自我体验的运动。锅庄舞干预对于人体改善可能是关注自我意识，维持在当下内在的以及外部的感官体验，是一种通过身心的自我调节影响个体的心理过程的训练方式。它类似于冥想、太极、瑜伽等形式，通过形成自下而上的认知的动态模式来提高认知能力。

## 二、结　论

本研究着重探讨锅庄舞干预对高海拔极端环境下意识突破和注意网络

的改善效应及生理神经机制。结果表明高原极端环境的变化影响个体的注意功能,主要表现为执行控制功能的过度激活和定向网络功能的下降。根植于藏民族优秀的传统文化的锅庄舞干预有效地改善了注意网络功能,减轻应激源压力,唤醒了个体的自我意识。锅庄舞文化产生于高海拔地区的独特的自然环境之中,为极端环境变化下的注意功能的下降的改善提供了新的方式和科学的证据。

## 第六节 创新与展望

### 一、本研究创新点

本研究立足高海拔极端环境中,温度的变化导致了注意功能的下降。采用独特的锅庄舞干预探讨其对注意网络中警觉、定向、执行控制三个网络成分的影响机制。研究第一次揭示了在极端环境变迁当中,锅庄舞唤醒了人的自我意识,体现在注意的定向功能的提高,从而提高对抗外界环境带来的变化。这种提高不仅体现在行为上,同时体现在底层的生理以及认知神经变化当中。本研究从科学、客观的角度证实了锅庄舞干预是提升高原居民认知功能的有效途径,有利于预防和改善高原居住人群认知功能的损伤,提高生活质量和工作效率,以更好地服务于高原地区的发展。

### 二、问题与展望

本研究选取移居高海拔地区两年的西藏大学学生为被试,研究发现在极端环境下个人的认知资源减少,认知负荷增大。经过15次的锅庄舞干预发现,锅庄舞干预改善了注意功能,维持住了定向功能的下降,并且表现在 ERP 波幅、时频能量值和 MRI 的脑灰质体积上。但是 15 次的训练剂量较小,随着干预次数的增多,个体的认知能力将发生何种程度的改变需进一步探究,是否会体现在更多的生理指标及脑结构上。后续研究可关注长期锅庄舞干预是否可以更好地改善其他认知功能,以期在高海拔地区推广优秀的锅庄舞文化。

## 参考文献

[ 1 ] FONG A H C, YOO K, ROSENBERG M D, et al. Dynamic functional connectivity during task performance and rest predicts individual differences in attention across studies[J]. Neuroimage, 2019(188): 14-25.

[ 2 ] SALMELA V, SALO E, SALMI J, et al. Spatiotemporal dynamics of attention networks revealed by representational similarity analysis of EEG and fMRI[J]. Cerebral Cortex, 2016(2): 2.

[ 3 ] EGETH H K D. Attention and effort[J]. American Journal of Psychology, 1975, 88(2): 339.

[ 4 ] COLLET G, MAIRESSE O, CORTOOS A, et al. Altitude and seasonality impact on sleep in antarctica[J]. Aerospace Medicine and Human Performance, 2015, 86(4): 392-396.

[ 5 ] IRÉN B, ENDRE T, ISTVÁN C, et al. Extreme environment effects on cognitive functions: a longitudinal study in high altitude in antarctica[J]. Frontiers in Human Neuroscience, 2016, 10(813): 331.

[ 6 ] FONG A H C, YOO K, ROSENBERG M D, et al. Dynamic functional connectivity during task performance and rest predicts individual differences in attention across studies[J]. Neuroimage, 2019(188): 14-25.

[ 7 ] HANCOCK P A. Sustained attention under thermal stress[J]. Psychological bulletin, 1986, 99(2): 263-281.

[ 8 ] EGETH H K D. Attention and effort[J]. American Journal of Psychology, 1975, 88(2): 339.

[ 9 ] MACKIE M A, VAN DAM N T, FAN J. Cognitive control and attentional functions[J]. Brain and Cognition, 2013, 82(3): 301-312.

[10] FAN J, BYRNE J, WORDEN M S, et al. The relation of brain oscillations to attentional networks[J]. Journal of Neuroscience the Official Journal of the Society for Neuroscience, 2007, 27(23): 6197.

[11] FAN J, GU X, GUISE K G, et al. Testing the behavioral interaction and integration of attentional networks[J]. Brain & Cognition, 2009, 70(2): 209-220.

[12] ZHANG D, ZHANG X, MA H, et al. Competition among the attentional networks due to resource reduction in Tibetan indigenous residents: evidence from event-related potentials[J]. Scientific Reports, 2018, 8(1): 610.

[13] 卜晓鸥，孙莹，王妍，等. 长期高海拔暴露对移居者视觉工作记忆保持功能的影响——来自ERP的证据[J]. 高原科学研究，2020，4（04）: 69-76.

[14] FAN J, MCCANDLISS B D, SOMMER T, et al. Testing the efficiency and independence of attentional networks[J]. Journal of Cognitive Neuroscience, 2002, 14(3): 340-347.

[15] GROOM M J, CRAGG L. Differential modulation of the N2 and P3 event-related potentials by response conflict and inhibition[J]. Brain and Cognition, 2015, 97: 1-9.

[16] ZHANG D, ZHANG X, MA H, et al. Competition among the attentional networks due to resource reduction in Tibetan indigenous residents: evidence from event-related potentials[J]. Scientific Reports, 2018, 8(1): 610.

[17] GROOM M J, CRAGG L. Differential modulation of the N2 and P3 event-related potentials by response conflict and inhibition[J]. Brain and Cognition, 2015, 97: 1-9.

[18] ENGEL A K, FRIES P. Beta-band oscillations-signalling the status quo?[J]. Current Opinion in Neurobiology, 2010, 20(2): 156-165.

[19] GAYET S, STEFAN V, PAFFEN C. Breaking continuous flash suppression: competing for consciousness on the pre-semantic battlefield[J]. Frontiers in Psychology, 2014, 5: 460.

[20] MUDRIK L, BRESKA A, LAMY D, et al. Integration without awareness: expanding the limits of unconscious processing[J]. Psychological Science, 2011, 22(6): 764-770.

[21] CRAIG A D. How do you feel? interoception: the sense of the physiological condition of the body[J]. Nature Reviews Neuroscience, 2002, 3(8): 655-666.

[22] CRITCHLEY H D, HARRISON N A. Visceral Influences on Brain and Behavior[J]. Neuron, 2013, 77(4): 624-638.

[23] REBOLLO I, DEVAUCHELLE A D, BÉRANGER B, et al. Stomach-brain synchrony reveals a novel, delayed-connectivity resting-state network in humans[J]. Elife Sciences, 2018, 7: e33321.

[24] PARK H D, CORREIA S, DUCORPS A, et al. Spontaneous fluctuations in neural responses to heartbeats predict visual detection[J]. Nature Neuroscience, 2014, 17(4): 612-U178.

[25] WILSON M H, DAVAGNANAM I, HOLLAND G, et al. Cerebral venous system and anatomical predisposition to high-altitude headache[J]. Annals of Neurology, 2013, 73(3): 381-389.

[26] WILSON M H, IMRAY C H E, HARGENS A R. The headache of high altitude and microgravity-similarities with clinical syndromes of cerebral venous hypertension[J]. High Altitude Medicine & Biology, 2011, 12(4): 379-386.

[27] 刘彩霞,鲍海华,李伟霞,等. 慢性高原病患者脑灰质变化的 VBM-MRI 研究[J].磁共振成像，2014，5（03）: 211-215.

[28] 张诗雨，冯杰，刘文佳，等. 急进高原人群脑形态学变化的磁共振成像研究[J]. 中国医学影像学杂志，2019，27（08）: 574-577.

[29] ZHANG J, ZHANG H, LI J, et al. Adaptive modulation of adult brain gray and white matter to high altitude: structural MRI studies[J]. PLoS One, 2013, 8(7): e68621.

[30] ZATORRE R J, FIELDS R D, JOHANSEN-BERG H. Plasticity in gray and white: neuroimaging changes in brain structure during learning[J]. Nature Neuroscience, 2012, 15(4): 528-536.

[31] VIRUES-ORTEGA J, BUELA-CASAL G, GARRIDO E, et al. Neuropsychological functioning associated with high-altitude exposure[J]. Neuropsychology review, 2004, 14(4): 197-224.

[32] CUNNINGHAM S I, TOMASI D, VOLKOW N D. Structural and functional connectivity of the precuneus and thalamus to the default mode network [J]. Human Brain Mapping, 2017, 38(2): 938-956.

[33] CAVANNA A E, TRIMBLE M R. The precuneus: a review of its functional anatomy and behavioural correlates[J]. Brain, 2006, 129: 564-583.

[34] RAICHLE M E, MACLEOD A M, SNYDER A Z, et al. A default mode of brain function[J]. Proceedings of the National Academy of Sciences of the United States of America, 2001, 98(2): 676-682.

[35] O'CALLAGHAN C, SHINE J M, LEWIS S J G, et al. Shaped by our thoughts—a new task to assess spontaneous cognition and its associated neural correlates in the default network[J]. Brain and Cognition, 2015, 93: 1-10.

[36] ADOLPHS R. Neural systems for recognizing emotion[J]. Current Opinion in Neurobiology, 2002, 12(2): 169-177.

# 第十一章 锅庄舞影响脑结构的实证研究

## 第一节 概 述

情绪是人对客观事物的态度体验以及相应的行为反应。杏仁核被认为是对情绪至关重要的神经环路的一部分,我们情绪的产生、情绪的识别和情绪的调节,都离不开杏仁核。杏仁核位于前颞叶背内侧部,海马体和侧脑室下脚顶端稍前处。它与视觉皮层、前额叶皮层、岛叶、部分海马以及纹状体等都有纤维相联系。一般认为杏仁核通过皮质下通路(通过上视丘和丘脑枕部)和皮质通路(通过视皮层)两种机制参与加工神经信号[1]。杏仁核在危险信号的处理中起着关键作用,它向大脑其他部分发出感觉信息,以便为做出适当的反应做准备[2]。对健康受试者 fMRI 的研究发现,简单的观察情绪刺激会出现杏仁核的激活[3]。在面孔识别任务时积极和消极的面孔双侧杏仁核的激活,其中在观看消极面孔时激活程度更大[4]。创伤应激障碍患者在恐惧情绪时杏仁核被激活,并且恐惧性面孔或恐惧性身体姿势也可以激活受试者的杏仁核[5]。

暴露在高海拔环境会影响人大脑神经递质水平,并诱发一系列的神经和行为障碍。近年来的研究发现,长期高海拔暴露对认知功能(注意网络、颜色识别和工作记忆等)产生影响[6,7,8],并且高海拔暴露还带来了大脑灰质和白质的萎缩[9]。高原环境剧烈的气候变化会加重机体的应激反应,大量证据表明,杏仁核在调节应激影响方面起着至关重要的作用,应激激素和应激激活的神经递质通过涉及杏仁核的行为增强了唤起情感体验和记忆巩固[10]。当机体处于应激环境中时,杏仁核会发生结构性改变,从而影响机体的认知行为[11]。动物模型研究表明,急性和慢性应激诱导杏仁核功能和形态的变化，以及其他大脑区域的相应变化，这些变化可能是认知变化的基础。动物研究发现，高海拔环境暴露诱发线索性和情境性记忆缺陷，该缺陷与海马和基底外侧杏仁核的神经退行性变化有关[12]。与其一致，大鼠低压低氧环境暴露会诱导线索性和情景性恐惧记忆检索减少，低压低氧暴露下出现恐惧记忆调剂失常，以及边缘系统区域神经营养和突触蛋白表达减少[13]。人类关于高海拔暴露杏仁核与情绪关系的研究较少，但有研究发现，急进高原的军人负性情绪因子得分存在显著的阶段差异[14]。高海拔新兵 SCL-90 症状存在较高的阳性率，躯体化和焦虑分数显著高于中国新兵的正常水平[15]。

　　大脑不是一个静态的器官，它的结构和功能存在可塑性，舞蹈作为一种治疗干预，结合了运动对身体的好处和心理治疗的好处。虽然多数的舞蹈干预只是温和与中等形式的体育运动，在健康老年人研究中发现，每周一小时的舞蹈训练所引发的劳累程度，会产生类似运动诱发的支持大脑可塑性的大脑生长因子[16]。舞蹈可以提高心理健康水平，并有效地减少感知到的压力和负面影响[17]。舞蹈训练相较于传统的体育锻炼，可以更好地诱导大脑可塑性[18]。舞蹈是一种多领域活动，结合了有氧运动、协调运动和认知运动。这种与音乐相关的身体和认知锻炼，它激励人们，激发情绪，促进实践。舞蹈是人类交流和表达的最原始的方式之一，它可以使我们手脚、身体和内部达到同步性。这种无意识的同步性是通过舞蹈动作、节奏、情感和身体内部的汇合[19]。舞蹈训练可以促进内感觉的发展和稳定。内感觉可以被定义为对整个身体生理状态的一种感觉，包括情绪和情绪状态的意识[20]。与外部感觉不同，内感觉通过感觉接受和传递来自外部的信息，它会传递个体的身体是如何相对移动的信息，内感觉在情绪处理、感知形成和身份认同中起着重要作用[21]。舞蹈总是和音乐紧密相连，音乐和舞蹈让我们沉浸在更长的和不受干扰的快乐周期中，并保持积极情绪[22]。音乐刺激似乎可以增强大脑中调节奖励、自主和认知处理区域的连通性，并且调节与快乐周期相关的杏仁核、扣带回和脑岛等区域的活动[23]。音乐的不确定因素和惊喜因素的相互作用反映在杏仁核和海马的活动中[24]。

　　锅庄舞是中华民族传统体育运动最具代表的项目之一，并且一直活跃在西藏自治区及其他省份的藏族聚居区。锅庄舞作为中国非物质文化遗产已有非常悠久的历史，锅庄舞早在吐蕃时期就存在了，与西藏早期奴隶社会和盟誓活动有关，后来慢慢演化为歌舞的形式，锅庄舞具有科学锻炼、健身健心、娱乐、旅游开发和群众性、竞技性价值。在全民健身、学校体育、竞技运动和体育旅游等方面具有广阔的开发潜力[25]。目前，锅庄舞作为高海拔地区最常见的一种体育运动形式，为高原居民带来了欢乐和健康，本研究借助 MRI 技术来探究高原环境下锅庄舞运动对大脑可塑性的影响。

## 第二节　研究方法

### 一、研究对象

因数据质量控制因素，选取 48 名参与者进行统计分析。实验组和舞蹈组各 24 人，所有被试均已在拉萨居住 2～3 年且生长在低海拔地区，成年后首次进入拉萨（海拔 3680 m）。两组被试在年龄、性别、BMI 和移居时间上均不存在显著性差异（$p>0.05$）。被试视力或矫正视力正常，被试均为右利手。本实验获得西藏大学伦理委员会批准，实验前所有被试签署了知情同意书，实验结束后获得一定报酬。

### 二、问　卷

问卷测试选用症状自评量表 SCL-90，它是由 90 个项目所组成的精神症状自评量表，该量表具有较高真实性地评价一个人是否有某种心理症状及其严重程度如何。前测与后测共测试两次，施测时要求被试对量表的每一项根据自己的实际情况做出独立评定，不得与其他人讨论或者受其他人影响。

### 三、MRI 数据采集

被试在西藏武警医院接受西门子 Prisma 3.0T 磁共振扫描仪的头部扫描。T1 全脑结构像：采用 3D 快速磁化预备梯度回波序列（magnetization-prepared rapid acquisition gradient echo，MPRAGE），矢状位扫描，从左到右采集。

具体扫描参数为：TR=1900 ms，TE=2.41 ms，FA=9°，slice thickness=1 mm，FOV=256 mm，matrix=256×256，slices=192 层，voxel size=1 mm$^3$。

## 四、数据分析

1. MRI 数据分析

基于 Matlab R2013b 的统计参数图（SPM12）软件的工具包 CAT12 进行 3D T1WI 图像处理。① 格式转换：IMA 格式文件转换为 NIfTI 格式。② 空间标准化：将每个个体解剖图标准化到蒙特利尔神经学研究所（Montreal Neurological Institute，MNI）的 ICBM 的脑模板上，并获得变形矩阵。③ 分割和调整：将标准化后的图像分割为脑灰质，白质和脑脊液。④ 平滑：8 mm 的三维高斯平滑核进行图像的空间平滑处理。

2. 杏仁核亚体积测量

在这部分中我们分析了杏仁核的四个亚区的体积，到目前为止，在分析杏仁核亚区方面没有真正的黄金标准，每种分析技术都有其优缺点，在这里为了获得 ROI 的体积，我们选择了带归一化图像的 SPM ANATOMY Toolbox v.2.2c 进行杏仁核亚区的分割[699]。该分割包括 AStr、CM、LB 和 SF（图 11-1），在 SPM ANATOMY 工具箱中，解剖区域的定义是基于最大概率细胞结构图。

## 五、统计分析

使用 SPSS（SPSS 20，inc./IBM）对杏仁核亚区体积和行为数据进行统计分析。以组（舞蹈组、控制组）为被试间因素，以时间（前、后）为被试内因素，采用重复测量方差分析方法检验干预效果。因此性别和总杏仁核体积作为协变量。为了避免数据非正态情况，我们使用 Mann Whitney U-test 或 Wilcoxon 进行非参数检验，并进行蒙特卡洛模拟，置信水平为 99%，抽取样本数为 10000。相关分析，在组别中前后测中存在差异的杏仁核亚区与行为数据中前后测存在差异的进行 person 相关分析（后测减去前测）。

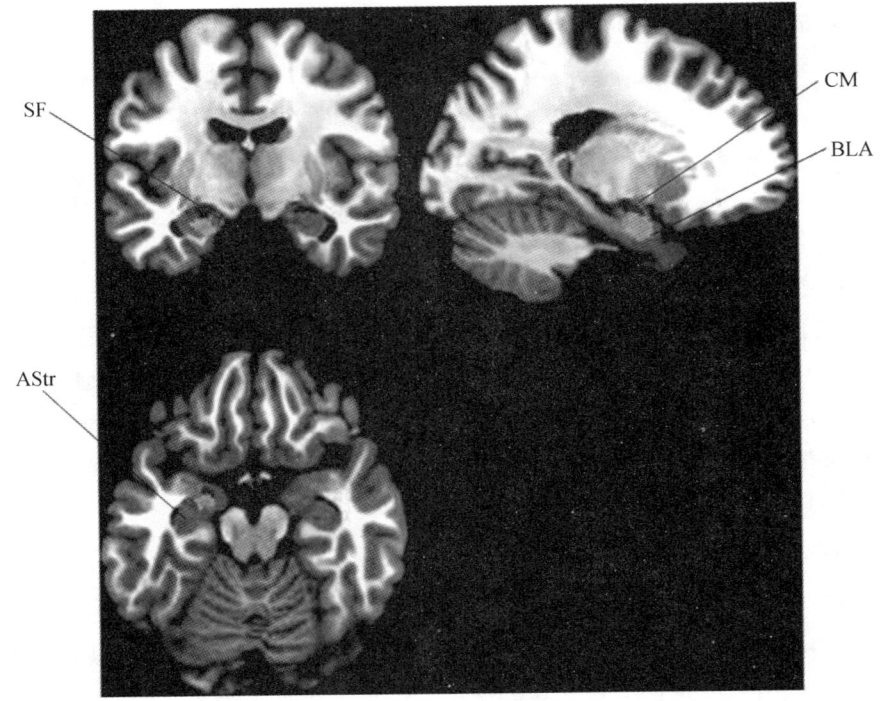

图 11-1　杏仁核四个亚区

## 第三节　研究结果

### 一、杏仁核亚区体积差异

对杏仁核亚体积进行重复测量方差分析发现,时间与组别在左侧 SF 和右侧 SF 上交互作用显著,组别和时间的主效应不显著(表 11-1)。事后检验和非参数检验发现,控制组和舞蹈组前测和后测不存在显著差异;舞蹈组前测与后测杏仁核亚区体积不存在显著的差异;控制组在杏仁核亚区 Left CM、Left SF 和 Right LB 上后测显著小于前测的体积(图 11-2)。

表 11-1 杏仁核亚区重复测量方差分析统计值

| 杏仁核亚区 | 时间主效应 | | | 组别主效应 | | | 交互作用（时间×组别） | | |
|---|---|---|---|---|---|---|---|---|---|
| | $F$ | $p$ | $\eta^2$ | $F$ | $p$ | $\eta^2$ | $F$ | $p$ | $\eta^2$ |
| Left CM | 0.011 | 0.075 | 0.072 | 0.054 | 0.817 | 0.001 | 2.071 | 0.157 | 0.046 |
| Right CM | 0.309 | 0.581 | 0.007 | 0.034 | 0.855 | 0.001 | 3.141 | 0.083 | 0.068 |
| Left SF | 0.102 | 0.751 | 0.002 | 0.454 | 0.504 | 0.01 | 8.983 | 0.005** | 0.173 |
| Right SF | 1.260 | 0.268 | 0.028 | 0.336 | 0.565 | 0.008 | 7.836 | 0.008** | 0.154 |
| Left AStr | 3.191 | 0.081 | 0.069 | 1.942 | 0.171 | 0.043 | 0.018 | 0.893 | 0.001 |
| Right AStr | 0.467 | 0.498 | 0.011 | 0.001 | 0.972 | 0.001 | 0.124 | 0.726 | 0.003 |
| Left LB | 0.824 | 0.369 | 0.019 | 1.041 | 0.313 | 0.024 | 0.014 | 0.907 | 0.001 |
| Right LB | 0.026 | 0.873 | 0.001 | 0.222 | 0.64 | 0.005 | 0.012 | 0.912 | 0.001 |

注：*代表 $0.01 \leqslant p < 0.05$；**代表 $0.01 \leqslant p < 0.01$；***代表 $p < 0.001$。

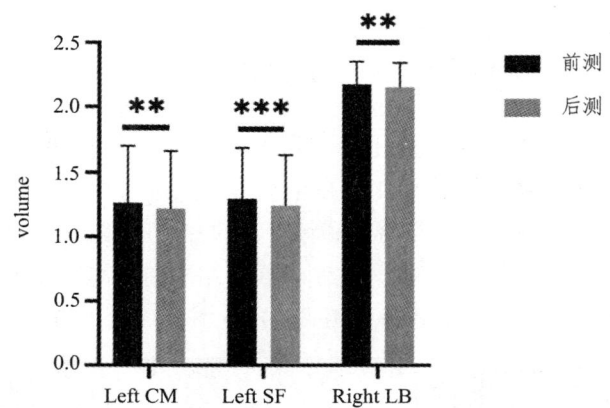

图 11-2 控制组后测与基线水平相比杏仁核亚区体积变化
（包括 Left CM、Left SF 和 Right LB）

注：$p \leqslant 0.05$ 代表具有统计学意义。
显著性水平：*代表 $0.01 \leqslant p < 0.05$；**代表 $0.01 \leqslant p < 0.01$；***代表 $p < 0.001$，平均值±标准差。

## 二、杏仁核亚区与问卷数据的相关

对存在显著性差异的杏仁核亚区与 SCL-90 进行相关分析发现，控制组左侧 CM 的灰质体积的变化与偏执和敌对的变化显著正相关，左侧的 SF 的灰质体积的变化与躯体化、强迫症状、焦虑、偏执和精神病性的得分的变化显著正相关（表 11-2）。

表 11-2  控制组杏仁核亚区的变化与 SCL-90 得分的相关关系

|  | Left CM | Left SF |
| --- | --- | --- |
| 躯体化 |  | 0.569** |
| 强迫症状 |  | 0.451* |
| 焦虑 |  | 0.484* |
| 敌对 | 0.433* |  |
| 偏执 | 0.584** | 0.479* |
| 精神病性 |  | 0.466* |

注：*代表 $0.01 \leqslant p < 0.05$；**代表 $0.01 \leqslant p < 0.01$；***代表 $p < 0.001$。

## 三、杏仁核亚区与皮层厚度的相关

为了探究杏仁核亚区的变化在皮层上是否存在代偿机制，我们对与 SCL-90 存在显著关系的杏仁核亚区在全脑厚度上进行相关分析，发现 Left CM 与左侧舌回、右侧颞副侧裂后部和额下沟的皮层厚度显著负相关，$p<0.01$（FDR 校正）（图 11-3）；Left SF 与左侧舌回、左侧扣带沟缘部、右侧颞副侧裂后部和额下沟的皮层厚度显著负相关，$p<0.01$（FDR 校正）（图 11-4）。

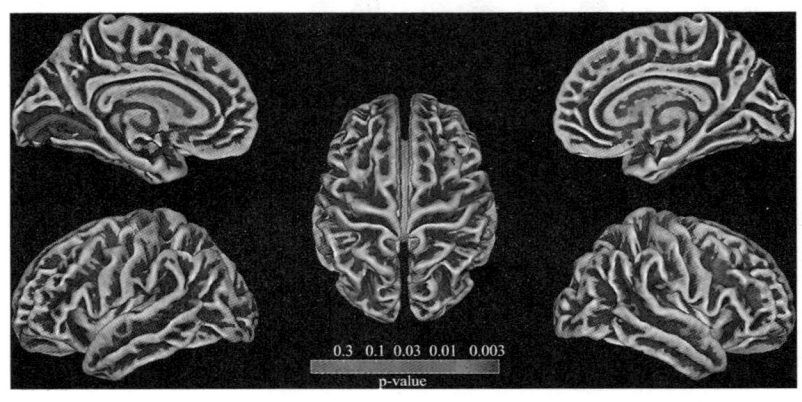

图 11-3  Left CM 与全脑的 ROI 的皮层厚度进行相关分析

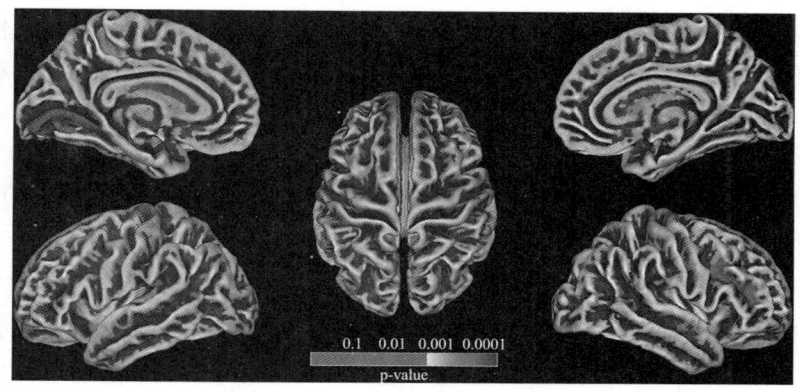

图 11-4  Left SF 与全脑的 ROI 的皮层厚度进行相关分析

## 第四节  讨论与结论

### 一、讨　论

本研究采用问卷调查和 MRI 分析，探究锅庄舞对抗高原环境剧烈变化而产生的应激反应。研究发现，控制组杏仁核亚区 Left CM、Left SF 和 Right LB 的后测的灰质体积显著小于前测的灰质体积，锅庄组不存在显著的差异。虽然问卷 SCL-90 不存在显著的差异，但控制组 Left CM 和 Left SF 灰质体积的改变与 SCL-90 存在显著正相关。此外我们还发现，控制组杏仁核体积的变化与左侧舌回、左侧扣带沟缘部、右侧颞副侧裂后部和额下沟的灰质体积显著负相关。

舞蹈组杏仁核亚区不存在显著的变化。动物研究表明，与单独的体育锻炼或感官刺激相比，将有氧训练和丰富感官刺激相结合对神经可塑性有更加积极的影响[27]。舞蹈训练可以减小感知到的压力[28]，压力感知的减小与杏仁核灰质体积的降低呈显著的正相关关系[29]。而控制组的左侧的 CM、SF 和右侧的 LB 的灰质体积出现显著的下降。Karl 等人发现，与健康群体和未受到创伤未应激的相比，创伤应激障碍患者的左侧杏仁核体积更小[30]。文献元分析发现，应激障碍患者杏仁核体积减小的趋势显著[31]。

控制组 Left CM 的灰质体积的变化与偏执和敌对的变化显著正相关，

Left SF 的灰质体积的变化与躯体化、强迫症状、焦虑、偏执和精神病性的得分的变化显著正相关。杏仁核灰质体积与精神状态的关系在以往的有关精神疾病的研究中已被广泛地认识。癫痫焦虑患者的杏仁核灰质体积显著减小，并且与其核心症状（情绪不稳定、焦虑、烦躁和攻击性）显著相关[32]。人类和动物先前的研究工作表明，较小的杏仁核与更强的恐惧调节和应激反应间存在关联。Yang 等发现，更小杏仁核体积的小鼠表现出比较大杏仁核体积的更强的恐惧调节，并且与杏仁核体积正相关[33]。暴力应激的儿童杏仁核体积显著减小，并作为暴力应激后对抑郁症进行应激敏感的潜在机制，杏仁核调解的情绪和认知过程可能使经历过暴力的儿童容易受到应激生活事件的影响[34]。对存在显著性差异的杏仁核亚区与 SCL-90 进行相关分析发现，控制组的 Left CM 和 Left SF 的灰质体积的变化与 SCL-90 的变化存在显著的正相关，而锅庄训练组并不存在相关关系，在应激障碍群体中同样发现了类似的规律[35,36]，这表明控制组可能受到了应激的影响，而锅庄舞可以很好地对抗应激。

我们还发现 Left CM 灰质体积与左侧舌回、右侧颞副侧裂后部和额下沟的灰质体积显著负相关；Left SF 的灰质体积与左侧舌回、左侧扣带沟缘部、右侧颞副侧裂后部和额下沟的灰质体积显著负相关。左侧扣带沟缘部、右侧颞副侧裂后部和额下沟是默认网络的关键区域，默认网络在社会认知和情绪控制中起着关键作用。在 HelenBarbas 等人研究中通过对结构和解剖学连接的研究了解到腹侧内侧前额叶皮层（VMPC）这个区域[37]，VMPC 通过眶额叶皮层接收来自外部世界和身体的感觉信息，并将这些信息传递给下丘脑、杏仁核等周围的灰质结构[38]。Grant 等人通过基于任务的功能磁共振成像（fMRI）来分析创伤对杏仁核有效连接的影响，发现经历过童年创伤的个体表现出 mPFC 的基底外侧杏仁核（BLA）抑制，而健康对照者没有表现出这种抑制，表明 mPFC 对杏仁核的抑制增加是对创伤应激的积极反应的一种表现[39]。Huang 等人研究原发性失眠患者发现，杏仁核和运动前皮层，感觉运动皮层之间的功能连通性增强了，杏仁核与运动前皮层之间的连通性与 PSQI 总分呈正相关[40]。在对恐惧面孔的敏感性对行为的影响研究发现，杏仁核参与向后掩蔽恐惧面孔的朝向，在这种与空间注意相关的杏仁核的反应与前扣带回、颞上回和舌回的活动相关[41]。严重抑郁症患者舌回体积与抗抑郁药物反应性和认知功能相关，可能较大的舌回体积有助于抗抑郁药物反应者保持认知功能[42]。研究发现，控制组的 Left CM 和 Left SF 受到了应激的影响，并且它们的变化与左侧舌回、左侧扣带沟缘部、右侧颞副侧裂后部和额下沟的灰质体积显著负相关，这些区域与杏仁核的相关是对应激的积极反应的一种表现，并且杏仁核体积的减小在这些区域存在潜在代偿机制。

## 二、结 论

本项研究探究了锅庄舞对抗高原环境剧烈变化而产生的应激反应。我们的研究显示，锅庄舞训练可以有效地抵御高原环境剧烈变化给我们带来的应激反应，防止杏仁核亚区体积的减少。在更高应激水平的群体中，杏仁核亚区体积的变化与情绪的变化存在正相关关系，并且杏仁核亚区体积的减少可能在左侧舌回、左侧扣带沟缘部、右侧颞副侧裂后部和额下沟存在一定的代偿机制。因此，高原环境下锅庄舞的训练可以作为应对应激和防止杏仁核体积减小的有效手段。

## 参考文献

[1] LEDOUX J E. Emotion circuits in the brain[J]. Annual Review of Neuroscience, 2009, 23(23): 155-184.

[2] HARIRI A R, BOOKHEIMER S Y, MAZZIOTTA J C. Modulating emotional responses: effects of a neocortical network on the limbic system[J]. Neuroreport, 2000, 11(1): 43-48.

[3] FUSAR-POLI P, PLACENTINO A, CARLETTI F, et al. Functional atlas of emotional faces processing: a voxel-based meta-analysis of 105 functional magnetic resonance imaging studies[J]. Journal of Psychiatry & Neuroscience, 2009, 34(6): 418-432.

[4] LANE R D, NADEL L. DOUGLAS F. Watt's book review of Lane & Nadel, cognitive neuroscience of emotion[J]. Neuropsychoanalysis An Interdiplinary Journal for Psychoanalysis & the Neuroences, 2014, 7(1): 103-105.

[ 5 ] WANG Y, MA H, FU S, et al. Long term exposure to high altitude affects voluntary spatial attention at early and late processing stages[J]. Sci Rep, 2014, 4: 4443.

[ 6 ] ZHANG D, MA H, HUANG J, et al. Exploring the impact of chronic high-altitude exposure on visual spatial attention using the ERP approach[J]. Brain Behav, 2018: e00944.

[ 7 ] 王治新, 张得龙, 马海林. 颜色明度辨别阈限的高海拔效应[J]. 生理学报, 2019, 71 (06): 833-838.

[ 8 ] FAYED N, MODREGO P J, MORALES H, et al. Evidence of brain damage after high-altitude climbing by means of magnetic resonance imaging[J]. The American Journal of Medicine, 2006, 119(2): e1-168.

[ 9 ] MCGAUGH J L, ROOZENDAAL B. Role of adrenal stress hormones in forming lasting memories in the brain[J]. Current Opinion in Neurobiology, 2002, 12(2): 205-210.

[10] 杨芬, 万琪. 应激影响脑结构及认知功能的分子机制研究进展[J]. 国际神经病学神经外科学杂志, 2005, 032 (006): 523-526.

[11] KUMARI P, KAUSER H, WADHWA M, et al. Hypobaric hypoxia impairs cued and contextual fear memory in rats[J]. Brain Research, 2018: S0006899318302208.

[12] KUMARI P, ROY K, WADHWA M, et al. Fear memory is impaired in hypobaric hypoxia: role of synaptic plasticity and neuro-modulators in limbic region[J]. Life Sciences, 2020: 117555.

[13] 刘红平, 杨国愉, 张晶轩, 等. 急进高原驻训军人正负性情绪变化特点与人格特征的关系[J]. 第三军医大学学报, 2017, 039 (021): 2145-2150.

[14] TAO W, TANG H, QIN S, et al. Status of mental health in recruits at high altitude and related factors[J]. Journal of Third Military Medical University, 2013, 35(03): 267-269.

[15] FOSTER P P. How does dancing promote brain reconditioning in the elderly? [J]. Frontiers in Aging Neuroscience, 2013, 5: 4.

[16] JEREMY W, CHRISTIAN O, KATHLEEN G, et al. Effects of hatha yoga

and african dance on perceived stress, affect, and salivary cortisol[J]. Annals of Behavioral Medicine, 2004, 28(2): 114-118.

[17] KATHRIN R, ANGIE L, ANITA H, et al. Dance training is superior to repetitive physical exercise in inducing brain plasticity in the elderly[J]. PLoS One, 2018, 13(7): e0196636.

[18] KARPATI F J, GIACOSA C, FOSTER N E V, et al. Dance and the brain: a review[J]. Annals of the New York Academy of Sciences, 2015, 1337(1): 140-146.

[19] CRAIG A D. Interoception: the sense of the physiological condition of the body[J]. Current Opinion in Neurobiology, 2003, 13(4): 500-505.

[20] FOGEL A, PRESS N, NORTON. The psychophysiology of self-awareness[J]. Body Movement & Dance in Psychotherapy, 2013, 9(9): 52-53.

[21] STARK E A, VUUST P, MORTEN L, et al. Music, dance, and other art forms: new insights into the links between hedonia (pleasure) and eudaimonia (well-being)—Science Direct[J]. Progress in Brain Research, 2018, 237: 129-152.

[22] SALIMPOOR V N, BENOVOY M, LARCHER K, et al. Anatomically distinct dopamine release during anticipation and experience of peak emotion to music[J]. Nature Neuroscience, 2011, 14(2): 257-262.

[23] CHEUNG V, HARRISON P, MEYER L, et al. Uncertainty and surprise jointly predict musical pleasure and amygdala, hippocampus, and auditory cortex activity[J]. Current Biology, 2019, 29(23): 4084-4092.

[24] 王立勇. 从非物质文化遗产视角看锅庄舞的活态传承[J]. 体育世界（学术版），2015（02）：53-56.

[25] EICKHOFF S B, PAUS T, CASPERS S, et al. Assignment of functional activations to probabilistic cytoarchitectonic areas revisited[J]. Neuroimage, 2007, 36(3): 511-521.

[26] GERD K, F KLAUS, DAN E, et al. Why and how physical activity promotes experience-induced brain plasticity[J]. Frontiers in Neuroscience, 2010, 4(189): 189.

[27] JEREMY W, CHRISTIAN O, KATHLEEN G, et al. Effects of hatha yoga

and african dance on perceived stress, affect, and salivary cortisol[J]. Annals of Behavioral Medicine, 2004, 28(2): 114-118.

[28] HÖLZEL B K, RMODY C J, EVANS K C, et al. Stress reduction correlates with structural changes in the amygdala[J]. Social Cognitive & Affective Neuroscience, 2010, 5(1): 11.

[29] KARL A, SCHAEFER M, MALTA L S, et al. A meta-analysis of structural brain abnormalities in PTSD[J]. Neuroscience & Biobehavioral Reviews, 2006, 30(7): 1004-1031.

[30] WOON F L, HEDGES D W. Amygdala volume in adults with posttraumatic stress disorder: a meta-analysis[J]. Journal of Neuropsychiatry & Clinical Neurosciences, 2009, 21(1): 5.

[31] ELST L, GROFFMANN M, EBERT D, et al. Amygdala volume loss in patients with dysphoric disorder of epilepsy[J]. Epilepsy & Behavior E & B, 2009, 16(1): 105-112.

[32] YANG R J, MOZHUI K, KARLSSON R M, et al. Variation in mouse basolateral amygdala volume is associated with differences in stress reactivity and fear learning[J]. Neuropsychopharmacology, 2008, 33(11): 2595-2604.

[33] WEISSMAN D G, LAMBERT H K, RODMAN A M, et al. Reduced hippocampal and amygdala volume as a mechanism underlying stress sensitization to depression following childhood trauma[J]. Depression and Anxiety, 2020, 37(9): 916-925.

[34] SEMPLE W E, GOYER P F, MCCORMICK R, et al. Higher brain blood flow at amygdala and lower frontal cortex blood flow in PTSD patients with comorbid cocaine and alcohol abuse compared with normals[J]. Psychiatry-interpersonal & Biological Processes, 2000, 63(1): 65-74.

[35] WEISSMAN D G, LAMBERT H K, RODMAN A M, et al. Reduced hippocampal and amygdala volume as a mechanism underlying stress sensitization to depression following childhood trauma[J]. Depression and Anxiety, 2020, 37(9): 916-925.

[36] BARBAS H. Specialized elements of orbitofrontal cortex in primates[J].

Annals of the New York Academy of Sciences, 2010, 1121(1): 10-32.

[37] RAICHLE M E. The brain's default mode network[J]. Annual Review of Neuroscience, 2015, 38(1): 433.

[38] GRANT M M, WOOD K, SREENIVASAN K, et al. Influence of early life stress on intra-and extra-amygdaloid causal connectivity[J]. Neuropsychopharmacology, 2015, 40(7): 1782-1793.

[39] HUANG Z, LIANG P, JIA X, et al. Abnormal amygdala connectivity in patients with primary insomnia: Evidence from resting state fMRI[J]. European Journal of Radiology, 2012, 81(6): 1288-1295.

[40] CARLSON J M, REINKE K S, HABIB R. A left amygdala mediated network for rapid orienting to masked fearful faces[J]. Neuropsychologia, 2009, 47(5): 1386-1389.

[41] JUNG J Y, KANG J, WON E, et al. Impact of lingual gyrus volume on antidepressant response and neurocognitive functions in major depressive disorder: a voxel-based morphometry study[J]. Journal of Affective Disorders, 2014, 169(169): 179-187.

# 第十二章 结语与展望

人类生命活动的本质不仅涉及物质生化代谢过程，更与精神活动密切相关。人类实践反复证明，越是在物质条件艰苦的环境中，越容易培育精神财富。青藏高原就是这样一个缺氧不缺精神的地方。

如果单从物质代谢过程来看，生命活动就是生物化学反应，物质代谢是生物体内进行的各种化学反应过程的总称，伴随物质代谢过程发生的能量吸收、储存、释放、转移和利用的过程。生命的最小单位即细胞，提供生命活动的能量。诚然，生命是由持续的代谢变化来定义的，如果没有新陈代谢就不能说生命存在。然而，这并非生命活动的全部，尤其是人类，拥有在不同的行动路线中做出选择的能力，或是不受限制地采取行动的能力，体现出主观能动性。人类主观能动性与人类大脑的结构与功能密切相关。

大脑是自然选择的产物，从内在构造上来看，就是为了在不断变化的严苛环境里实现生存。在远古时代，为了生存，人类寻找食物、躲避捕食者、寻找更好的庇护所等，都需要大量的运动，而且在运动中需要记住路线，这样才不会迷路，也方便食物的找寻，并有效躲避其他动物的攻击。如此一来，运动与认知就存在着天然联系。诚如神经学家丹尼尔·沃尔伯特所说：我们的大脑只有一个功能，那就是产生适应性强而复杂的活动。考拉的大脑进化就是一个典型的例子，据生物学家考察，在过去，考拉的大脑要大得多，后来消化系统的进化，考拉能够从桉树叶中获得它需要的所有能量，就不需要那么多的运动，更少的运动意味着更少的大脑活动，它的大脑也就逐渐萎缩了。

一提到运动，很多人首先想到的运动好处也许是减肥或者拥有一个更健康的心脏，但运动的真正好处是在大脑中产生的。研究表明，大脑和运动之间有着非常强大的联系，复杂的运动需要大脑来调控，而反过来可以让大脑保持活力,健身运动可以保护大脑。身体运动会促使身体释放类似胰岛素因子的生长因子,这种胰岛素产生于肝脏,可有助大脑细胞的神经活性,并促使产生更多新神经元和血管等。长期进化的压力驱使下,身体运动过程中会实时向大脑发出信号,大脑接收信号后调控身心状态,以有效应对可能发生的重要事情。因此,运动是大脑产生各种积极影响的关键因素。2013 年的一项研究表明,只需要 20～40 min 的有氧运动,就能使血液中的脑源性神经营养因子(简称 BDNF)增加 32%左右。BDNF 有助于维持现有神经元的活力,并促进新神经元,以及突触的生长和分化,在大脑中它活跃在海马体皮质,这是对学习、记忆和高级思维等精神活动至关重要的基础脑区。身体运动也会影响大脑中负责动机和行动的区域,奖赏中心是大脑中最重要的区域之一,多巴胺是奖赏系统中的一个关键角色。运动能帮我们更好地处理压力和焦虑,改善情绪和激发动力。例如,运动会刺激大脑内的"脂联素"增加、增强大脑内海马区的神经形成,从而调节情绪,缓解抑郁。

有鉴于此,本书从高原脑科学的角度探索了高海拔低氧环境对人体机能的影响问题。大脑是人体最耗氧的器官,心脏给大脑的供氧能力不可避免地对大脑功能产生影响。生命活动及运动过程中,人体化学反应呈动态平衡状态,当任何一种化学组成物质含量发生变化时,都会引起身体机能状态的变化。在运动中,因为体内能源物质的大量消耗,代谢产物的堆积等原因使机体产生运动性疲劳。高原运动更要科学,运动本身随着运动负荷的增加,心率越快,能量需求越大,代谢也越快,高原环境容易导致运动风险的增加。我们系统整理了运动过程,尤其是高原环境下的运动过程的人体新陈代谢与运动的关系。以此为基础,我们进一步围绕有氧代谢问题,从心脑交互的角度揭示了高原环境下运动与大脑的结构与功能,尤其是从认知加工的角度探索了其内在机制问题。实际上,大量研究证实心脏功能对大脑信息加工尤其是注意与意识产生直接影响,如人工心脏复苏直接影响个体意识的水平。人体红细胞不仅参与组织供氧影响脑功能,同时也是调节免疫系统的"信号源"对脑功能产生影响,但心脑交互的具体神经生理路径仍未清楚。高原缺氧环境下人体氧饱和度不足为本研究提供了天然模型,以常年生活在西藏地区的大学生为被试,我们的系列研究从红细胞功能与意识和注意之间关系的角度，探讨了人类心脑交互及其潜在的神经生理路径。研究假设注意和意识表现受心脑交互过程中红细胞对氧运输能力的影响。为了验证这一假设，我们通过血液指标量化红细胞氧运输能力及其与其他脏器的关系，并使用认知科学范式对大脑意识突破能力与注意功能进行量化测量，同时使用症状自评量表对个体的身心健康状况进行测量。在此基础上，借助结构方程刻画红细胞功能与注意以及意识的关系路径，同时系统整合事件相关电位和时频分析以及溯源分析技术揭示红细胞功能影响注意的神经基础。研究发现，人体存在两个独立的以红细胞功能为"信号"开启的通达注意系统的神经生理通路。红细胞功能可以通过无意识内脏感觉信息整合通路影响定向注意系统，也可以通过意识的感觉整合通路影响注意执行控制系统。在两个独立的神经生理通路中，红细胞功能不仅触发了与定向注意功能相关的脑岛内感受表征和意识，还诱发了与意识突破和执行控制注意功能对应的免疫系统反应。更为重要的是，意识突破行为在执行控制功能中起着基础性的作用，而执行控制功能可能与感知压力的水平有关。这些发现从心脑交互的角度探讨了红细胞功能对意识突破和注意的影响，证实了氧代谢对应的应激反应在意识体验以及精神活动过程中的作用。这些发现有助于我们理解心理状态的生理起源模式，并为中国传统文化揭示的"心主神明"的心脑交互路径提供了实验证据。

在系统揭示高原环境下心脑交互模式的基础上，我们围绕锅庄舞对认知与脑结构的影响问题，探讨了高原适宜运动的科学内涵。锅庄舞是藏民族传统文化的一个典型符号。藏族传统文化诞生于环境严酷、物质生活匮乏的高原地区。客观条件的不足没有阻止高原居民对精神文化的追求，恰恰由于自然条件的贫乏和生活的艰苦，高原居民更加懂得人类在自然面前的渺小，形成了独特的藏民族与大自然相融合的"天人合一"的人文景观。高原环境中孕育的藏民族传统文化是全人类的文化遗产。锅庄舞既与藏民族生产生活方式有关，又与藏族地区的图腾崇拜文化密切相关。图腾崇拜就体现了"你中有我，我中有你"的思想。源于这种思想，模仿图腾形态动作的舞蹈便产生了。锅庄舞中常有拟兽的动作，可能就是在模拟图腾及其他动物的动作。随着锅庄舞的发展，其摆脱了对于原始生产劳动的直接依赖和纯客观的模拟，有意识地发挥主观能动性，更加注重族群之间相互协作、关注调节自己的情绪状态，追求和谐欢乐的精神生活。

　　大脑对缺氧的敏感性非常高，缺氧环境中氧代谢效率的降低直接影响大脑的认知资源，对心理与行为产生影响。我们在研究中发现高原的移居者与内陆地区对照组相比，执行控制能力显著下降，同时伴随着较高的警觉唤醒度，这一注意系统反应模式体现高原环境中的移居者处于较高的应激反应状态，这一应激反应状态的一个集中体现就是主观感知能力的下降，例如，西藏大学学生的视觉表象清晰度与内地大学生相比显著下降。采用藏族大学生为被试，我们也发现生活在不同海拔的被试大脑注意资源下降，而且不同注意系统之间出现认知资源竞争。这一现象采用高压氧舱等手段进行干预后发现，症状可以有效改善。我们在研究中也发现跳锅庄舞可以有效提高个体的执行控制能力，这一执行控制能力的提高源自锅庄舞能使人与自然环境相适应，提高身体各部位的协调性，增加呼吸频率，促进血液循环，提高单位时间内人的氧摄入量，对大脑及肢体正常发育有良好作用。

　　按照具身认知的观点，思维和认知在很大程度上是依赖和发端于身体的，身体的构造、神经的结构、感官和运动系统的活动方式决定了我们怎样认识世界，决定了我们的思维风格，塑造了我们看世界的方式。认知是身体的认知，心智是身体的心智，离开了身体，认知和心智根本就不存在。"心智之所以从根本上是具身的，并非仅仅因为心智的过程必须以神经活动为基础，而是因为我们的知觉和运动系统在概念形成和理性推理中扮演了一种基础性的角色""基于这样一种视角，具身认知拒绝这样一种观点，即认为在知觉运动系统的背后存在一个'心智'，这个心智具备各种形式命题和推理规则，指挥着前者的运作。无论我们心目中的那个理性的、基于规则的和推理的东西是什么，它都完完全全地嵌入我们的身体活动中"。认知是具身的，而身体又是嵌入（embedded）环境的。认知、身体和环境组成一个动态的统一体。认知过程或认知状态似应扩展至认知者所处的环境。认知心理学的具身思想有着深刻的哲学渊源，德国哲学家海德格尔曾试图以"存在"（Being-in-the-world）的概念超越二元世界的划分。存在是在世界中的存在，在这里没有主体和客体的划分，主客的界限是模糊的。人认识世界的方式是用我们的身体以合适的方式与世界中的其他物体互动，在互动的过程中获得对世界的认识。法国身体现象学的代表人物梅洛-庞蒂在其代表作《知觉现象学》一书中提出了具身哲学的思想。主张知觉的主体是身体，而身体嵌入世界之中，就像心脏嵌入身体之中，知觉、身体和世界是一个统一体。从心理学发展史的角度来看，具身思想可追溯至杜威和詹姆斯的机能主义。与之相呼应，中国传统文化中有一种生态美学的意识。中国古代思想家认为，大自然（包括人类）是一个生命世界，天地万物都包含有活泼的生命和生意，这种生命和生意是最值得观赏的。人们在这种观赏中，体验到人与万物一体的境界，从而得到极大的精神愉悦。

在具身认知框架中，个体的主观体验成为心理活动的核心，心理、动作与环境之间的动态关系成为探究人类认知实质的关键。显而易见，这一研究视角的哲学预设与"天人合一"的生态观高度契合。

生物自治性的一种表现是按照自身的感觉运动的方式来应对环境。在所有动物中，神经网络建立和维持了一个感觉运动的循环，通过这个循环，动物所感知到的东西直接取决于它如何运动，它如何运动又直接取决于它所感知到的东西。没有一个动物仅仅是一个被动的回应者；每一个动物都以它自身的感觉运动方式与环境相遇。

高原环境以其独特性，为我们探讨身心关系，尤其是从运动的角度，将生理神经动力系统与心智关联起来，遵循神经现象学提出的生成进路路线研究是未来的必然趋势。这一视角可以有效关照生理神经生化动力反应过程与主体体验的能动性的关系。未来的研究需要继续在这个框架上深入探索，具体体现在如下三个方面：

（1）生理神经动力系统的特性及其影响因素。依据生成进路，人类心智源于自组织过程的涌现，这个自组织过程在多重层次上将脑、身体与环境紧密联系起来。不同类型，不同负荷的高海拔运动对人各个系统的影响，以及这一影响的个体差异。随着科学研究的深入，我们应该可以确定适合不同个体身体状态的运动形式与运动剂量等，以及不同类型的运动给人体各个系统带来的不同影响及其动力学关联等。

（2）高原运动影响身体身心动力系统的检测及其干预策略研究。随着我们对高原运动影响身心动力系统属性的揭示，采用科学手段进行实时检测将成为可能，这在一方面确保每个个体在高原上进行适宜自身的体育运动，同时也为我们进行科学干预提供靶点，并有助于进行干预后效果的评测。

（3）高原运动对身心关系的调节将成为神经现象学研究的天然模型。具体在如下两个方面展开：① 生命体是一个动力系统，生命体与环境的耦合使得对生命体的理解必须置于这个更大的耦合系统中；研究动力系统的最好方法是动力系统理论，高海拔运动及其对身心状态的影响将是一个理想模型。② 生命体既是一个生存论上的感受的主体，也是一个知识论上可被观察的客体。神经现象学对脑科学研究技术手段与现象学第一人称主观体验描述的结合，是实现这种互补方式的一个具体的研究纲领。

# 后 记

本书的出版是西藏大学-华南师范大学高原脑科学研究中心的一项阶段性成果。研究中心缘起于国家战略布局下教育部高校对口支援西藏大学建设的实践,是国内首家聚焦高原脑科学研究的平台。

可以肯定地说,研究中心是目前世界上海拔最高的脑科学研究平台,由一群常年生活在高原地区,躬身入局,亲身体验高原环境给自己身心带来不同影响,并尝试进行各种科学干预策略探索的青年学者组成。

在高原缺氧环境下,科学研究更是包含着青春的激情和对生命与生活的热爱,其中,不乏时时涌现心头的不能陪伴家人的愧疚和对研究过程中遇到各种困难后的迷茫,更包含对生活的复杂体验及蓦然回首却发觉自己已然成长后的感慨。

更重要的是,这一过程也包含着对生活和未来从未淡薄的真挚的热情,这一路的探索所留下的痕迹是由辛劳的汗水洒出的,是所有参与者、支持者和见证者共同的青春符号,是我们多年友谊的见证,更是我们共同投向过往生活的深情一撇。

高原脑科学从酝酿到落地生根,再到逐渐在国内外产生一点影响,回首看来,实属不易,又深感理所应当,这是大势所趋,我们何其有幸参与其中。

高原脑科学开始于西藏大学老校区内的一个小院子,空间不大,那是梦开始的地方。依稀记得,院子里的灯常亮着,分不太清白昼黑夜;小院人气很足,有我们的高谈阔论,也有酒后的豪言壮语,有对未来的期许,也有对眼前麻烦的苦恼;院子里工作的人,无论是教师还是学生,个个都是有劲的,那是一种青春的力量,无所畏惧。

那个时候,我们开始建立简易的脑科学实验室,招收了有志于脑科学研究的研究生,研究生们开始建立从事科研的信心,我们知道希望的种子播下了。

后来，我们开始组织脑科学会议，我们渴望和外界交流，我们渴望向优秀的同行请教，我们渴望能走出去，慢慢地我们的朋友多起来了，高原脑科学也逐渐被大家认可接受，场地越来越大，团队也越来越大了，但我们始终忘不了那个小院子，那个院子里的人，那个院子里的精气神。

生活在高原，我们的研究也扎根高原。本书探索高海拔与运动问题就是一个开端，本书的出版是一个小结，更是一个开始的号角。我们深知冲锋号还要吹，那个时候吹过的牛，一不小心还真实现了一些，我们知道这背后实际上有太多人的支持与付出。借本书出版之际，我们由衷地向那段共同奋斗的岁月，向那段岁月里陪我们默默走过的朋友、学生和家人表示感谢！

作　者

2021 年 6 月